사례로 쉽게 풀어보는

재무설계학교

Smart한 금융소비자가 되기 위한 첫걸음

사례로 쉽게 풀어보는

재무설계학교

Smart한 금융소비자가 되기 위한 첫걸음

김현용 지음

 프로방스

추천사1

비가 오기 전에 우산을 장만해두면 안심할 수 있듯이, 인생 준비도 미리미리 해두면 무거운 걱정을 내려 놓을 수 있다.

이 책은 살아가면서 누구나 겪어야 하는 소비통제 자산형성 내집마련 자녀교육 노후준비 등에 대해 풍부한 재무설계 경험을 가진 저자가 실제 상담사례를 곁들여 자세하게 안내하고 있다. 현명하고 행복한 인생을 꿈꾸는 사람이라면 반드시 알아야 할 지혜가 가득하다.

- 윤병철 한국FP협회 회장

추천사2

재무설계는 단순한 지식과 정보의 문제가 아니라 삶의 문제다. 삶의 다양한 목표를 달성하기 위해 합리적이며 효과적인 재무설계를 구성하는 일은 행복을 추구하는 인간으로서는 피하기 어려운 일이다. 재산이 많든 적든 우리모두는 행복한 삶을 달성하기 위해 재무설계를 추구해야 한다. 김현용팀장이 현장에서 수년간에 걸쳐 축적한 노하우를 아낌없이 담은 이책은 불확실한 시대를 헤쳐나가는 재무설계의 좋은 지침이 될 것이다.

– 우재룡 삼성생명 은퇴연구소 소장

현명한 금융소비자가 되자

우리는 저축과 투자를 위해 금융상품을 활용한다. 금융상품은 금융기관이 판매하는 '돈과 관련된 서비스'이고, 금융상품을 이용하는 우리는 금융소비자이다. 따라서 저축과 투자를 잘 한다는 것은 훌륭한 안목을 지닌 '현명한 금융소비자'가 된다는 뜻이다.

현명한 금융소비자가 되기 위한 첫걸음은 제대로 된 재무교육에서 시작되어야 한다. 이는 특정 금융상품에 대한 이해나 활용을 넘어서, 금융 전반에 대한 균형 감각을 키워나가고 현금흐름과 자산배분에 대한 개념을 익히는 것을 말한다. 무엇보다도 구체적이고 현실적인 재무목표를 세우고, 우선순위를 정해 이에 맞는 저축과 투자를 하는 것이 중요하다.

2011년 금융감독원은 우리 실정에 맞게 초등학생, 중학생, 고등학생을 위한 금융교육 목표와 내용 체계 등을 정립하여 교육현장에서 체계적인 금융교육을 실시할 수 있도록 '**초중고 금융교육 표준안***'을 마련하였다. 금융교육은 미국과 영국 등 금융 선진국에선 이미 시행 중으로, 한국에서도 금융교육이 실시되는 것은 다소 늦은 감은 있지만, 매우 고무적인 현상이다.

그런데 이러한 재무교육은 학생들뿐만 아니라 일반인에게도 꼭 필요하다. 이 책은 일반인들이 재무설계의 기본개념을 익혀 '현명한 금융소비자'가 될 수 있도록 안내하려는 의도에서 쓰여졌다.

특히 필자가 2008년부터 4주 과정의 재무교육 프로그램으로 개설해 현재까지 매월 오픈 되고 있는 '**재무설계 학교****'의 수업 내용과 재무상담 사례를 소개함으로써 독자들이 상담 현장의 생생한 분위기와 핵심 이슈를 살펴볼 수 있게 하려 한다.

재무상담 사례를 선정하면서 많은 어려움이 있었다. 무엇보다 상담의 결론에 최고 보다는 최선의 답을 담으려 노력했다. 여기서 '최선'이란 재무상담을 의뢰한 고객의 투자성향과 상담 의도를 최대한 반영하여, '고객이 받아들일 수 있는 답'을 모색하였음을 의미한다. 또한 비슷한 재무구조라 하더라도 다른 성향의 고객, 혹은 다른 재무설계사였다면 조금씩 다른 솔루션이 나왔을 수도 있다는 뜻이기도 하다.

이 책에 소개되지 않은 사례 중 상당수는 고객들이 실행에 옮기지 못한 경우도 있음을 고백한다.

언론에 소개된 재무상담 사례 중 상당수는 현실에 부합하지 않거나, 특정 상품 홍보를 위한 목적이 엿보이거나 혹은 인위적으로 만든 것 같이 깔끔하게 결론이 나는 멋있어 보이는 것들이다.

그런데 현실 속 재무상담의 구체적 내용으로 들어가면, 이러지도 저러지도 못하는 애매한 부분, 즉 '회색지대'가 존재하는 게 사실이다. 노후준비와 자녀 교육자금 그리고 주택자금처럼 모두가 중요하지만, 한 가지에 집중하면 나머지가 소홀해지는 그런 재무목표들이 분명히 존재한다.

또한 상품을 판매한 분과의 인간 관계나 재무구조 개선 과정에서 발생하는 일부 손실 우려 때문에 정확한 개선방안이 있음에도 실행으로 옮기지 못하는 경우들도 다수 존재한다. 이런 현실적인 제약과 고민을 포함하여 모든 것을 '있는 그대로' 보여주자는 것이 이 책의 의도 중 하나이다. 이렇게 애매한 상황 앞에선 재무적인 '선택'이 요구되고, 올바른 선택을 위해서는 '원칙과 기준'이 필요하다.

한편, 이미 잘못된 몇 번의 재무적 의사결정 때문에 재무구조가 망가져 버렸거나 40대 중반을 훌쩍 뛰어넘어 준비되지 않은 상태에서 은퇴가 코앞에 다가온 사람이 정말 많다. 이 분들은 행복한 미래를 미리 준비한다기 보단 이미 눈앞에 닥친 버거운 현실에 대해 차선책을 찾거나 피해를 최소화하기 위해 재무상담을 신청하는 경우가 많다.

그래서 신입사원이나 신혼부부처럼 이제 막 시작하는 사람들의 플래닝을 돕고, 시행착오를 줄이는 부분이 훨씬 효과적이고 행복한 상담인 경우가 많다.

하지만, 늦었다고 생각할 때가 가장 빠르다는 말도 있지 않은가?

재무상담을 통해 부채나 투자, 은퇴나 부동산, 보험 등에 대해 명확한 입장을 정리하고 방향성을 세워가는 분들을 보면서 뿌듯함을 느꼈고, 상담을 받으며 서로 간의 대화를 통해 십 수년간 부부 간에 쌓였던 불만 등이 녹아 내리고 서로를 이해하게 되는 과정을 지켜보면서 내 가정을 되돌아보는 계기가 되기도 했다.

신입사원이 학자금 대출이나 부모님의 대출을 대신 갚아 나가면서 힘들어 하는 것을 보고 같이 마음 아파하기도 하고, 그럼에도 희망을 잃지 않고 열심히 살아가는 분들을 볼 때면 존경스러운 마음도 많이 들었다.

사람들의 마음 속 깊은 이야기를 들으며, 생각보다 따스한 마음을 지닌 사람들이 많다는 사실을 알게 된 것이 재무설계사로 전직하고 나서 얻게 된 가장 큰 수확인 것 같다.

이 책이 나오기까지, 감사의 마음을 전하고픈 분들이 있다. 우선 재무설계학교 학생들과 재무상담 고객들에게 고맙다는 인사를 하려 한다. 그 분들 덕분에 이 책이 만들어질 수 있었다. 또한 재무설계에 관심을 보여 준 기업 담당자들, 재무설계 현장에서 날 믿고 따라주는 이원선, 정욱, 서효림, 윤혜정, 이동호, 임형석, 윤상윤, 홍승범, 황치성 등 팀원들을 비롯한 동료 재무설계사들에게 큰 고마움을 느낀다.

마지막으로 긴 시간 옆에서 지켜보며 큰 격려와 지지를 보내 준 내 인생의 반려자 수연에게 이 책을 바친다.

2011년 12월 20일 김 현 용

*초중고 금융교육 표준안: 부록 참조
**재무설계 학교: www.fpschool.com

목차

부록 5

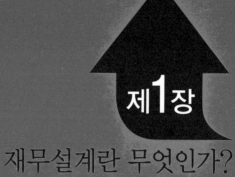

제1장

재무설계란 무엇인가?

제1장 재무설계란 무엇인가?

> 어느 항구로 향할 지
> 모르는 배에는
>
> 어떠한 바람도
> 유익하지 않다.
>
> ─세네카

▶ ▶ ▶ 사례1

입사 2년차 신입사원인 허유리 씨, 그동안 은행 예적금만 알았던 그녀는 최근 거래 은행 창구의 여직원의 추천으로 투자를 시작해야 할지 고민에 빠져 있다. 공격적인 투자를 해서 수익률을 올리고 싶은데, 원금 보장을 안해준다는 말에 살짝 두렵기도 하다.

허유리 씨의 프로필
　　대기업 ○○전자의 입사 2년차 사원
　　미혼 여성
　　나이: 26세
　　기숙사 거주(지방 출신, 서울 근무)

허유리 씨의 희망목표
　　3년 후 기숙사를 나와 직장 부근의 오피스텔 구하기
　　4년 이내 결혼자금 모으기

자산		부채	
청약종합저축	140만	학자금 대출	400만
적금	100만		
예금	600만		
합계	840만	합계	400만
순자산	440만		

• 변경 전 현금흐름

수입		지출	
급여	270만 (실수령액 기준)	생활비	170만
		보험료	8만*
		기숙사	12만*
		적금	50만*
		청약종합저축	10만
		대출이자	2.8만
		미파악지출	17.2만
합계	270만	합계	270만

상담실 엿보기

재무설계사 고객님이 정리하신 자료를 보니 위와 같네요. 몇 가지 질문을 드릴
께요. 우선 기숙사 비용이 굉장히 저렴한데요, 언제까지 기숙사를
이용하실 수 있나요?

허유리	기숙사는 저희 회사에서 지원해주는 건데, 입사 후 4년까지 지원해 줘요. 이제 3년 정도 남았는데 그 때까진 **결혼자금**을 최대한 모아보고, 결혼을 그때까지 안하고 있으면 오피스텔 **전세자금**으로 활용할 생각이에요.
재무설계사	미래에 대한 계획이 확실하시네요. 직장생활 시작하신 지 얼마 안되셨는데, 보험을 미리 준비해두셨군요. 가격이 생각보다 저렴한데, 보험은 어떻게 준비하셨나요?
허유리	어머니께서 제가 대학생 때 들어주신 건데, 정확한 보장 내용은 몰라요. 참.. 이거 어머니가 내주고 있는 거네요. 그럼 **현금흐름표**에서도 빼야 되는 게 맞죠?
재무설계사	직접 내고 계신 게 아니라면 현금흐름표엔 반영안하는 게 맞습니다. 현재 생활비로 적어주신 돈이 소득 대비 상당히 높은 편인데요, 혹시 부모님께 드리는 **용돈**이나 기타 **고정지출**이 포함된 것이 있나요?
허유리	부끄럽지만, 부모님께 용돈은 못 드리고 있어요. 제가 많이 쓰는 편인가요?
재무설계사	많고 적음에 대한 객관적인 기준이 별도로 있는 것은 아닙니다만, 보험료도 별도로 내시는 게 아니시고 대출이자나 기숙사 비용도 별도 항목으로 빼셨고, 부모님께 드리는 용돈도 없으시다면, 비슷한 나이대의 직장인들에 비해선 좀 과한 거 같네요. 주로 어떤 데 지출하고 계시나요?
허유리	사실, **신용카드와 현금**을 섞어서 쓰다 보니 얼마씩 쓰고 있는지 정

확히 집계가 안돼요. 회사에서 스트레스가 많다 보니, 주로 룸메이트랑 먹는데 쓰는 게 많아요.

재무설계사 그렇군요. 혹시 다른 궁금하신 내용이 있나요?

허유리 **주식투자**를 하시는 아버지께서 그러시는데, 대출 갚는 것보단 그 돈으로 투자하는 게 더 유리하다고 그러세요. 최근엔 은행원도 **펀드**가 좋다고 적극적으로 추천해주시던데, 재무설계사님은 어떻게 생각하세요?

재무설계사 대출을 활용해 투자를 하는 것은 그냥 투자를 할 때보다 위험이 훨씬 커지게 되죠. 몇 가지를 점검하고 말씀드리겠습니다. 그 밖에 1년 이내 목돈을 나갈 일들이 있나요? 그 밖에 1년 이내 목돈을 지출할만한 내용이 있나요?

허유리 아 맞다. 사실 두 달 전에 피부관리실에서 120만원 카드 무이자 **할부**로 끊었어요. 친구도 함께 했는데 '**나에 대한 투자**'라 생각하고 한 거에요.

상담 내용을 반영한 실제 현금흐름표

수입			지출	
급여	270만	(실수령액 기준)	생활비	170만
			보험료	0만* (부모님이 대신 내주심)
			기숙사	12만*
			적금	50만*
			청약종합저축	10만
			대출이자	2.8만
			미파악지출	25.2만
합계	270만		합계	270만

1. 투자의 수익률을 10% 올리는 것과 지출을 10% 줄이는 것의 차이

2. 정확한 지출 규모가 관리되고 있는가?

3. 부채상환과 투자 중 어떤 것이 우선되어야 하는가?

재무설계사 Advice 1

투자수익률을 올리는 것과 지출 규모를 줄이는 것, 어느 것이 더 효과적일까?

저축과 투자를 비교하기 전에 가장 기초적인 내용부터 살펴보자.

예금과 적금의 결과 얻게 되는 이자수입에 대해 구체적으로 계산해본 적이 있는가? 위의 사례에서 허유리 씨는 월 50만원씩 제 1금융권에서 1년짜리 적금을 붓고 있다. 금리가 4%라고 한다면 세금을 고려하지 않았을 경우에 받을 수 있는 이자는 다음과 같다.

원금(50만 * 12개월) = 600만
예금이자(이자율4%) = 24만   적용 금리 1% 상승 = 예금이자 6만원 증가
적금이자(이자율4%) = 12만   적용 금리 1% 상승 = 적금이자 3만원 증가

위에서 적금이자는 매월 초(13만1602원)에 저축하는 지, 혹은 월 말(11만1230원)에 저축하는 지에 따라 다소 차이가 생기지만 대략 원금의 2% 정도 수준이 된다. '연 이자율이 4%인데 왜 적금이자는 그 반 밖에 받지 못하는지' 궁금한 분이라면 **예금과 적금의 차이**를 곰곰이 따져보자.

예금은 원금 600만원 총액을 12개월 동안 은행에 맡기기 때문에 600만원 전체에 대해서 약속된 금리인 4%를 적용 받는다. 그러나 **적금**은 600만원 원금 중에 첫 달부터 은행에 맡기는 것은 50만원 뿐이다. 다시 말해 50만원은 12개월, 다음 50만원은 11개월.. 이렇게 마지막 50만원은 1달 정도를 은행에 맡기는 것이다. 은행에 맡기는 기간이 예금에 비해 적금이 훨씬 적기 때문에 이자도 그만큼 적어지는 것이다.

역으로 생각해보자.

위의 사례처럼 50만원씩 적금을 불입했을 때, 금리 1% 추가 시 적금이자가 3만원씩 늘어나는 것을 감안하면, 현재의 생활비를 **딱 1달간 10만원**만 줄여도 **1년간 3%이상 추가 금리**를 적용 받는 효과를 얻게 된다. 또한 **매월 1만원씩** 지출을 줄이면(연 12만원 지출 감소) **4% 추가금리**를 받는 것과 동일한 효과를 보게 된다.

투자와 저축을 논하기 이전에, 적정한 지출 수준에 대한 고민을 해볼 필요가 여기에 있다.

재무설계사 Advice 2

정확한 지출규모가 관리되고 있는가?

허유리 씨의 경우, 본인이 밝힌 지출규모도 적은 편이 아니었지만 미파악지출의 규모도 적은 편이 아니다. 미파악지출은 현금흐름표를 작성해보면 금방 확인할 수 있는데, 그 내용을 들여다보면 크게 두 가지 경우로 나뉜다.

첫째, 저축이나 지출 등에 쓰이지 않고 그냥 급여통장 등에 차곡차곡 쌓이고 있는 경우, 다시 말해 **내 돈이 그냥 놀고 있는 경우**이다. 이 경우는 비상예비자금 규모를 넘어선 금액에 대해서 적정한 저축과 투자를 하는 데 활용하면 될 것이다.

둘째, **본인이 생각하는 지출보다 지출규모가 큰 경우**로, 많은 사람들이 여기에 해당된다. 이 경우 파악이 안되고 있는 지출은 크게 중요한 지출이라기 보다는 헛되이 나간 무의미한 지출인 경우가 더 많다. 되도록 빨리 정확한 지출 현황을 파악해서 새는 돈을 막아야 하는 경우다.

생활비라는 항목에 대한 생각이 사람마다 다른 경우가 많다. 가계부를 열심히 쓰는 사람의 경우는 식비, 교통비, 통신비 등 다양한 항목을 제하고 순수한 용돈 등을 일컫기도 하고, 어떤 사람은 전체를 통칭하기도 한다. 어떤 기준에 따르던 매달 고정적으로 지출되는 고정지출과 변동지출을 구분할 필요가 있다. 일반적으로 고정지출은 **월세, 보장성보험료 및 대출상환금액 등**을 말한다.

허유리 씨의 경우, 기숙사비(12만)와 대출이자(2.8만)를 합한 14만8천원이 고정비용이고, 나머지 금액이 저축과 생활비로 쓰이고 있음을 알 수 있다.

재무설계사는 과도한 지출규모가 문제가 되는 경우, 본인이 지출을 줄이고자 하는 **의지**가 있는지를 먼저 살펴본다. 하지만 아무리 본인의 의지가 강하다 해도 오랫동안 가져온 지출패턴이 한번에 크게 변하기는 어려운 법이다. 따라서 목표 생활비 총액을 단계적으로 줄여가는 것이 효과적이다.

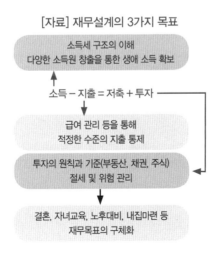

[자료] 재무설계의 3가지 목표

소득세 구조의 이해
다양한 소득원 창출을 통한 생애 소득 확보

소득 − 지출 = 저축 + 투자

급여 관리 등을 통해
적정한 수준의 지출 통제

투자의 원칙과 기준(부동산, 채권, 주식)
절세 및 위험 관리

결혼, 자녀교육, 노후대비, 내집마련 등
재무목표의 구체화

수입		지출	
급여	270만(실수령액 기준)	생활비	140만
		보험료	0만*(부모님이 대신 내주심)
		기숙사	12만*
		적금	50만*
		신규적금	30만
		적립식 펀드	25만
		청약종합저축	10만
		대출이자	0만
		미파악지출	3만
합계	230만	합계	270만

재무설계사 Advice 3

대출상환이 먼저인가, 투자가 먼저인가

재무상담을 통해 가장 많이 받게 되는 질문 중 하나이다. 이에 대한 답은 고객이 처한 상황에 따라 달라진다. 우선 고려해볼 요소는 대출금리와 투자환경, 대출잔액이 총자산 대비 차지하는 비중과 대출상환액이 현금흐름 중 차지하는 비중, 중도상환이자 여부, 고객이 갖고 있는 대출에 대한 태도 등이다.

재무설계사 고객님께선 대출잔액이 남아있다는 사실에 스트레스를 받으시나요?

허유리   네, 맞아요. 무척 스트레스를 받아요.

재무설계사 그렇다면 두 가지 경우 중 고객님이 더 큰 스트레스를 받는 쪽은 어떤 건가요?

허유리   네, 그것도 큰 스트레스겠네요.

재무설계사 그렇다면 두 가지 경우 중 고객님이 훨씬 더 스트레스를 받는 쪽은 피하셔야 한다면 어떤 것을 선택하시겠어요?

위의 질문에 대한 답에 따라, 고객이 갖고 있는 **대출에 대한 태도**를 판단해볼 수 있다. 허유리 씨의 경우 이제 막 돈을 벌기 시작했기 때문에 현금은 앞으로 모아가면 된다고 생각하고 있는 반면에 비록 금액도 작고 대출상환액도 2-3만원 수준이라 문제가 되지 않지만, 대출이 있다는 사실에 대해 무척 스트레스를 받고 있었다.

이렇게 모든 것의 답은 여러분 스스로가 쥐고 있는 경우가 많다. 재무설계사는 그 기준을 제시하고 명확하게 해주는 역할을 하는 것이다.

참고로 아래와 같은 상황에선 투자나 저축보단 대출상환이 최우선시 되어야 한다.

1. 고금리 신용대출, 마이너스 통장, 신용카드 대출 등 제 1금융권 담보대출이 아닌 경우
2. **주택담보대출을 포함한 대출잔액**이 총 자산대비 40%를 넘는 경우
3. **주택담보대출을 포함한 주택관련 비용**이 월 평균소득의 35%를 넘는 경우
4. 주거관련 비용을 제외한 **소비자 부채 상환금**이 월 평균소득의 20%를 넘는 경우
5. 주택담보대출과 소비자 부채를 포함한 **총 부채 상환금**이 월 평균소득의 40%를 넘는 경우
6. 대출 보유로 인한 스트레스가 과도한 경우

허유리 씨는 재무설계사의 조언에 따라 두 달 정도 지난 예금을 해지하여 대출 400만원을 상환하고 남은 돈(200만원)은 비상예비자금으로 CMA에 예치한다. 그리고 허유리 씨의 의지를 반영하여 생활비를 140만원 수준으로 줄이는 것을 목표로 하되, 이에 성공하면 신규적금과 적립식 펀드를 차례로 시작하기로 한다.

최종 변경안

생활비(미파악지출 포함)	187만2천원	> 140만
대출이자	2.8만원	> 0월
저축과 투자	50만원	> 105만원(3년 후 4200-4300만원)

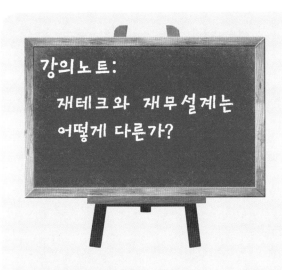

강의노트:
재테크와 재무설계는
어떻게 다른가?

재무설계와 재테크

IMF를 겪으면서 강력한 '**재테크**' 열풍이 불었고, 무분별한 재테크 바람이 가져온 폐해에 대한 반성으로 금융권에선 '**재무설계**'라는 새로운 개념이 도입되었다. 하지만 보통 사람들의 입장에선 여전히 재테크란 말이 훨씬 와 닿고 익숙한 개념인 것도 사실이다. 이 장에서는 재무설계가 무엇이며, 재테크와는 어떤 차이가 있는지 상세하게 살펴보려 한다.

재테크는 돈을 잘 불리는 방법이다. 가장 좋은 재테크는 **단기간에 고수익을 올리는 방법**이다. 재테크를 위한 수단은 전통적인 예적금, 주식, 펀드, 부동산, 보험과 연금부터 금이나 농산물 같은 실물 자산까지 셀 수 없이 다양하다.

재테크를 잘 하려면 '**선택**'과 '**집중**' 그리고 '**지속적인 학습**'이 매우 **중요**하다. 내가 정말 잘 아는 분야에서 남들보다 앞선 정보를 갖고 있다면 이는 매우 유효한 방식이다. 리스크에 대한 통제가 가능하기 때문이다.

하지만, 전문가도 아닌 주위 동료, 친지 혹은 친구들의 지나가는 한마디 한마디에 부푼 꿈을 안고 시작한 재테크는, 결국 실패로 끝나는 경우가 많다. **리스크 관리에 실패**하기 때문이다.

재무설계는 리스크 중심의 사고를 강조한다.

재테크와 비교하여 재무설계의 가장 큰 특징 중의 하나는 리스크 중심의 접근법을 따른다는 점이다. 다시 말해, 재무설계는 재무목표를 달성하는 과정에서 발생할 수 있는 리스크를 최소화하면서 목표를 안정적으로 달성하고자 하는데 그 차이점이 있다.

그렇다면 우리가 삶 속에서 발생할 수 있는 리스크는 어떠한 것들이 있을까?

첫 번째 리스크는 '**유동성 리스크**'다. 필요할 때 필요한 자금이 마련되어 있지 않거나, 그 자금이 다른 자산의 형태로 묶여 있어서 현금화할 수 없을 때 발생하는 위험이다.

두 번째 리스크는 '**인플레이션 리스크**'다. 자산의 증가율이 물가 상승률을 밑돌면서 커지게 되는 리스크를 말한다.

세 번째 리스크는 '**예측하지 못한 상황으로 인한 리스크**'다. 대표적으로 가장의 사망이나 사고 및 질병 등이 대표적이다.

주로 (위험에 비해선) 소액의 보험료를 지출하고 그 위험으로 인한 경제적 리스크를 보험회사에 떠넘기는 경우가 대부분이지만, 병력 등의 이유로 보험가입이 어렵거나 보험회사에서 보장해주지 않는 리스크에 대해선 **충당금**을 쌓는 방식으로 대비해야 한다.

마지막으로 최근 들어 일반인들이 은행을 벗어나 다양한 고수익 상품을 추구하는 경향이 강해지면서 각종 '**투자 리스크**'가 많이 부각되고 있다.

재무설계는 우리의 재무목표 달성을 위한 리스크를 대비하는 여러 가지 준비를 병행하게 된다.

이러한 노력을 특별히 '**위험설계**'라 표현을 하며, 금융상품에선 '보장성 보험'의 현명한 가입유무를 진단하는 것이 그 첫걸음이 된다.

재무설계는 균형 감각을 중시하는 종합예술이다.
재무설계는 전통적으로 중시해 온 금융의 각 영역들이 서로 통합되는 흐름 속에서 강조되기 시작했다.

부동산으로 고수익을 올렸지만 현금 자산이 부족한 상태에서 가장의 갑작스런 사망이 발생하는 경우, 상속세 재원 마련을 위해 힘들게 마련한 부동산 자산을 자녀들이 헐값에 처분하는 경우가 그 대표적인 사례다. 부동산 투자도 중요하지만 상속과 증여에 대한 합리적인 플랜이 부족했던 경우다.

퇴직금을 은행의 예금으로 넣어놓고 은퇴 준비를 했던 퇴직자가, 외환위기 이후의 고금리 상황을 즐기다가 2000년대 이후 저금리 사회로 접어들면서 은퇴생활에 위기를 맞이한 경우는 어떤가? 이자율의 변화가 가져올 리스크는 은퇴설계를 통해 사전에 대비가 가능한 부분이다.

과도하게 가입된 보장성 보험이 결혼자금 마련에 발목을 잡는 경우처럼, **재무적 문제는 한 분야의 의사결정이 다른 분야에까지 영향을 미치는 복합적인 경우가 대부분**이다.

세무사는 세금에 대한 전문가이지만, 금융에 대한 전문가가 아니다. 보험설계사는 보험은 잘 알지만 투자에 대해선 전문가가 아니다. 증권업 종사자가 부동산에 대한 전문가는 아니다. 이렇듯 재무설계는 기존처럼 특정 분야에서 성공적이었던 재무적 의사결정이 다른 분야에선 시행착오를 부르는 경우가 많은 이러한 상황을 극복하기 위한 개념이다.

재무설계는 지속성을 지닌 개념이다.

재테크 상담이나 재무설계 상담을 마친 후, 특정 금융상품을 제안 받았다면 그것으로 끝난 것일까? 상담에 따른 처방이 맞는다고 생각하면 당연히 실행이 뒤따라야 한다. 그러면 금융상품 가입이나 조정 등 실행까지 했다면 모두 끝난 것일까?

당연히 아니다.

아무리 좋은 플랜을 세우더라도, 금융환경이 우리의 예상치를 벗어나 크게 달라지는 경우가 생기기 마련이고, 개인이나 가정의 재무목표나 주변환경이 바뀌는 경우는 더욱 더 많다. 따라서 포트폴리오를 마련했던 시점에서 예상했던 **기대치와 현실 사이의 격차를 줄여나가기 위한 노력**이 필요한데, 이를 '**모니터링**'이라 표현하며, 모니터링이야말로 재무설계가 다른 금융서비스와 차별화되는 지점이다.

재테크는 고객의 돈에 집중하는 데 반해, 재무설계는 고객의 재무 목표를 중시한다.

주식 재테크, 부동산 재테크, 절세 재테크, 금 재테크, 환 재테크 등등 다양한 분야의 재테크 서적이 넘친다. 이들은 특정 분야에서 자산을 단기간에 크게 늘려줄 수 있는 좋은 기회가 있다는 듯한 뉘앙스를 풍기지만, 정작 그로 인한 실패에 대한 언급은 거의 없다. 물론 그 실패에 대한 책임은 개인이 진다.

많은 경우, 이와 같은 재테크 수단은 일정 주기를 갖고 있으며 그 사이클에서 한발 앞서 선점한 사람들이 부자가 되고, 이를 뒤따르는 많은 사람들은 실패를 맛본다. 결국 재테크란 이와 같은 타이밍에 대한 예측을 잘 하기 위한 노력이기도 하다.

근본적으로 금융이란 분야가 다른 분야와 확연히 다른 점은 시장의 방향성에 대한 예측에 기반한 **제로섬 게임**이 바탕이 된 곳이란 점이다. 그런데 아무리 합리적인 근거에 따른 예측을 하더라도 그 결과는 자주 빗나간다. 시장은 사람들의 심리가 맞부딪히는 곳이고, 이 때 사람들이 항상 합리적인 사고를 하는 것은 아니기 때문에, **시장 역시 비합리적인 결과를 자주 보여주기 때문**이다.

따라서 예측 불가능한 제로섬 게임에서 계속 승리할 자신이 없다면, 상대적으로 명확하고 본인 스스로 통제가 가능한 자신의 인생 스케줄에 집중하는 것이 효과적이다. 재무목표에 따라 돈의 성격을 규정하고, **각각에 맞는 수준의 위험만을 보유**한다면 제로섬 게임에서 한발 물러나서 자신의 인생에 집중할 수 있는 여유를 가질 수 있다.

사회 전반에 뿌리 내리는 재무설계

재무설계란 개념이 2000년 전후에 외국계 생명보험사를 중심으로 국내에 도입된 지 10년이 넘은 시간이 흘렀다.

현재는 단순히 상품 세일즈를 위한 마케팅 용어가 아닌 재무설계 서비스 자체가 가진 가치에 주목하는 많은 흐름이 나타나고 있다. 조선일보와 FP협회가 함께 전국을 순회하며 진행한 '1만명 무료 재무설계 캠페인'이나 보건복지부가 진행하는 '**부채 클리닉**', 서울시와 FP협회가 함께 진행한 '**저소득층 대상 재무설계 캠페인**' 등은 사회 각 지역에 큰 반향을 불러 일으키며 재무설계의 진정한 의미에 대한 공감대를 넓히는 계기가 되었다.

또한 재무설계 회사들이 기업이나 직능단체를 대상으로 구성원들에 대한 재무설계 서비스를 제안하면서, 기업들 역시 임직원에 대한 복지나 교육 프로그램의 일환으로 재무설계를 진지하게 고려하기 시작했다. 일부 전문가 그룹들과 대기업 중 상당수는 이미 재무설계 프로그램을 도입하여 그 효과를 보기 시작하고 있다.

재무설계에 대한 오해

이와 같은 사회적 흐름과 발맞추어 현재는 많은 사람들이 재무설계를 신청하고 상담을 받는 장면을 심심치 않게 접할 수 있다. 그럼에도 불구하고 재무설계 상담을 받고자 하는 많은 이들이 갖고 있는 오해가 있어 살펴보려 한다.

첫째, 재무설계는 '부자들만 받는 것'이란 오해가 의외로 많다. 재무설계는 부자들보다 급여생활자나 일반 자영업자들에게 더 필요하다. 특히 빚이 많은 서민이라면 반드시 재무설계를 해야 한다. 한국FP협회나 서울시, 보건복지부 등에서 재무설계와 관련된 여러 가지 캠페인을 벌여온 대상 역시 주로 저소득층과 서민들이었다는 것만 봐도 그러하다.

재무설계는 자산과 현금흐름 중 개선이 필요한 부분에 집중하여 맞춤형 컨설팅이 이뤄진다. 예를 들어, 60대이면서 소득은 없지만 자산이 상대적으로 많은 사람들에겐 적절한 자산배분과 관리를, 신입사원과 같이 이제 자산을 모아가는 첫걸음을 내딛지만 월급을 꼬박꼬박 받기 시작한 사람들에겐 현금흐름 관리에 집중하는 것이다. 따라서 '자산이 없어서..' 라고 말하는 사람들은 재무설계에 대해 큰 오해를 하고 있는 것이다.

둘째, 재무설계를 통해 '좋은 종목을 추천' 받거나, 유망한 부동산 매물 등 고수익을 얻을 수 있는 비법을 구하는 경우다. 이러한 사람들일수록 희망하는 투자수익률이 매우 높고, 자신의 현재 자산과 소득수준을 노출하길 꺼려하며, 재무목표가 불명확한 경우가 많다. 재무설계를 통해 적합한 포트폴리오를 구성하고 상품에 대한 추천과 실행도 이뤄지긴 하지만, 그것의 출발점은 나 자신의 구체적인 목표와 현재 상황, 그리고 투자성향에 기반해야 한다는 점에서 재무설계는 재테크와 차이가 있다.

셋째, 선택과 집중이 중요하다는 믿음 하에 '모 아니면 도'라는 식의 투자이다. 예를 들어 주식에서 실패를 경험한 뒤, 모든 자산을 예적금에 몰빵한다던지, 자산의 대부분을 부동산에 올인하는 방식은 돌발변수가 생기거나 금융환경이 급변하는 경우에 매우 큰 리스크에 직면하게 된다. 특정 분야에 대한 고급정보에 항상 접근할 수 있는 매우 예외적인 경우나 일부 실력이 뛰어난 전업투자자가 아니라면, 자산을 적절하게 분산해야 수익창출과 위험관리가 동시에 가능하다는 것이 재무설계의 기본 전제이다.

재무설계사가 설명하는 재무설계

위와 같은 여러 가지 오해와 편견을 갖고 있는 고객들을 위해 재무설계사는 다양한 비유와 설명을 통해 재무설계에 대한 개념을 설명한다. 지금부터 재무설계사들이 재무설계를 어떻게 설명하고 있는지 그 다양한 비유를 살펴본다.

재무설계는 인생이란 항해에 필요한 지도(Life Map)이자 나침반이다.
재무설계는 인생이란 집을 짓기 위한 설계도이다.
재무설계는 인생의 목표를 향해 안정적인 궤도로 갈 수 있도록 철도를 놓아주는 것이다.
재무설계는 필요한 때 필요한 만큼의 자금을 만들기 위한 계획이다.

국제공인재무설계사(CFP, Certified Financial Planner) 수험서인 재무설계 원론(한국FPSB)에선 재무설계를 다음과 같이 정의한다.

"개인의 삶의 목표를 파악하고 그 목표를 달성하기 위하여 개인이 가지고 있는 재무 및 비재무적 자원을 적절하게 관리하는 일련의 과정(Process)"

재무설계를 한 마디로 '프로세스'라 규정하는 것은 매우 중요하다. 재무설계의 프로세스를 따라 한 단계 한 단계 자신의 현재 상황과 미래 계획을 점검해나가는 동안 **'자신을 객관적으로 보는 능력'**과 **'미래를 균형 잡힌 시각으로 바라보는 능력'**이 생기게 된다. 이 책에선 다양한 실제 사례를 통해 재무설계가 어떻게 개개인의 삶을 긍정적으로 변화시킬 수 있는지 상세히 살펴보려 한다.

제2장

신혼부부 재무설계

제2장 신혼부부 재무설계

▶ ▶ ▶ 사례2

김병주 씨(남편)와 안정서 씨(부인)는 결혼 3개월차 신혼부부다. 신혼여행 다녀온 후, 양가에 인사 드리는 것부터 시작해서 정신 없이 하루 하루를 보냈다. 이제 부부는 머리를 맞대고 두 사람이 그동안 모아온 자산과 현금흐름을 따져보기 시작한다. 뭐가 이렇게 복잡하지?

김병주 씨의 프로필

    대기업 ○○건설의 입사 5년차 대리

    맞벌이 부부

    나이: 32세

    아파트 전세

안정서 씨의 프로필

    ○○초등학교 4년차 교사

    28세

부부의 희망목표

    5년내 부채상환

    내집마련, 은퇴준비

자산		부채	
청약저축(남편)	300만	전세자금 대출	1억
청약부금(부인)	300만		
장마저축(부인)	1200만		
연금저축(부인)	800만		
주식 　(남편)	250만		
아파트 보증금	2억2000만		
합계	2억4850만	합계	1억
순자산	1억4850만		

변경 전 현금흐름표

수입		지출	
신랑급여	350만(실수령액 기준)	생활비	250만
부인급여	280만(실수령액 기준)	보험료(신랑)	32만
		보험료(부인)	14만
		대출이자	50만
		장마저축(부인)	50만*
		연금저축(부인)	25만
		미파악지출	219만
합계	630만	합계	630만

상담실 엿보기

재무설계사　결혼을 축하 드립니다. 앞으로 두 분이 함께 하면서 **1+1이 2이상의**

시너지를 만들어갔으면 합니다. 재무상담 역시 그런 관점에서 진행할 거구요. 어떤 점이 궁금하시죠?

안정서 　결혼을 하면서 남편은 그 동안 모아 놓았던 자금을 모두 전세자금 충당하는 데 사용했어요. 시부모님 지원도 조금 받았는데, 그럼에도 **대출**받은 금액이 1억이나 되어 많이 속상해요.

재무설계사 　네, 요즘은 신혼 집 마련 때문에 결혼 준비가 참 힘들죠. 그래도 두 분이 함께 **맞벌이**를 하시니 상황은 점점 좋아지실 거에요.

김병주 　사실 결혼한 지 몇 개월 되지 않아서, **정확한 지출규모**가 잘 파악이 되질 않습니다. 미혼일 때 각각 지출하던 것을 합한 것보다 더 많이 나가는 거 같기도 하구요. 또한 **청약통장**도 두 사람이 다 가지고 있을 필요가 있나 그런 생각도 들어요.

재무설계사 　그렇군요. 혹시 급여는 누가 관리하고 계시나요?

김병주 　현재까지는 각자 관리하고 있습니다.

재무설계사 　청약통장에 대해선, 향후 어떻게 쓰일 수 있는지를 살펴보시고 결정을 하시는 게 좋을 듯 합니다. 일반적으로 부부 모두가 꼭 청약통장을 유지할 필요는 없을 것 같습니다. 또한 급여를 각자 관리하는 것보단 두 분 중에 조금 더 꼼꼼하신 분이 통합하여 관리하는 것이 불필요한 지출을 줄이는데 훨씬 유리하십니다. 앞으로 어떤 재무목표를 가지고 계시나요?

안정서 　일단 부채를 상환하고, 내 집도 빨리 마련하고 싶어요. 그리고 막연하나마 은퇴에 대한 부담도 됩니다.

재무설계사 　그렇군요. **전세자금 대출 상환과 내 집 마련은 사실 하나로 이어진**

	재무목표이죠. 특히 자녀가 생기기 전에 최대한 전세자금 대출을 줄이는 데 집중하시는 게 유리합니다. 은퇴와 관련해서는 부인의 경우, 공무원 연금을 수령하게 되시면 큰 힘이 되실 거 같은데 조금 더 준비를 하겠다면 아무래도 신랑을 중심으로 준비해야 될 거 같습니다.
안정서	저는 **소득공제**를 위해 연금저축보험도 추가로 하고 있어요. 이것도 노후를 위한 준비 맞죠? 그리고 저는 보험료가 종신보험과 실손보험을 합쳐서 14만원 밖에 안 되는데, 신랑은 보험료가 32만원이나 나가요. 시어머니가 친구분 통해서 가입시켜준 거라 마음에 안 들지만 어쩔 수 없이 가지고 있었대요. 그런데 그 동안은 시어머니께서 내주고 계시다가 결혼과 동시에 직접 내라시는데 이 참에 **보험**을 잘 가입했는 지도 점검 받고 싶어요.
재무설계사	현재 판매되고 있는 연금은 그 혜택에 따라 **소득공제 형**과 **비과세 형** 두 가지로 나뉩니다. 두 가지 모두 명확한 장점과 단점이 있어서 어떤 것이 나에게 적합한 것인지를 가입 시점에 꼼꼼히 따져봐야 됩니다. 결론을 먼저 말씀 드리면, 공무원 연금 수령 대상자인 부인의 경우 소득공제형 연금은 향후 연금을 수령할 때 세금 부담이 생각보다 늘어날 가능성이 큽니다. 물론 이를 피할 수 있는 방법도 안내해 드리겠습니다.

그리고, 소득공제형 연금은 취급 금융기관에 따라 연금저축보험, 연금(저축)신탁, 연금(저축)펀드 이렇게 3가지가 있으니, 그 중에 유리한 연금을 선택하는 게 좋습니다. 또한 연금이전 제도가 있어, 큰 손

해가 없이 연금의 종류를 위 3가지 중에서 서로 갈아타는 것도 가능합니다.

상담 포인트

1. 신혼부부의 급여관리는 어떻게 하는 것이 좋은가?
2. 부부의 청약통장 모두 유지하는 게 맞는지?
3. 보험 리모델링의 기준과 원칙은 어떻게 되는가?
4. 연금의 종류와 선택 기준은?

재무설계사 Advice 1

신혼부부의 급여관리는 어떻게 하는 것이 좋은가?

결혼을 앞둔 예비 신혼부부나 막 결혼한 부부에게 '내 집 마련'은 최대 과제다. 서울에서 20평형 아파트 전세를 들어가려면 최소한 2억 원 안팎의 거금이 필요한 상황에서, 부모님의 별도 지원이 없을 때 일반 직장인이 단단히 마음 먹지 않고는 10년 안에 아파트 사기란 쉽지 않은 일이다. 뭇 돈을 마련하기 위해 무작정 정기적금에만 돈을 맡겨놓을 경우, **물가인상률**에도 못 미치는 저금리로 나중에 낭패를 볼 수도 있다.

결혼을 준비하면서 그 동안 모아놓았던 펀드나 예적금을 전부 사용하는 경우가 많다. 심지어는 청약통장이나 보험사의 저축형 상품 등까지 해지하는 경우도 있다. 전세자금 등이 모자란 경우는 미혼 때는 받아본 적이 없던 대출을 처음으로 받아보기도 한다.

또한 미혼으로 각자 사용하던 지출 금액보다 둘이 함께 하면서 양가 대소사를 포함하여 여러 가지 비용 나갈 일이 많아지는 것은 상담 받은 대부분의 신혼부부가 토로하는 고민 중 하나이다.

그렇다면, 어떤 원칙으로 급여관리를 해 나가는 것이 좋을까?

첫째, 결혼 초반에는 반드시 부부가 함께 가계부를 작성하는 시간을 가져라. 현실적으로 가계부를 쓰지 않고 카드로 사용하고 나중에 카드내역을 살펴보는 사람들이 많긴 하지만, 최소한 결혼 후 6개월 정도는 가계부를 작성하는 것이 좋다. 그렇게 함으로써 대략적인 지출 규모가 파악이 되고, 부부가 함께 현 상황을 진단하고 함께 미래에 대한 계획을 자연스럽게 세울 수 있게 된다.

둘째, 결혼 초기에는 씀씀이를 줄이고 절대적인 저축 규모를 늘리는 것이 가장 중요하다. 이를 위해선 예산을 세우고 그 범위 내에서 소비를 하되, 가능하면 소득의 50% 이상을 저축해서 종자돈을 마련하는 것이 무엇보다 필요한 시기다.

셋째, 보험과 연금, 청약상품이나 대출에 대한 적정성을 파악해라. 특히 보험의 경우 중복되거나 미흡한 것은 없는지 진단을 받아보는 것이 좋다.

넷째, 중요한 경제적 결정은 부부가 함께 의논해서 정하되, 부부 중 상대적으로 꼼꼼하고 금융에 밝은 사람이 가정의 '재무부 장관'이 되는 것이 좋다. 지출 창구를 단일화하는 것이 각자의 급여를 따로 관리하는 것보다 불필요한 소비를 줄이는 데 유리하다. 부부의 용돈도 월 단위보단 주 단위로 타가는 것이 유리하다. 이는 주 단위로 지출의 적정성에 대해 점검하는 기회가 되기 때문이다. 용돈을 줄 때마다 돈 관리를 맡은 사람이 현금을 봉투에 넣어 주면서, 마음을 담은 편지도 함께 써서 주는 것은 어떨까?

다섯째, 양가의 대소사 및 부부의 향후 계획을 미리 파악하여 목돈이 나갈 일이 있으면 사전에 체크해둔다. 이는 계획성 있는 지출과 현금흐름 관리에 있어서 필수적인 부분이다. 부모님의 환갑이나 칠순 잔치, 형제자매의 결혼, 맞벌이 여부, 자녀 계획 등이 그 대표적인 이벤트다.

재무설계사 Advice 2

부부의 청약통장은 모두 유지하는 게 맞는지?

우선 청약통장의 종류를 먼저 살펴보자. 2009년 5월 이후로 신규가입이 가능한 청약상품은 주택청약 종합저축 한 가지뿐이다.

위 사례에서 부부는 청약저축과 청약부금 상품을 가지고 있다. 두 상품 모두 적금의 형태로 준비하며, 가입시점에 세대주였는지 아닌지에 따라 청약부금과 청약저축으로 나뉜다. 최근엔 85㎡ 이하의 아파트는 공공아파트가 민영에 비해 압도적으로 물량이 많기 때문에 **'청약부금 무용론'**도 나오고 있는 실정이다.

[자료] 청약상품의 종류와 특징

구분		주택청약 종합저축	청약저축	청약예금	청약부금
가입방법	대상지역	전국		시 · 군 지역	
	가입대상	연령, 자격제한 없음	무주택 세대주	20세 이상	
	저축방식	매월 일정액 적립식 · 예치식 병행	매월 일정액 불입	일시불 예치	매월 일정액 불입
	저축금액	월 2~50만원	월 2~10만원	200~1,500만원	월 5~50만원
청약방법	대상주택	모든 아파트	전용면적 85㎡ 이하 공공아파트 등	모든 민영아파트	전용면적 85㎡ 이하 민영아파트
	1순위	가입 후 2년 경과(24회 이상 납입) 단, 민영아파트 청약 시 지역별 예치금 예치	가입 후 2년 경과(24회 이상 납입)	가입 후 2년 경과 (지역별 예치금 예치)	가입 후 2년 경과 (매월 약정일 납입하여 지역별 예치금액 도달)
	주택규모 선택	최초 청약 시		통장 가입 시	

청약상품과 관련하여 주로 문의하는 내용은 다음의 2가지이다. 기존에 가지고 있는 청약예금이나 청약부금을 해지하고, 만능통장이라 불리는 '주택청약 종합저축'으로 갈아타야 하는 지와 부부가 모두 청약상품을 유지할 필요가 있는지가 그것이다.

더 나아가 현재의 미분양 사태를 근거로 청약통장 자체가 불필요한 건 아닌지 의문을 제기하는 분들도 있다.

우선 **청약통장은 최소한 하나 이상은 가져가시길 권한다.** 현 시점에서 청약통장의 효용성이 많이 떨어진 것은 사실이나, 내집마련 기간을 10년 혹은 그 이상으로 길게 보고 있다면, 그 사이 어떤 금융환경의 변화가 있을지 예측할 수 없기 때문이다.

특히 가입한 상품이 **청약저축**이라면 절대로 해지하지 말고 유지하셔야 한다. **청약부금**의 경우, 가입시기는 오래되어서 청약가점제에 유리하게 적용될 가능성이 있지만, 분양 물량이 많지 않아서 뒤늦게라도 **'주택청약 종합저축'**으로 갈아타야 할지 고민이 된다. 이 경우 만약 민영아파트(중대형 포함)를 목표로 한다면, 해지하지 말고 **청약예금**으로 전환하는 것을 권한다. 이 경우, 애초에 청약부금을 가입한 시점부터 기간이 적용 되어서 전환에 따른 불이익은 전혀 없다.

그런데, 부부가 모두 청약부금을 갖고 있다면, 굳이 2개를 유지할 필요는 없다. 오히려 가입기간이 짧은 한 명이 기존 청약부금을 해지하고 '주택청약 종합저축'을 새로 시작하는 것도 고려할만하다.

GUIDE
- 조회기준일 입력 : 청약신청하는 주택의 입주자모집공고일을 입력하세요.
- 본 서비스의 1순위 조회기준 : 청약통장가입 후 2년 경과(24개월 또는 24회차 이상 납입)
- 2010년 2월 23일 주택공급에 관한 규칙 개정에 따라 전국 동일기준으로 적용하던 24개월 이상 납입 등의 청약 1순위 요건을 2010년 5월 1일부터는 수도권외의 지역에서는 6개월로 단축하되, 청약과열이 우려되는 등 필요한 경우 시·도지사가 24개월까지 연장할 수 있도록 하고 있습니다.
- 따라서 아파트 별로 1순위 요건이 다를 수 있으니 청약신청 전 공고문을 통해 1순위 요건을 꼭 확인하시기 바랍니다.

고객명	
청약통장선택	주택청약예금만기지급식
조회기준일 입력	20111130 · 예) 20040601 · 조회기준일은 청약신청가능 주택의 입주자모집공고일을 입력하십시오.

[조회]

예금주명	
계좌번호	(청약예금)
조회기준일	2011.11.30
최초가입일	2002.09.05
순위	1
순위발생일	2004.09.05
청약가능금액	3,000,000 원
거주지역	서울특별시
청약가능 전용면적	85평방미터이하 (청약가능일 : 2004.09.05 부터)
청약가능주택	민영주택 (단 전용면적 85제곱미터 이하 가입자의 경우 민간건설중형국민주택도 가능)

[유의사항]
- 상기 순위는 조회기준일 현재 가입기간, 예치금액만을 고려한 청약통장 자체의 순위입니다.
- 상기 조회 내역에는 청약자격(순위)에 영향을 미칠 수 있는 다른 요건을 감안하지 않았음을 유의하시기 바랍니다.
- 전용면적 102제곱미터 이하 가입자의 경우 전용면적 85제곱미터 이하 민영주택에도 청약 가능합니다.
- 청약예금(부금)예치금액이 낮은 지역에서 높은 지역으로 주소지가 변경된 경우 지역별 차액을 추가로 예치하셔야 합니다.

[자료] KB의 청약가점 점수조회 화면

가점 항목	선택내용	취득점수
무주택기간	만 5년 이상 ~ 6년 미만	12
부양가족수	1명	10
청약통장 가입기간	만 7년 이상 ~ 8년 미만	9
가점총점		31

보험 리모델링의 기준과 원칙은 어떻게 되는가?

　우선 보험 리모델링은 크게 두 가지로 나뉜다. 첫째는 **보장의 범위를 점검**하여 보완할 부분이 있는지 확인하는 방향이고, 둘째는 불필요하거나 중복된 보장을 조정함으로써 **합리적인 보험료 수준으로 절감**하는 방향이다.

　어느 쪽이든 보험 리모델링의 기준은 보장범위와 보장기간, 그리고 보험료가 된다. 간혹 보장성 보험료는 월 소득의 7% 전후가 적당하다는 자료를 볼 수 있는데, 이 기준이 항상 유효한 것은 아니다. 동일한 보장 내용을 담은 보험을 가입한다 해도, 20세 초반에 부모님이 가입해준 경우와 50대에 가입하는 경우에 보험료는 천지차이다. 즉 가입시점 나이가 젊을수록 현금흐름 대비 보험료 수준은 낮아질 수 있고, 나이 들어 가입하는 경우엔 저렴한 보험료가 문제가 아니라, 보험에 가입이 가능한지가 우선적으로 체크되어야 한다.

　1) 기존에 가진 보험을 보장성 보험과 저축성 보험으로 구분한다. 이 때 저축의 목적으로 가입했으나 실상은 사망보장 위주의 보장성 보험이었다면 과감히 정리할 필요가 있다.

　2) 보장 범위를 살펴볼 때, 다음과 같은 보장내용이 있는지 확인하고, 혹시라도

빠진 부분이 있는지 점검한다.

보장 종류	구체적인 보장 내용
실손	질병입통원의료비 상해입통원의료비 or 일반상해의료비
입원비	일당 O만원(생보사는 3일 초과부터)
수술비	1~5종 혹은 1~3종으로 구분, 수술비 차등 지급
암	진단금/입원비/수술비/기타
2대 질병	급성심근경색 및 뇌출혈(뇌졸중), 진단자금
성인병	7/11/16대 질병 혹은 성별특정질환, 입원/수술비 추가
재해 및 사망	개인의 성향에 따라 보장금액 및 보장기간 달라짐

3) 보장기간이 충분한지 살펴본다. 생명보험은 최소 80세, 최대 90세까지 보장되는 것이 유리하다. 손해보험은 100세까지 보장되는 추세이다.

4) 갱신형 특약은 보험료와 보장 내용이 주기적으로 조정이 되는 특약이다. 향후 보험료 인상이 고객에게 전가되는 구조이기 때문에 초반엔 보험료가 저렴한 듯 보이지만 결국에 가서는 보험금 수령이 많은 특약일수록 그 인상률이 매우 높아지게 된다.

실제 2005년에 처음으로 5년 단위 갱신형 특약을 포함시킨 I사의 경우, 2010년에 가장 많이 오른 수술 특약의 인상률이 300%가 훨씬 넘어(40대 남성 기준) 고객과 설계사들의 큰 반발을 산 바 있다. 따라서 여력이 된다면 비갱신형 특약으로 전환하길 권한다. 다만, 실손 특약은 3년 혹은 5년 갱신형만 존재하므로 선택의 여지가 없다.

5) CI보험은 Critical Illness(**치명적 질병**)에 해당될 경우, 사망보험의 일부를 치료비로 전환하여 고액의 치료비를 미리 지급하는 개념으로 주 계약의 보험료가 상당히 비싼 상품이다. 특히 치명적 질병에 대해 약관에 규정된 개념이 사람들이 일반적으로 생각하는 것보다 제한적인 경우가 많아서 지급조건을 꼬고 또 꼬은 '**꽈배기 보험**'이라 불리기도 한다.

6) 충분한 보장은 받고자 하나, 보험료가 부담된다면 납입기간을 조정하라.

7) 보장범위가 부족하거나 비싸게 가입된 경우라 해도, 병력 혹은 보험금 수령 경험이 있거나 나이로 인해 새로 보험가입이 힘든 경우라면, 기존 보험을 함부로 해지하면 안된다.

[자료] CI보험과 관련된 민원사례(출처: 보험소비자연맹 보도자료)

민원사례1

2004년1월 OO생명의 CI보험에 가입한 대구의 최씨는 2004년6월 뇌지주막하출혈, 기저동맥 동맥류진단을 받고 기저동맥 동맥류 백금코일 치환술 수술을 받고, 이 상품의 중대한 질병 진단 시 지급되는 케어프리 보험금 2,400만원을 청구하였으나, 보험사는 거절하다 금감원 민원제기 후 보험금의 30%에서 40%로 또 50%로 합의를 시도하다 거절하자, 약관상 "중대한 뇌졸중"의 정의인 뇌출혈 후 "**영구적인 신경학적 결손(언어장해, 운동실조, 마비)가 나타나는 질병으로 신경학적 증후로 장해등급 분류표상에서 정한 수시간호를 평생토록 받아야 할 때**"가 아니라고 법원에 채무부존재 소송을 제기하였음. 최씨는 가입 당시 설계사에게서 뇌출혈 발생시 보장된다고 들었고, 중대한 질병이 이렇게 까다롭게 적용된다는 내용은 가입시에는 설명 받지 못하였다며 분통해 하고 있음.

민원사례2

2003년6월 △△생명의 리빙케어(CI)보험에 가입한 주씨는 2003년11월 뇌출혈이 되어 수술을 받고, "중대한 뇌졸중"으로 보행불능 상태가 되어 보험금 5,000만원을 신청하자 장해등급분류표상 **"수시간호"를 평생 받아야 하는 상태**가 되어야지 지급대상이 되므로 6개월이 지나서 판단하겠다고 지급을 미루다가 상태가 양호해졌다는 이유로 지급을 거절하여 금융감독원에 민원을 제기하였으나, 보험사와 똑 같은 회신을 받고 보험소비자연맹에 다시 민원을 제기하여 연맹의 중재로 재심사하여 보험금을 수령함.

참고로 위 사례는 2002-2004년에 판매된 CI보험을 기준으로 하며, 이후 보장의 범위가 조금씩 넓어졌다는 주장도 있다. 정확한 것은 해당 상품의 약관을 통해 '중대한 질병'의 정확한 기준을 살펴보면 명확해질 것이다. 또한 특약이 부실하고 주 계약(사망 보장) 위주로 설계된 CI보험은 리모델링의 필요성이 크지만, 가입한 지 오래되었고 질병과 관련된 특약들이 제대로 구성된 경우라면 리모델링의 실익이 크지 않다.

재무설계사 Advice 4

연금의 종류와 선택 기준은?

연금은 크게 **공적연금, 퇴직연금, 개인연금의 3층 구조**를 지닌다. 우리나라의 대표적인 공적연금인 국민연금의 수령액이 국민들의 노후준비에 충분하지 않아서, 퇴직연금과 개인연금을 통해 보완을 하고 있는 추세이다. 특히 자영업자나 주부의 경우, 공적연금과 퇴직연금마저도 준비되지 않는 경우가 상당수이며, 이는 노후에 대한 커다란 리스크가 된다.

[자료] 국민연금 수령시기

출생연도	연금수령 개시나이
1953년 이전 출생자	60세
1953년–1956년	61세
1957년–1960년	62세
1961년–1964년	63세
1965년–1968년	64세
1969년 이후 출생자	65세

[자료] 연금수령액 조회

국민연금: 국민연금관리공단(www.nps.or.kr) – 개인서비스 – 조회 – 예상연금조회
공무원연금: 공무원연금관리공단(www.geps.or.kr) – 자료마당 – 연금자료실
사학연금: www.ktpf.or.kr
군인연금: www.mps.go.kr

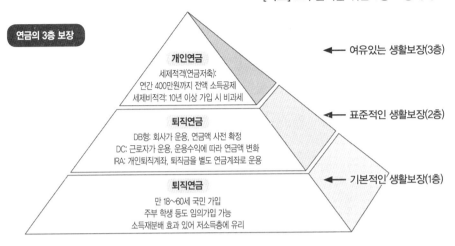

[자료] 노후준비를 위한 3층 보장체계

연금의 3층 보장

개인연금
세제적격(연금저축):
연간 400만원까지 전액 소득공제
세제비적격: 10년 이상 가입 시 비과세

◀─ 여유있는 생활보장(3층)

퇴직연금
DB형: 회사가 운용, 연금액 사전 확정
DC: 근로자가 운용, 운용수익에 따라 연금액 변화
IRA: 개인퇴직계좌, 퇴직금을 별도 연금계좌로 운용

◀─ 표준적인 생활보장(2층)

퇴직연금
만 18~60세 국민 가입
주부 학생 등도 임의가입 가능
소득재분배 효과 있어 저소득층에 유리

◀─ 기본적인 생활보장(1층)

여기선 개인연금에 대하여 상세히 살펴보도록 한다. 개인연금은 국가에서 주는 세제혜택에 따라 아래 표와 같이 소득공제형 연금과 비과세형 연금으로 구분된다.

[자료] 개인연금의 종류

구분	연금신탁	연금저축보험	연금펀드	연금보험	변액연금	변액유니버셜
취급기관	은행	보험사	증권사	보험사		
소득공제	O (연간 400만원 한도)			X		
이율	채권투자	금리연동	실적배당	금리연동	실적배당	실적배당
과세	연금소득세 5.5% or 종합소득세			비과세		
중도해지	기타소득세 22% + 5년 이내 해지가산세 2.2%			해약환급금 수령 10년 이상 유지 시 비과세		
수령시기	55세 이후			45세 이후		
종신연금	X	O	X	O	O	O
경험생명표	X	가입시점	X	가입시점	가입시점	전환시점
원금보장	O	O	X	OX	OX	X

출처: 재무설계학교 수업교재 2011년

소득공제형 연금으로 은행 혹은 보험설계사의 권유로 연금저축보험을 가입하고 있는 사람들이 많다. 그러나 납입기간과 거치기간이 장기라는 점과 납입의 유연성과 기대수익률 등을 감안할 때 필자는 **연금펀드로 전환**하는 것을 권한다. 기존에 연금저축보험을 가입한 사람도 2년 정도 이상 납입했다면 큰 손실 없이 기존의 가입기간을 인정받은 상태에서 연금전환이 가능하다.

투자성향이 보수적이어서 도저히 펀드는 자신이 없다고 생각하는 사람은 연금신탁도 고려해볼 만 하다. 단 최근에는 은행에서도 연금신탁을 취급하지 않는 곳이 상당수이므로 채권형 혹은 혼합형 연금펀드로 전환하는 것도 좋은 대안이 된다. 연금저축보험이 연금신탁 및 연금펀드에 비해 불리한 점은 **사업비를 차감한 후에 이자가 붙는다는 점과 중도에 납입을 멈추게 되었을 때 본인의 의지와 상관없이 해지되는 불이익**이 있다는 데 있다. 연금신탁이나 펀드는 보험상품이 아니기 때문에 그런 불이익이 없다.

비과세형 연금은 연금소득세, 종합소득세, 기타소득세 등 모든 세금으로부터 자유롭고, 그 한도가 없다는 점에서 매우 유리하다. 10년 이상 유지가 되어야 한다는 점은 어차피 장기간 납입해야 하는 장기상품의 특성상 큰 문제가 되지 않는다. 대신 **소득공제의 혜택은 전혀 없다**. 또한 비과세의 근거가 10년 이상 된 **보험차익**으로 보는 것이기 때문에, 연금상품에 사망보험이 최소한으로 들어간 형태로 상품구성이 된 보험사의 연금보험이나 변액연금이 그 대상이 된다.

이와 관련하여 문제가 되는 것은 전체 포트폴리오에서 장기상품 가입이 가능한 예산이 충분하지 않은 상황에서 어떤 연금을 준비해가는 것이 우선인가 하는 점이다.

[자료] 연금을 포함한 저축성 보험의 비과세 근거 규정

소득세법 제16조 (이자소득) ①이자소득은 해당 과세기간에 발생한 다음 각 호의 소득으로 한다. 〈개정 2010.3.22. 〉

9. 대통령령으로 정하는 저축성보험의 보험차익

소득세법 시행령 제25조 (저축성보험의 보험차익) ①법 제16조제1항제9호에서 "대통령령이 정하는 저축성보험의 보험차익"이라 함은 보험계약에 의하여 만기에 받는 보험금·공제금 또는 계약기간 중도에 당해 보험계약이 해지됨에 따라 받는 환급금(이하 이 조에서 "보험금"이라 한다)에서 납입보험료 또는 납입공제료(이하 이 조에서 "보험료"라 한다)를 차감한 금액으로서 그 보험금이 다음 각호에 해당하는 것을 말한다. 〈개정 1996.5.13, 1998.4.1, 1999.12.31, 2003.12.30, 2005.2.19, 2010.2.18〉

1. 보험계약에 따라 최초로 보험료를 납입한 날부터 만기일 또는 중도해지일까지의 기간이 10년 미만일 것(최초 납입일부터 만기일 또는 중도해지일까지의 기간은 10년 이상이지만 최초 납입일부터 10년이 경과하기 전에 납입한 보험료를 확정된 기간 동안 연금형태로 분할하여 지급받는 경우를 포함한다)

2. 피보험자의 사망·질병·부상 기타 신체상의 상해로 인하여 받거나 자산의 멸실 또는 손괴로 인하여 받는 보험금이 아닐 것

이와 관련하여 간단한 예를 한번 들어보겠다.

미혼인 여성 신입사원 정다정 씨(25세)와 같은 직장 상사인 이원선 부장(45세)이 같은 날, 연금저축 상품을 동일한 금액(연 400만원)으로 가입한 경우에, 두 사람은 동일한 상품을 가지고 향후 어떤 차이를 경험하게 될까? 이 때 A사원의 과세표준은 1800만원 B부장의 과세표준은 5000만원이라 가정하자.

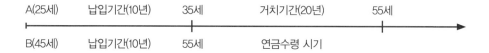

A(25세)　　　납입기간(10년)　　　35세　　　　거치기간(20년)　　　55세

B(45세)　　　납입기간(10년)　　　55세　　　　연금수령 시기

소득공제형 연금은 55세부터 연금형태로 수령이 가능한데, 보통 10년 정도 납입 기간을 설정하는 것을 감안하면 이원선 부장은 10년 후 바로 연금수령을 시작하는데 반해, 정다정 사원은 20년을 추가로 돈이 묶여 있어야 한다. 중간에 해지하려고 하면 공제금액을 제한 후 **기타소득세**가 부과되는데 그 세율이 **22%**에 달한다. (5년 이내 해지 시 **해지가산세 2.2%** 별도 부과)

그런데 중요한 것은 10년의 납입기간 동안 **소득공제 효과로 돌려받는 금액의 차이**다. 소득세 적용 구간이 다른 정다정 씨와 이원선 부장은 적용되는 세율이 다르다. 2010년 귀속분 종합소득세율을 기준으로 할 때 정 씨는 15%, 이 부장은 24%를 적용 받는다. (참고로 주민세를 포함시키면 각각 16.5%, 26.4%가 된다.) 쉽게 풀어서 이야기하면 정 씨는 연 400만원 * 15%인 60만원을 돌려받게 되고, 이 부장은 96만원을 돌려받게 된다는 거다.

과세표준	세율	누진공제
1200만원 이하	6%	–
1200만원 초과 4600만원 이하	15%	108만원
4600만원 초과 8800만원 이하	24%	522만원
8800만원 초과	35%	1490만원

- 세율 적용 방법: 과세표준 * 세율 – 누진공제액

  예시) 과세표준 20,000,000 * 세율 15% – 1,080,000 = 1,920,000

- 과세표준이 곧 수입은 아니다. 과세표준이란 말 그대로 세금을 부과하기 위해 표준이 되는 금액이며 수입에서 비용 등 공제액을 뺀 금액이다. 근로소득자가 자신의 과세표준을 확인하고 싶다면 근로소득 원천징수영수증(부록 참조)에서 50번 항목을 찾으면 된다.

- 최근 금융권을 중심으로 '부자증세'에 대한 논의가 한창이다. 그 방향은 크게 위 종합소득세율 구간의 최상위층을 신설하는 방향과 현재 비과세로 되어 있는 주식의 매매차익에 과세하는 방향 두 가지다.

비록 나중에 과세가 되니 조삼모사이긴 하지만, A씨는 B부장에 비해 소득이 적다 보니 장기상품에 납입할 여력이 부족할 것이다. 그런 상황에서 일찍 가입할수록 유리한 비과세형 연금을 포기하고 소득공제 효과만 쫓아서 소득공제형 연금을 서둘러 준비할 필요가 있을까?

우리가 연금을 가입할 때는 보통 **종신형 연금**을 수령하려는 목적이다. 즉 **죽을 때까지 받는 연금구조를 희망**하게 된다. 비과세형 연금은 종신형 연금을 선택할 수 있는데, 연금수령시점까지 적립된 금액을 몇 세까지 사는지를 기준으로 매년 받을 금액을 확정하며 그 기준은 가입시점의 평균수명을 적용한다. 정확한 연금수령금액 산식은 보험사에서 정확히 공개하진 않지만, 보험사에서 주는 예상 연금액을 역산하면 대략 가늠할 수 있다. 중요한 것은 기대수익률 못지 않게 **평균수명이 연금수령액에 큰 영향**을 준다는 점이다.

다음의 그림을 살펴보자.

A와 B는 친구 사이다. A가 30세 때 연금을 가입하고 10년간 불입을 한 뒤 20년간 거치를 하여 60세에 연금을 수령한다. B는 비록 10년 정도 늦게 연금을 가입했지만, 60세 때 친구인 A씨와 동일한 연금액을 받기 위해 좀 무리해서 10년의 기간 동안 좀 더 많은 금액을 납입했다. 그리고 60세가 되어 연금을 수령할 때 어떤 일이 벌어질까?

60세 시점에 쌓여있는 적립금이 동일하기 때문에, 만약 두 사람이 60세 때 연금을 일시불로 받거나 혹은 10년이나 20년의 특정 기한을 정해서 받는다면 매년 받는 연금수령액이 동일할 것이다. 그러나 죽을 때까지 받는다는 연금의 원래 취지에 맞게 '종신형 연금'으로 수령한다면, A씨에 비해 B씨는 현저히 적은 금액을 받게 될 것이다. 그것도 죽을 때까지.

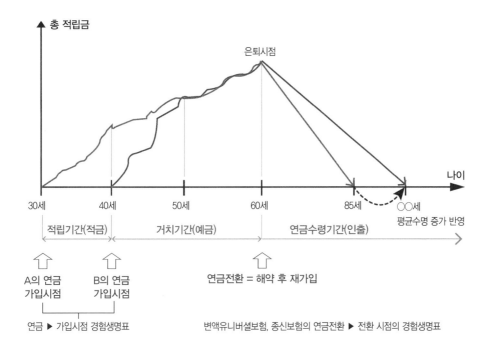

왜 이런 일이 벌어질까? 바로 **가입시점**의 '**경험생명표**'를 적용하기 때문이다. 경험생명표는 현재 3년 정도를 주기로 업데이트가 되는데, 여기에 평균수명에 대한 통계치가 포함되어 있다. 즉 평균수명이 높게 적용된다는 것은 더 오랫동안 연금을 준다는 의미가 아니라, 더 오랫동안 사는 거라 가정하고 매년 주는 연금액을 거기에 맞게 조정해서 적게 준다는 의미이다. 실제 연금을 수령하는 기간은 두 사람 모두 실제 사망시점까지니 오래 살수록 유리할 것이다.

참고로 변액유니버셜 상품의 연금전환 기능을 활용하는 경우가 있다. 변액유니버셜 상품은 채권과 주식 비중을 좀 더 유연하게 선택할 수 있는 등 많은 장점을 가지고 있으나, 연금전환을 신청한 시점(은퇴시점)의 평균수명을 적용하는 단점이 있다는 것에 주의하자. 최근에 몇몇 보험사에서 가입시점의 평균수명을 적용해주는 변액유니버셜 상품이 나와있으니, 이를 활용하는 것은 바람직해 보인다.

또한 보장성 보험인 종신보험을 가지고 연금전환을 하는 것은 매우 불합리하다. 일단 쌓이는 금액이 보장성 보험료로 대부분 차감하고 난 뒤의 금액이라 미미하고, 이 역시 전환시점의 평균수명을 반영하기 때문에 연금액이 매우 작을 수 있다. 더구나 사망의 가능성이 매우 높아진 시점에 소액의 연금수령을 받기 위해 고액의 사망보장을 포기하는 결과를 가져와, 보험사에 훨씬 이로울 가능성이 크다.

요약하면 다음과 같다.

1. 소득구간이 상대적으로 낮은 젊은 사람들은 종신형 비과세형 연금을 우선 선택하고, 여력이 남으면 소득공제형 연금을 준비하는 순서를 따른다.
2. 소득공제형 연금은 가능하면 연금펀드를 활용하는 것이 유지가능성이나 현금흐름 측면, 그리고 기대수익 등에서 유리하다. 성향에 따라 채권형이나 혼합형을 선택할 수도 있다.
3. 노후준비를 위한 금융상품은 가능하면 상품명에 '연금'이란 단어가 있는지 확인하고 가입해라. 즉 가입시점의 평균수명을 적용 받는 것이 핵심이다.

자산		부채	
청약저축(남편)	300만	전세자금 대출	1억
청약예금(부인)	**300만**		
장마저축(부인)	1200만		
연금펀드(부인)	**800만**		
주식　　(남편)	250만(향후 매도)		
아파트 보증금	2억2000만		
합계	2억4850만	합계	1억
순자산	1억4850만		

수입		지출	
신랑급여	350만(실 수령액 기준)	생활비	200만
부인급여	280만(실 수령액 기준)	**보험료(신랑)**	**25만**
		보험료(부인)	14만
		대출이자	50만
		장마저축(부인)	50만*
		연금펀드(부인)	**25만**
		신규적금	**100만(새마을금고)**
		신규펀드	**100만(인덱스펀드)**
		변액연금	**50만(종신형, 비과세)**
		미파악지출	16만(생활비 부족 시 충당)
합계	630만	합계	630만

생활비(미파악지출 제외)	250만 ＞ 200만	*부인이 관리, 부부용돈을 각각 매주 15만원으로 결정
신랑보험료	32만 ＞ 25만	*신랑의 CI보험을 종신보험과 실손보험으로 리모델링

대출이자	50만 > 50만	*담보대출로 금리나 기간을 고려하여 현 상태 유지

저축과 투자

장마저축(부인)	50만 > 50만	
연금저축(부인)	25만 > 25만	*연금저축 > 연금펀드로 전환 후 계속 납입
신규적금(부인)	100만	*새마을금고
신규펀드(부인)	100만	*인덱스 펀드
신규연금(신랑)	50만	*종신형 변액연금

*부인의 청약부금을 청약예금으로 전환, 신랑의 청약저축은 유지

*남편의 주식은 손실을 보고 있는 현 상태를 감안하여 일단 유지하되 향후 매도 예정

*남편의 성과급 규모는 예측이 힘들지만 대출 원금상환에 활용

강의노트:
좋은 재무설계사
구분하기

좋은 재무설계사 구분하기

정말 나에게 맞는 제대로 된 재무설계를 받기 위해 가장 중요한 것은 무엇일까? 제시된 상품의 브랜드, 수익률, 재무설계사의 소속 등 다양한 기준이 있겠지만, 결국 재무설계 서비스를 제공해주는 재무설계사가 가장 중요하다.

많은 경우, 재무설계 서비스를 처음 접하게 되는 계기가 지인이 보험 회사에 들어간 뒤 찾아오거나, 지인의 소개를 통해 보험설계사를 만나게 되는 경우이다. 이러한 이유로 많은 사람들이 재무설계사를 보험설계사와 동일시하는 경우가 많다. 보험회사들이 보험설계사의 명칭을 FP(Financial Planner), LP(Life Planner), FC(Financial Consultant), FSR(Financial Service Representative) 등으로 포장해놓은 것도 일반인의 혼란을 가중시킨다.

사실, 재무설계사의 상당수가 보험회사에 소속이 되어 있는 것이 사실이고 이것이 크게 문제가 되는 것은 아니다. 보험설계사들 역시 자격만 취득하면 증권사의 간접투자상품도 취급할 수 있으니, 비록 제약은 따르지만 좋은 재무설계사가 되어줄 수 있다. 따라서 호칭이나 소속회사는 상대적으로 덜 중요하다. 다만 보험 상품의 경우, 다양한 회사의 보험 상품을 취급하는 설계사가 한 회사의 상품만 취급하는 설계사보단 고객의 니즈에 좀 더 부합할 수 있는 여지가 있을 것이다.

좋은 재무설계사를 구분하는 방법은 아래와 같은 기준을 따르면 크게 무리가 없으리라 본다.

첫째, 좋은 재무설계사는 본인의 수익모델을 정확히 밝힌다. 재무설계사는 기본적으로 상담수수료(Fee)와 금융상품 판매를 통한 커미션(Commission)이 가장 주요한 소득원이 된다.

기존 금융기관에서 무료로 재무설계 서비스를 제공해주는 경우, 그 동안은 상품 판매를 위한 컨셉으로 재무설계가 이용되는 경우가 많았다. 그런데 최근 몇 년간, 의사와 같은 전문가 그룹을 중심으로 상담 수수료를 내더라도 정확하고 객관적인 상담을 받으려는 사람들이 늘어나게 되었다. 마찬가지로 뛰어난 역량을 가진 재무설계사들을 중심으로 유료 재무설계를 지향하는 움직임이 곳곳에서 일어나고 있다.

유료 상담은 보통 1년 단위로 계약을 하고 관리를 해주는데, 관리가 제대로 되지 않으면 다음 해에 계약 갱신이 이뤄지지 않을 가능성이 높기 때문에 재무설계사는 본인의 역량을 유료 상담 고객에게 집중할 수 밖에 없는 구조가 된다.

상품 판매와 관련된 커미션은 주로 투자 상품과 보험 상품에 집중되어 있다. 수익구조를 살펴보면 펀드 등 증권사 상품을 오랫동안 이용할수록 초기와는 달리 '보수'란 이름의 수수료 부담이 급증하는 반면, 장기 상품은 초기에 '사업비'란 이름의 상당히 큰 수수료를 차감하지만 원래 목적에 맞게 장기로 유지할수록 유리한 구조가 된다. 따라서 재무설계사 역시 장단기 상품의 포트폴리오를 적합하게 제안했을 때, 본인의 수익구조 또한 장단기의 균형이 맞게 된다.

둘째, 좋은 재무설계사는 수익률 위주의 상담이 아니라, 리스크 위주의 상담을 한다. 여기서 주의할 부분은 리스크가 보장성 보험에서 말하는 위험만을 의미하는 것은 아닌 점이다. 인플레이션과 투자 리스크, 현금흐름에 대한 고려 등을 모두 포괄한 개념이다.

셋째, 좋은 재무설계사는 상품 중심의 설명이 아니라 원칙 중심의 상담을 한다. 고객이 특정 상품 가입을 전제로 문의를 하는 경우를 제외하고, 좋은 재무설계사라면 재무설계의 기본원칙과 투자원칙 등을 사전에 정확히 안내하고, 이를 바탕으로 포트폴리오를 구성하게 된다.

넷째, 좋은 재무설계사는 자신이 모르거나 경험해보지 못한 분야에 대해서 솔직하다. 대신 시간이 걸리더라도 정확한 답을 찾아주려고 노력한다. 이 때, 재무설계사의 주변에 좋은 전문가 네트워크가 있다면 고객에게 훨씬 유리할 것이다.

다섯째, 끊임없이 노력하고 성장하는 재무설계사가 믿을만하다. 일부 재무설계사의 경우 비싼 옷을 입고, 리스를 활용해 고급 외제차를 타고 다니며 이를 성공의 지표처럼 이야기하기도 한다. 중요한 것은 정말 고객을 위하는 재무설계사는 그런 허세보단 재무설계 서비스 그 자체로 승부한다는 것이다. 상식적으로도 고객에게 낭비성 지출을 줄이고 합리적인 저축과 투자를 권하는 재무설계사가 스스로는 불필요한 지출을 많이 한다는 것은 신뢰할만한 요소가 아니라 생각한다.

여기서 노력이라면, 재무설계 서비스와 관련하여 자격증을 꾸준히 늘려가거나 관련 학습을 꾸준히 하고 있는지, 자신의 브랜드를 충실히 관리하고 있는지, 본인의 시간관리는 엄격히 하고 있는지 등이다.

마지막으로 좋은 재무설계사는 성실하게 모니터링을 수행하려 한다. 이때 모니터링이 매번 투자상품의 수익률을 알려주거나, 새로운 상품이 나왔다고 가입하라는 연락을 하는 것을 의미하지는 않는다. 고객에게 꼭 필요한 금융환경의 변화나 제도의 변화 등을 적시에 안내하거나 혹은 투자환경의 악화 등으로 고객이 걱정할 때 옆에 있어주고 정확히 안내해주는 것을 의미한다.

반면에 주의해야 할 재무설계사는 다음과 같은 특징을 지닌다.

첫째, 본인이 자산을 직접 운용하는 것처럼 고객을 기만하거나 혹은 고객의 돈을 받아 직접 관리하려고 한다. 가장 많이 발생하는 **금융사고의 시작점**이다. 재무설계사는 절대로 고객의 돈을 직접 받아 운용을 하지 않는다. (9장 강의노트, 금융사기 부분 참조)

둘째, 본인의 소속을 숨기거나 명확하게 밝히지 않는 재무설계사는 조심하는 것이 좋다. 명함에 정확하지 않은 내용이 담겨 있는 경우도 있다. 이런 경우, 재무설계 업계에 있는 지인에게 조심스럽게 물어보면 정확히 알려줄 것이다.

셋째, 고수익으로 접근하는 재무설계사이다. 특히 금융 상품을 권할 때, 금융 회사가 승인한 공식자료를 제시하지 않고, 별도의 예시 수익률 표를 제시하는 경우는 절대 신뢰하면 안 된다. 이는 금융감독원에서도 금지하고 있는 사항이다.

넷째, 장점만 늘어놓는 재무설계사다. 특정상품의 장점, 투자의 장점 등만 늘어놓고 그로 인한 리스크를 언급하지 않는다면, 상품 판매나 자금 유치에 급급한 설계사일 가능성이 크다.

좋은 재무설계사를 만나기 위해선, **연고 중심의 상담 문화**에서 빨리 벗어나는 것이 좋다. 그리고 **전문가를 알아보는 눈**을 기르는 것이 중요하다.

좋은 소비자들이 있어야 좋은 재무설계사가 생존하고 성장한다. 그런데 아직까지는 고객에게 원칙을 지키고 욕심을 버리는 재무설계사들이 오히려 시장에서 생존하기 힘든 측면이 있다. 검증되고 훌륭한 재무설계사라 판단이 된다면, 주변의 재무상담을 원하는 사람들을 많이 소개시켜라. 아마도 그 재무설계사는 진심으로 고마워하고 더욱 좋은 서비스를 주기 위해 노력할 것이다.

제3장

원칙을 지키는 투자

제3장 원칙을 지키는 투자

인간은,
절박하게 답을
구하고 있을 때
그 질문의 답을
제공해 줄 것 같은
이야기가 나오면
앞뒤 재지 않고
쉽게 빠져든다.

– 워렌 버핏 –

▶ ▶ ▶ 사례3

미혼 남성인 김희준 씨(38세)는 제약회사 영업직으로 12년째 근무하고 있다. 그는 회사에서 주는 급여가 적진 않으나, 월급만 모아서는 도저히 '내집마련'은 물론이고 '결혼'도 힘들다고 생각한다. 김희준 씨는 주식으로 큰 돈을 번 적도 있고 반대로 큰 손실을 본 적도 있다. 현재 그는 대통령 선거 시즌에 맞춰 **테마주**에 큰 관심을 갖고 있다. 이런 모습을 여자친구는 매우 불안해 하지만, 그는 이 방법만이 유일한 길이라고 여긴다.

상담실 엿보기

김희준　　　저는 10년 넘게 주식투자를 해오고 있습니다. 투자에 대해서 웬만큼은 알고 있고요. 좋은 정보가 있는지, 또 제가 잘하고 있는지 알고 싶습니다.

재무설계사   그렇군요. 주로 어떤 방식으로 투자를 하고 계시나요?

김희준   대통령 선거 직전 1년이 저는 큰 기회라고 생각합니다. 지난 두 번의 대선에서도 제가 찍은 후보가 대통령이 되었고요, 또한 관련 테마주에서도 수익을 꽤 냈었습니다. 오히려 너무 일찍 팔고 나와서 아쉬웠죠. 결혼도 하고, 40대에 은퇴도 하려면 열심히 투자를 공부하는 방법 밖에 없더라고요. 조금 위험하다고 보는 동료들도 있지만, 그래도 열심히 연구를 하면서 투자를 합니다.

재무설계사   그러시군요. 재무목표를 보니 현재 금융자산이 1억 5천이 살짝 넘는데, 2년 안에 3억 만드는 게 재무목표시네요. 지금 고객님께서 갖고 계신 기대수익률을 충족시키는 건 어려울 거 같습니다. 대신 조금 다른 시각에서 조언을 드려볼게요. 투자하는 종목들을 보니, 대부분 코스닥 주식들인데, 혹시 실패하셨던 적은 없나요?

김희준   대부분 성공을 했었는데, 올해가 **생각과 다르게** 움직이네요. 저 멀리 유럽에서 악재만 터지지 않았어도 이러진 않았을 텐데.. 손실이 좀 커서 이러지도 저러지도 못하고 있어요. 사실 그래서 재무상담을 신청한 거에요.

재무설계사   그렇군요. 결혼이나 다른 계획들에 대해서 이야기해주세요.

김희준   20대 후반에 준비해둔 돈이 없어서, 결혼을 하려다 못 했던 적이 있어요. 그 뒤로 몇 사람 만나봤는데 잘 안되더라고요. 우선 내 집 마련을 하고 나서 결혼을 생각하고 있습니다.

재무설계사 한 가지를 해결하고, 다음 문제를 해결한다는 것은 매우 깔끔한 업무 방식이 될 수 있을 것 같습니다. 다만 재무상담을 해오다 보니, 인생의 일반적인 목표들은 하나씩 하나씩 순서대로 되는 것만은 아닌 것 같습니다. 결혼도 해야 하고, 내 집 마련이나 은퇴준비도 해야 하고, 자녀가 생기면 교육자금도 필요하고.. 그래서 미리미리 각각의 목표에 자산을 배분하여 준비해가는 과정이 필요한 거 같아요.

김희준 솔직히, 주식투자가 '한번만 잘해도 굉장히 고수익을 낼 수 있는데..' 이런 생각 때문에 재무설계가 조금 답답하게 느껴지긴 합니다. 다만 주식을 오래하다 보니 내 일에도 소홀해지는 측면이 있고 끊임없이 수익률을 들여다보며 일희일비하는 내 모습이 한심하게 느껴지기도 합니다. 그래서 이러지도 저러지도 못하고 있습니다. 이제는 전문가에게 맡기고 내 삶을 돌아보고 싶어요.

재무설계사 고수익을 올리고 싶은 맘은 누구나 갖고 있습니다. 조금만 기대치를 낮추신다면, 차근차근 준비해가실 수 있도록 도움을 드리도록 하겠습니다.

3년차 간호사인 황춘옥 씨는 그 동안 주거래 은행에 3년 만기 적금만을 활용했다. 이자율도 중요하지만 지출 규모가 큰 편이라 자신의 소비를 줄이기 위한 방편으로 열심히 저축을 해왔다. 드디어 기다리던 적금 만기일, 꽤 많은 돈이 모였다 뿌듯해하고 있는 황춘옥 씨, 그런데 이상하다.. 왜 이렇게 이자가 적지? 그녀는 갑자기 혼자 뒤쳐지고 있는 것은 아닌지 두려워져, 투자를 해야 하나 망설이는 중이다.

상담실 엿보기

재무설계사 고객님, 요청하신 대로 적립식 펀드를 포함한 **포트폴리오**를 구성해드렸습니다. 태어나서 **처음으로 투자 상품을 가입**하셨는데, 기분이 어떠세요?

황춘옥 잘하는 건가 싶기도 하고, 손실을 볼까 두렵기도 하고 그래요.

재무설계사 그렇군요. 제가 처음으로 투자를 시작하는 분들께 드리는 질문이 있는데, 고객님께도 한번 질문을 드려볼게요. 현재 3년에서 5년 정도를 투자기간으로 생각하고 적립식 펀드를 시작하셨는데요, 오늘 100만원을 불입하고 한달 후 새로 100만원을 넣으려고 보니, 원금 손실이 나서 80만원이 되어있네요. 그럼 고객님 기분은 어떠실까요?

황춘옥 기분이 나쁘겠죠.

재무설계사 그렇군요. 그런데 고객님은 투자기간이 3년이 넘어가는데, 이제 한달이 지난 거니까 **주식을 사는 입장**일까요 아니면 **파는 입장**일까요?

황춘옥	사는 입장이죠.
재무설계사	뭔가를 사는 사람은 싸게 사는 게 유리한가요? 비싸게 사는 게 유리한가요?
황춘옥	아! 싸게 사는 게 유리하죠!
재무설계사	그렇습니다. 고객님도 찬찬히 따져보면 제가 드리는 무슨 말씀을 드리는 지 이해가 가시잖아요. 그런데 한 달이 지난 후에 손실이 나 있으면 기분이 나쁘다고 하셨어요. 그건 감정의 문제입니다. 앞으로 투자를 통해 목돈을 만들어 가는 과정에서 주가의 하락은 손실이 아니라 저가 매수의 기회라고 인식하신다면 좀 더 편안한 맘이 되실 수 있을 거에요.
황춘옥	네, 알았어요.
재무설계사	그리고 고객님과 합의한 2년 후부터는 기대수익을 넘어선 경우, 그 동안 투자한 자산은 애초 설정한 3년이 완전히 지나지 않았더라도 환매하여 채권이나 금리형 상품으로 갈아탈 거에요. 아래 그림에서 이 시기엔 B처럼 매월 신규로 투자되는 금액은 주가가 떨어지면 싸게 살 수 있으니 괜찮지만, A처럼 **이미 만들어진 자산**의 경우 주가하락의 리스크에 그대로 노출이 되기 때문에 관리를 병행하는 것이 필요하거든요.

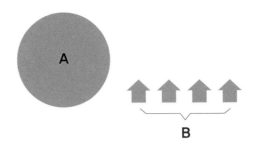

참고로 환매를 하더라도 매월 투자하는 패턴은 계속 유지할 겁니다. 한 상품이지만 A와 B를 분리 대응하는 거죠. 이렇게 투자를 지속해 나가신다면, 큰 무리 없이 편안하게 투자를 할 수 있을 겁니다.

황춘옥   아, 매월 투자하는 것과 쌓여있는 자산은 구분해서 전략을 가져가란 말씀이군요.

상담 포인트

1. 당신은 어떤 투자자인가?
2. 투자를 바라보는 관점
3. 투자의 5원칙
4. 펀드 분석하기

당신은 어떤 투자자인가?

재무상담을 하다 보면, 투자를 두려워하는 사람부터 거의 전 재산을 주식투자에 올인하는 사람까지 매우 다양한 스펙트럼의 사람을 경험하게 된다.

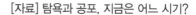

[자료] 탐욕과 공포, 지금은 어느 시기?

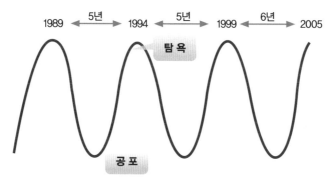

예를 들어, 필자는 **'보수적 투자자'**에 해당된다. '보수적'이지만 '투자자'라는 안 어울리는 두 단어의 조합을 곱씹어 보자. 성향은 보수적이지만 투자의 필요성에 공 감하고, 실제로 투자도 지속적으로 하고 있단 뜻이다. 다만 **기대 수익률을 바라보 는 관점이 높지 않은 편**이라서 보수적인 것이다. 기대수익률이 높지 않으면, 수익 실현의 기회가 자주 오기 때문이다.

재무설계사들은 보통 **한정된 예산으로 빠듯한 재무목표들을 달성하기 위해**, 전체 금융자산 중 일부에 대해 투자를 권하는 경향이 있다. 이것은 투자가 좋아서라기보단, 저금리 환경을 고려한 어쩔 수 없는 선택인 것이다. 물론 지출을 훨씬 더 줄여서 저축을 늘리는 방법도 있고, 재무목표 자체를 현실적으로 조정하는 방법도 있긴 하다.

재무설계사들은 동시에 고객들의 눈높이를 합리적인 수준으로 낮추려고 노력한다. 여기서 합리적인 수준이란 **본인의 위험 허용치를 고려한 기대수익률**을 의미한다. 개개인의 투자성향에 따라 다르지만, 필자는 물가상승률의 2-3배 정도 수준, 대략 연 8~12% 정도 꾸준히 달성할 수 있다면 성공한 투자로 판단한다. 기대수익률이 높을수록 수익실현의 기회가 자주 오지 않기 때문에, 더욱 긴 시간을 묶어놓을 수 있는 여유자금이어야 한다.

투자에 있어서 경계해야 할 것은 논리적인 이유로 특정 주식 혹은 특정 시점의 시장이 오를 것이다 혹은 떨어질 것이다 라고 예단하는 행위이다. 투자 시점에 이슈가 되고 있는 사안들 외에도 고려해야 할 숨은 대외적, 대내적 변수가 너무 많기 때문에, 단기적으로 접근할 때 **시장은 항상 논리적이지도, 예측 가능하지도 않기 때문**이다. 또한 시장에 뛰어든 상당수의 투자자들이 논리보단 감성에 더 취약한 것도 그 이유가 된다.

따라서, 앞으로 설명할 투자원칙들을 지키는 것이 중요하다.

투자를 바라보는 관점을 정립하라.

투자란 저축과 달리, 일정 부분 리스크를 감수하는 대가로 추가적인 수익을 얻고자 하는 행위로, 대부분 주식과 채권을 그 대상으로 하며, 최근에는 투자의 대상이 다양해지는 추세이다.

투자에서 좋은 결과를 얻으려면 **충분한 자본, 충분한 시간, 충분한 수익률** 3가지 요소 중 한 두 가지를 활용하게 된다.

$$\text{투자수익} + \text{원금} \times (1 + \text{수익률})^{\text{투자기간}}$$

따라서 위험을 전혀 감수하지 않고 저수익 상품을 활용하는 경우, 지출을 줄여 저축액을 늘리거나 저축기간을 훨씬 늘려가야 동일한 효과를 얻을 수 있다. 이 때 금리(혹은 수익률)가 물가상승률보다는 높아야 함은 당연한 전제조건이다.

투자를 바라보는 관점에 대하여

국내 주식형 펀드의 대표 주자였던 '**미래에셋 디스커버리 주식형 펀드**'와 '**미래에셋 인디펜던스 주식형 펀드**'를 보유한 두 사람의 수익률은 얼마나 차이가 날까?

실제로 두 펀드 모두 동일하게 국내 대형성장주에 집중적으로 투자를 해온 펀드

이기 때문에, 같은 기간에 동일한 형태로 투자를 한 경우 그 차이는 그다지 크지 않다. 오히려 같은 펀드를 가입해도 타이밍, 투자방식 등에 따라 더 큰 차이가 나기 마련이다. 즉 좋은 투자를 함에 있어서 상품이나 종목의 선택은 중요한 부분이지만, 투자의 성공 여부에 끼치는 영향은 상대적으로 적은 편이다.

은행, 증권, 보험 등 대부분의 판매 채널에서는 시장에 대한 예측과 수익률 제시를 통해 상품과 종목을 골라 주는 방식을 채택한다. 이러한 미래에 대한 예측이나 과거 수익률 중심의 상품 제안 방식은 투자를 시작하는 시점엔 고객을 만족시키기 쉽지만, 그것이 그대로 투자의 성공까지 이어지는 경우는 오히려 드물다.

최근 유행 중인 Wrap 상품을 취급하는 투자자문사들 역시 주가 상승기엔 추가적인 수익을 고객에게 안겨주기도 했지만, 하락장에선 시장의 평균수익률보다 못한 성적을 보여준 경우가 태반이었다.

재테크 서적 '내 안의 부자를 깨워라'의 저자인 '브라운 스톤'은 어떤 전문가가 돈 되는 상품을 족집게처럼 골라줄 수 있을 거라고 믿는 것을 소위 "도사 환상의 오류"라고 한다.

투자에 있어서 중요한 것은 다소 재미없어 보이더라도 어떤 원칙에 근거에 선택하고, 어떤 원칙에 근거해 투자를 했는지가 투자의 성패에 더 많은 부분을 차지한다는 점이다.

좋은 투자를 위한 몇 가지 기준

① 엔딩이 중요하다.

투자 상품을 선택할 때는, 가입 시점이 아니라 실제 돈을 찾아 활용하는 시점(환매시점)에 그 상품이 적정한 지 여부를 판단해야 한다. 주된 판단 기준은 수익성, 유동성, 안정성 및 세금의 측면 등이다.

② 스토리에 현혹되지 마라. (스토리 = 마케팅 수단)

많은 금융 상품은 나름의 스토리를 내포하고 있는 경우가 많다. 고객에게 상품의 특징을 더 쉽게 이해시키기 위해 만들어진 스토리도 있고, 판매를 쉽게 하기 위한 스토리도 있다. 금융소비자의 입장에서 그 스토리보다 중요한 것은, **'적정한 금융상품을 제안 받았는가'** 그리고 **'해당 금융 상품의 단점 혹은 리스크에 대한 명확한 정보를 제공받고 이해하였는가'** 라는 부분이다.

③ 모니터링이 중요하다.

투자에서 성공적인 모니터링을 위해서 필요한 것은 **사전에 '환매의 기준'을 결정해두는 것**이다. 즉 예측하기 힘든 투자 상황에 대해 미리 대응할 수 있는 시나리오를 만들어 두는 것이다. 보통 원하는 **'목표 금액'** 혹은 **'목표 수익률'** 두 가지를 활용하게 된다. 대개의 경우 기대 수익률이 높을수록 동일 기간에 환매의 기회가 올 가능성은 줄어들게 된다는 점을 다시 한번 강조한다.

따라서 고수익을 원하는 경우, 투자 기간을 길게 생각해야 한다. 이 때 말하는 기간은 '**최악의 경우 환매를 하지 않고 자금을 가져갈 수 있는 기간**'을 말하는 것이지, 반드시 그 기간을 채워야 한다는 의미는 아니다.

④ 펀드를 활용하는 전략은 크게 능동적인 전략과 수동적인 전략으로 구분된다.

능동적인 전략을 구사할 경우, 시장(KOSPI)보다 초과 수익률을 내는 데 관심을 가지고 운용 성과가 좋은 펀드를 선별하려는 노력을 한다. 대신 리스크를 줄이기 위해서 펀드의 스타일을 구분하여 분산 투자를 한다.

수동적인 전략을 선택할 경우, 최소한 시장만큼의 수익률을 올리는 것을 목표로 하며 비용이 저렴한 펀드를 선별하려는 노력을 한다. 대개의 경우 인덱스 펀드를 통해 투자를 하게 된다.

⑤ 투자 심리는 본능을 따르지 마라.

남들이 팔 때는 저렴하다고 인식하고, 남들이 살 때는 비싸다고 인식할 수 있다면 투자에서 승리할 가능성이 높다. 이는 개별 주식보다 시장 전체를 보고 투자를 할 때 훨씬 유효한 전략이다.

그런데 실제 투자를 하다 보면 그게 생각보다 쉽지 않다. 오를 땐 한없이 오를 거 같고, 내릴 땐 한없이 내릴 거 같기 때문이다. 더구나 주변 사람이나 언론에서 시장에 대해서 한 목소리를 내고 있을 때, 혼자서 다른 결정을 내릴 수 있는 용기는 아무나 낼 수 있는 것은 분명 아니다.

[자료] 투자와 심리: 개인투자자들의 주식투자 패턴

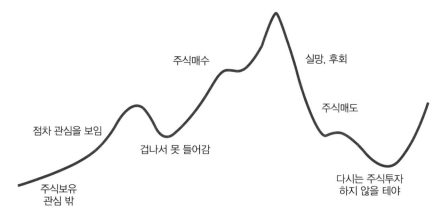

주식매수

실망, 후회

주식매도

점차 관심을 보임

겁나서 못 들어감

주식보유
관심 밖

다시는 주식투자
하지 않을 테야

[자료] 증시안정기금 따라하기

증시안정기금(이하 증안기금)은 자본시장 개방 조치가 이뤄진 1990년, 증권사를 비롯해 은행, 보험, 상장기업 등 636개사가 추락하는 증시를 살리고자 자금을 투자해 조성한 기금이다. 당시 부동산 가격은 치솟고, 증시는 무기력하게 폭락하는 상황에서, 이들 기업은 5조원에 육박하는 자금을 모아 증시에 투입했다. 증시 인프라와 매수 기반이 제대로 갖춰지지 않았던 당시, 대형 상장사라는 이유만으로 민간기업들이 호주머니까지 털어야 했다.

다행히도 증안기금은 증시의 안전판 역할을 톡톡히 해냈고, 1996년 사실상 청산이 됐다. 하지만 일부 참여사는 투자원금 외 잉여금을 받지 못해 소송까지 벌이기도 했다. 마침내 지난해 2월 모든 절차가 마무리돼 20년 만에 완전히 역사 속으로 사라졌다.

증안기금은 원래 목적이 증시의 안정이었던 만큼, 발족하자마자 주식매입에 적극적으로 나섰고, 또 깡통계좌 정리로 인한 미수 및 미상환 융자매물을 일괄 정리하는 데 큰 기여를 했다. 또한 하락하는 장세에 기댈 언덕이 되어 주는 등 투매를 방지하는 데도 큰 역할을 했다. 이렇게 주식시장이 어려울 때 꾸준히 주식을 사들인 증안기금은 결국 주가가 올라 있을 때 큰 수익을 내고 팔 수 있었다. 그래서 한 때 **"증시안정기금 같이 주식 하면 돈 번다"**는 말이

나돌기도 했다.

최근에는 국민연금의 주식 시장 참여가 늘어나면서 증안기금과 비슷한 투자 패턴을 보이고 있다.

−출처: 대한민국 재테크사, 김대중, 원앤원북스 中, 일부 내용 수정

⑥ 복잡한 기능 = 고비용

상품 중심의 사고방식에 빠지게 되면, 어떤 상품이 좋은 것인지를 찾는데 계속 집중하게 된다. 사실 금융감독원의 인가를 받은 금융 상품들 중에서 크게 문제가 있는 경우는 극히 드물다. 즉 상품이 좋은가 나쁜가의 문제가 아니라 과연 나에게 맞는 상품인지 아닌지를 판단하는 것이 중요한 것이다.

금융 상품을 볼 때 그 장단점을 살펴보고 그 장점에 해당되는 재무목표에 맞춰서 준비한다면 제대로 된 재무설계의 첫걸음을 시작한 것이다. 원금보장, 고수익, 유동성 이렇게 3가지의 핵심 기능을 갖고 있는 금융 상품이 있다고 예를 들어 본다. 이 경우는 3가지 기능 모두 불완전할 가능성이 높다. 정확히는 **개별 기능들이 서로의 기능을 제약한다**고 보는 게 정확하다. 동시에 옵션이 많으니 고비용의 수수료가 발생할 가능성이 크다. 금융상품은 최종적으로 가장 중요한 하나의 기능을 활용할 텐데, 그렇다면 복합적인 기능을 가진 상품이 적절한 선택인지 고민해 볼 필요가 있다.

⑦ '최소투자기간'의 의미, 그리고 환매의 기준이 되는 기대수익률

보통 3년 이상의 투자기간을 확보한 자금으로 투자를 하라고 한다. 투자를 시작하는 지금이 과연 고점인지 아니면 저점인지 판단할 수 없기에 일반적으로 주식 시장의 주기를 2-3년이라 판단했을 때 나오는 조언이다. 적립식 투자를 하는 경우, 투자의 시작 시점은 크게 중요하지 않으나 환매 시점엔 마찬가지로 주식 시장이 올라줘야 하는 게 사실이다.

펀드는 일반적으로 가입 시점에 정한 납입기간이 끝났을 때 무조건 상환할 의무가 없다. 그냥 내버려두면 거치투자를 계속 하는 셈이고, 원하면 투자기간을 계속 연장할 수 있다. 그러나 납입기간 이전에 환매를 하게 되면 일부 손실이 발생할 수 있다. 통상적으로 직전 3개월간 납입한 원금에 붙은 수익금의 70%를 펀드에 남아 있는 가입자들에게 주고 나와야 한다.

투자기간이 길수록 위 금액은 대세에 큰 영향을 주진 않지만, 그래도 **적립식 펀드의 납입기간은 최소 기간인 1년으로 정해 놓고, 이후엔 연장을 하는 것이 환매수수료 측면에선 유리하다.** 연장하는 시점부터는 언제 나와도 환매수수료가 전혀 부과되지 않기 때문이다.

요약하면, 투자기간이 3년이라 하더라도 의무납입기간은 최소로 잡고 꼭 3년을 채우지 않더라도 그 전에 기대수익이나 원하는 금액을 달성하면 일단 환매를 한 후 다시 분할 매수로 하는 것도 권할 만한 전략이 될 수 있다.

⑧ 절대 잃지 말라

왜 투자의 대가 '워렌 버핏'은 '절대 잃지 말라'고 강조했을까?

1억을 투자해서 50%라는 큰 손실을 보고 5천만 원에 주식을 팔아버렸다고 가정해보자. 이 손실을 만회하기 위해 추가적인 자금의 투입 없이 현재 가진 5천만 원으로 다시 재투자한다면 몇 %의 수익을 올려야 손실회복이 될까?

언뜻 생각하기엔 50% 손실을 봤으니, 다시 50% 수익을 올리면 된다고 생각할 수도 있다. 여기서 투자의 착시 현상이 발생한다. 실제로는 처음 투자할 때보다 원금이 반 밖에 안되기 때문에 예전 원금을 회복하려면 100%의 수익을 올려야 가능해진다.

[자료] 손익의 비대칭성

손실률	손실회복률
-10%	+11%
-30%	+43%
-50%	+100%
-90%	+900%

즉 **투자손실률과 손실회복을 위한 수익률은 동일하지 않은 것이다.** 그게 비록 기대수익률이 조금 낮아지더라도 분산과 적립식 투자 등을 통해 리스크를 줄여가는 이유다.

⑨ 회사, 그리고 채권과 주식의 개념

왜 주식이 채권보다 고수익을 기대할 수 있는 걸까?

자본주의의 가장 위대한 발명품 2가지를 고르라 하면 '주식시장'과 '보험상품'을 선택하는 경우가 많다.

항상 듣는 단어라 익숙하긴 하지만, 잘 생각해보자. **보험**의 경우, 확률이 굉장히 낮더라도 만약 내게 발생하면 재기불능의 큰 경제적 위험이 닥치는 것을 대비하여 (위험 대비) 소액의 보험료를 기꺼이 지불하고 심리적 안정을 확보하고, 실제로 위험에 처했을 때 도움을 받을 수 있는 매우 합리적인 제도이다.

[자료] 위험과 기대수익

예금	채권	주식
무 위험 확정 수익	저 위험 변동 수익 기업의 파산 위험	고 위험 고 변동 수익 기업의 파산 위험 기업가치(주가)의 변동성

주식시장 혹은 주식회사의 경우, 과거엔 훌륭한 아이디어와 경영 능력이 갖춰져도 충분한 자본력이 뒷받침되지 않아서 하지도 못했던 수 많은 일들을 지금은 주식시장을 통해 자금을 조달해서 해내고 있다. 예를 들어, 100층이 넘어가는 초고층 건물을 짓는다고 생각해보자. 개인이나 몇 명이 자금을 모아 그런 일을 하려면, 몇 세

대에 걸쳐 자본을 축적해도 불가능할 것이다. 그런 것을 가능하게 해준 것이 바로 **주식시장**이다.

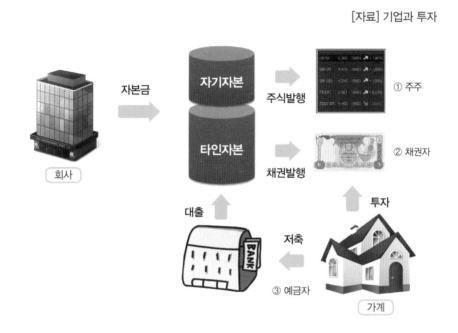

[자료] 기업과 투자

위 그림에서 보듯이 하나의 회사를 세우기 위해서는 자본금이 필요하다. 그런데 그 자본금은 장부상으로는 남아 있을지 모르나, 시간이 흐를수록 임대료나 인건비, 혹은 수익모델을 구현하는 데에 소진되게 된다. 자본금이 모두 소진되기 전에 회사는 이익을 창출하기 시작해야 한다.

이 때, 부족한 자금을 추가로 조달하는 방법은 **'돈을 빌리는 방법'**과 **'동업자를 추**

가로 모집하는 방법'이 있다. 전자가 **채권의 발행**이고 후자가 **주식의 발행**이다.

이 때 돈을 빌려준 채권자는 기업이 망하지 않는 한, 본인이 빌려준 원금에 대한 권리와 함께 약속된 이자를 매번 받을 수 있다. 또한 기업이 망하더라도 기업의 청산가치 내에서는 전체 채권 중에 자신이 가진 채권의 비율만큼 돌려받을 수 있어서 상대적으로 안정적이다.

만약 기업이 망해서 원금 손실이 발생할까봐 두렵다면 은행과 같은 금융기관을 활용하면 된다. 이들은 해당 기업의 상황과는 무관하게 예금 이자를 주고, 국가를 통해 원리금을 5000만원까지 보장받는다(예금자보호법). 대신, 은행은 기업체에 자금을 조달해주고, 개인에게 원리금을 보장해주는 대가로 예대마진을 보장받는다. 참고로 **예대마진**은 기업에서 받아야 할 대출 금리와 개인에게 줘야 할 예금이자의 차이로 얻게 되는 은행의 이익을 말한다.

주주의 경우는 어떤가? 주주는 기업의 주인이다. 그래서 채권을 **타인자본**이라 하고 주식을 **자기자본**이라 말한다. 기업이 제대로 이윤을 내고 성장을 하면 주주는 그 과실을 배당과 시세차익을 통해 실현할 수 있다. 그 상한선은 무한대이고, 기업이 망하더라도 자신이 출자한 돈 이상의 책임은 부담하지 않는다. 그래서 주식은 일정 부분 위험을 부담하는 대신, 고수익을 기대할 수 있는 것이다.

투자의 5원칙을 살펴보자.

개인투자자가 투자에 실패하는 원인을 살펴보면, 아래와 같다. 거기에 따른 처방을 하나씩 살펴보도록 하자.

[자료] 개인투자자들의 투자 패턴

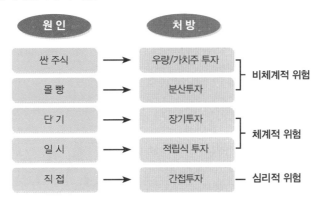

주식 투자는 개인이 이익을 낼 수 있는 기업에 투자하여 배당을 받거나 시세차익을 남기고 처분하는 과정에서 수익을 얻게 된다. 그 과정에서 기업의 실적이 부진하거나 극단적으로 기업이 망하는 상황이 오게 되면 큰 손실을 입게 된다.

따라서, '**절대 망하지 않을 우량기업**'을 선별해서 투자를 하는 것(**가치투자**)은 위험관리의 기본이 된다. 그런데 절대 망하지 않을 기업이 있을까? 현재는 해당 업종에서 1,2위를 다투는 기업이지만, 여러 가지 이유로 위기에 빠지는 기업이 생길 수 있다.

따라서 몇 가지 업종의 대표기업으로 나눠서 투자(**분산투자**)를 한다면 위험도 분산시킬 수가 있다. 이렇게 가치투자와 분산투자를 통해 **특정 기업 고유의 위험(비체계적 위험)**으로부터 자유로워질 수 있다.

[자료] KOSPI의 장기 흐름을 통해 살펴본 시장의 LEVEL UP

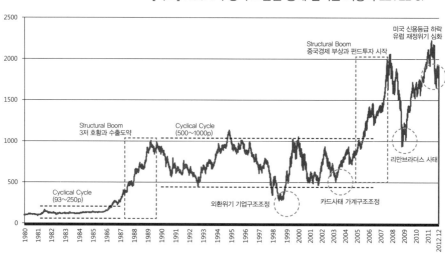

그런데, 최근 몇 차례의 금융위기처럼 투자하는 기업의 종류에 상관없이 시장 전체가 크게 요동치는 경우가 있다. 이를 **시장 위험(체계적 위험, Market Risk)**이라 하며, 이를 극복하기 위해 필요한 것이 **적립식 투자**와 **장기 투자**가 된다.

적립식 투자는 시장의 흔들림과 무관하게 꾸준히 매입을 함으로써 매입단가를 낮추는 전략이다.

이를 리스크의 관점에서 풀이해보면, 최고점에 내 모든 투자자산을 투자하는 최악의 리스크는 100% 피할 수 있게 된다. 또한 시장에 위기가 와서 수익률이 많이 떨어지더라도 다시 정상화되는 시점까지 기다릴 수 있다면, 손실을 피할 수 있다. 이를 위해선 반드시 여유자금을 통한 투자를 해야 할 것이다.

이렇게 개별 기업 고유의 위험은 1)가치투자와 2)분산투자를 통해서 이겨내고, 시장 전체에 발생하는 위험은 적립식 투자와 장기투자로 극복하면 되는데, 여기에 한 가지 더 고려해야 할 위험이 있으니 그것은 공포와 탐욕에 지배되는 투자자의 심리적 위험이고, 5)간접투자를 통해 이를 해결할 수가 있다.

대표적인 투자상품, 펀드의 분석은 어떤 과정을 거쳐서 하게 되나요?

1단계, 주식형 펀드의 스타일 분석

대형성장주 (12회 중 12회)			
11	19	57	대
2	0	12	중
0	0	0	소
가치	혼합	성장	

중형가치주 (12회 중 12회)			
30	10	10	대
22	8	4	중
11	3	3	소
가치	혼합	성장	

평균시총	75,336억
평균PER	16.58배
평균PBR	1.58배

평균시총	25,523억
평균PER	9.68배
평균PBR	0.93배

위 그림은 펀드평가사의 펀드 분석 자료 중 일부를 발췌한 것으로, 박스 안의 숫자는 투자되는 주식의 편입비율(%)을 의미한다. 국내 펀드의 경우, **대형성장주 펀드**와 **중소형 가치주 펀드**가 구분하여 분산투자를 하는 경우가 대표적이다.

참고로 채권형 펀드의 경우, 투자 대상 채권의 잔존만기(단기/중기/장기)와 채권의 유형(국공채/회사채/하이일드 채권), 이렇게 두 가지 기준으로 구분하는 것이 합리적이다.

2단계, 주식형 펀드의 수익률 분석

아래 그림에서 BM은 벤치마크(Bench Mark)를 의미하여 KOSPI200을 기준으로 한다. 과거의 수익률이 미래의 수익률을 보장하진 않지만, 지난 몇 년간 꾸준히 벤치마크 수익률보다 좋다면 기본적으로 운용능력을 믿을만한 펀드라는 이야기가 된다. 시장의 지수에 투자하는 인덱스 펀드의 경우, 벤치마크의 수익률과 거의 일치하게 된다.

참고로 펀드의 수익률을 앞에서 살펴봤던 적금과 예금의 이자율 보는 법과 비교해보면 다음과 같다. <u>펀드는 적립식이냐 거치식이냐의 구분과 무관하게 무조건 총원금에 대하여 수익률을 생각하면 된다. 즉 예금의 계산법과 동일하다.</u> 적립식 펀드로 매월 100만원씩 1년간 투자했는데 1년 후수익률이 10%라면, 원금 1200만원의 10%인 120만원이 수익인 것이다. 따라서 적립식 펀드로 연 수익률이 4%라 하더라도 적금 금리 4%보단 높은 수익을 얻게 된다.

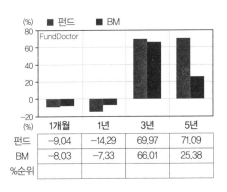

(%)	1개월	1년	3년	5년
펀드	−9.04	−14.29	69.97	71.09
BM	−8.03	−7.33	66.01	25.38
%순위				

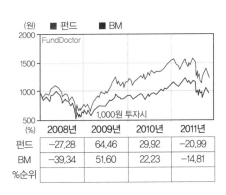

(%)	2008년	2009년	2010년	2011년
펀드	−27.28	64.46	29.92	−20.99
BM	−39.34	51.60	22.23	−14.81
%순위				

3단계, 주식형 펀드의 위험 분석

주식형 펀드의 위험 분석은 다양한 분석 지표를 활용할 수 있는데, ㄱ 중에서 젠센알파(α), 베타(β, 민감도), 표준편차 및 샤프지수 등이 가장 많이 활용하는 분석 지표이다.

구분	지표명	설명	판단
위험 지표	표준 편차 (%)	투자기간 동안 평균수익률로부터 얼마나 큰 폭의 변동성을 갖는지 나타냄. 평균수익률 10%에 표준편차가 20%라면 실제 펀드수익률이 −10%(10%−20%)~30%(10%+20%) 사이에서 움직였음을 의미	표준편차가 낮을수록 안정적인 투자가 가능해짐.
	베타	민감도. 시장수익률이 변할 때, 펀드의 수익률이 얼마나 민감하게 반응하는 지를 나타냄. 즉 KOSPI가 1% 변할 때 펀드수익률이 몇 % 변하는지를 의미	β>1 시장수익률보다 민감(위험하게 움직임) β=1 시장수익률과 동일한 민감도 β<1 시장수익률보다 둔감(안정적)
위험 조정 지표	샤프 지수	위험조정수익률. 초과 수익을 내기 위해서는 위험을 부담해야 하는데, 이 때 위험 한 단위 당 얻을 수 있는 수익률이 높을수록 샤프지수가 높음	샤프지수가 높을수록 성과가 좋은 펀드
	젠센 알파	펀드의 실제 수익률과 시장에서 기대했던 수익률과의 차이를 말함. 시장의 기대수익이 7%였는데 만약 펀드에서 9%수익률이 나왔다면 펀드매니저가 종목선정 등에서 2%만큼 운용을 잘 했다는 얘기	젠센알파 역시 높을수록 좋은 펀드

참고로 **투자에서 '위험'이란 '변동성'과 동의어**로 생각하면 된다. 즉 위험은 **투자손실 가능성과 투자수익 가능성을 모두 포함**하는 개념이다. 또한 위험 분석 지표는 기본적으로 과거의 데이터를 기준으로 한 것이란 한계가 있음도 잊지 말자.

4단계. 펀드의 적정 규모(설정액)

펀드의 정정 규모에 대한 명확한 기준은 없다. 미국의 경우, 1978년~1998년에 5억불에서 370억불로 성장한 상위 5개 펀드에 대해 조사해보니, **전체 증시의 0.05% 규모일 때(1978~1982년)는 매년 10%의 수익률을 올린 반면, 펀드 규모가 커짐에 따라 증시규모의 0.35%에 달하게 되었을 땐 수익률이 4%대로 급락**하여 S&P지수 수익률보다 낮아지게 되었다고 한다.

위를 참조하면 2011년 12월 현재 1000조를 약간 상회하는 규모인 KOSPI 시가총액을 감안하면 5000억원 규모의 펀드가 가장 적정하다는 결론이 나오게 된다. 다만 이는 경험치에 불과하고 더구나 미국의 사례이므로 참고만 하자.

그렇다면, 펀드 규모가 비대해지면 왜 수익률에 영향을 주게 되는 걸까?

펀드매니저가 우량주 위주의 주식을 사들일 때, 지분 한도나 편입 한도가 있어 포트폴리오를 구성할 수 있는 주식의 범위에 제약이 생기게 된다. 특히 펀드매니저가 잘 선정하여 많이 오른 주식이 있다 해도 전체 펀드의 수익률에 미치는 긍정적인 영향은 상대적으로 적어지고, 대신 시장이 급락할 땐 이를 피하기가 어려워진다. 또한 펀드가 커지면서 펀드의 운영이 갈수록 구조화, 조직화 되어가고 따라서 전문가에 대한 의존도가 떨어지게 된다. 그로 인해 펀드가 커질수록 점점 더 시장에 근접한 수익률을 지향하게 되고, **'가격이 저렴하지 않은 인덱스 펀드'**에 가까워진다.

다른 한편으로 '**자투리 펀드**'라 불리는 규모가 작은 펀드들 역시 펀드매니저 등의 집중적인 관리를 받기가 힘들고 방치되는 경향이 있어 좋은 펀드라 보기엔 무리가 있다.

5단계, 펀드의 비용 분석

동일한 가치를 가졌다면, 비용은 당연히 저렴할수록 좋다. 펀드의 비용 즉 수수료는 크게 선취 수수료와 보수로 구분할 수 있다. 보수의 경우, 판매보수 운용보수 수탁보수 등으로 세분화되지만 금융소비자 입장에서 그 구분이 큰 실익은 없기 때문에 총 보수를 가지고 판단하면 된다.

수수료와 보수의 가장 큰 차이는 다음과 같다. **수수료는 딱 한 번만 내면 되고, 보수는 주기적으로 내고 또 낸다.** 이게 핵심이다.

선취 수수료는 처음 투자할 때 원금에 대해 수수료를 한 번만 내면 되고, 후취 수수료는 환매할 때 환매금액의 일정 부분을 수수료로 한 번만 내면 된다. 현재 국내에서 후취 수수료 구조의 펀드는 거의 없기 때문에 주로 상대적으로 저렴한 보수에 선취 수수료를 떼는 펀드(A형)와 상대적으로 비싼 보수에 선취 수수료를 떼지 않는 펀드(C형)로 나뉜다.

그럼 투자 기간에 따라 어떤 수수료 구조가 유리한 지 아래의 예를 살펴보자.

구분	선취수수료	보수
펀드 Class A	1%	1.2%
펀드 Class C	0%	1.8%

선취수수료와 보수를 단순하게 합산하면 A형 펀드가 훨씬 비싼 비용을 내는 것처럼 보일 것이다. 우선 선취수수료는 매달 100만원씩 납입을 한다고 했을 때 1만원씩 차감하게 되어 1년에 12만원 정도의 비용이 발생한다. 이는 새로 투자되는 금액이 동일하다면 2년차, 3년차에도 동일하다.

보수는 어떤가? 연단위로 계산하면 수익률과 기존 투자금액을 포함한 총 투자자금에 대해 보수를 계산하게 된다. 이를 간단히 표로 정리하면 아래와 같다.

매년 초 1000만원 투자, 연 10% 수익률 가정 시

	1년차	2년차	3년차	4년차	5년차
새로 투자된 원금	1000만	1000만	1000만	1000만	1000만
총 평가액	1100만	2310만	3641만	5105만	6715만
펀드A 선취수수료(1%)	10만	10만	10만	10만	10만
펀드A 보수(1.2%)	13.2만	23.1만	43.69만	61.26만	80.58만
펀드A 총비용	23.2만	33.1만	53.69만	71.26만	90.58만
펀드B 선취수수료	0	0	0	0	0
펀드B 보수(1.8%)	19.8만	41.6만	65.5만	91.9만	120.9만
펀드B 총비용	19.8만	41.6만	65.5만	91.9만	120.9만

(엄밀히 계산한다면 펀드B에서 매년 새로 투자되는 원금은 1000만원에서 선취수수료 10만원이 빠진 990만원이 되지만, 계산의 편의상 동일하게 계산했다.)

위에서 보듯이 선취수수료를 떼더라도 보수가 저렴하다면 투자기간이 길수록, 수익률이 높을수록 총 비용이 절감되는 효과를 얻게 된다. 통상적으로 3년 이상의 투자 기간을 확보한 경우에 펀드투자에 나서는 것을 감안하면, 선취수수료를 떼는 상품이 비용 면에선 유리하며 그 차이는 수익률이 높을수록, 투자기간이 길어질수록 더 커짐을 알 수 있다.

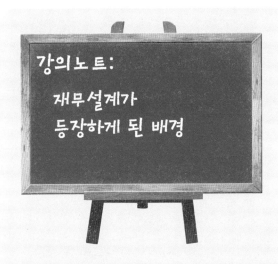

강의노트:

재무설계가
등장하게 된 배경

한국 사회에서 미국, 캐나다 등 선진국처럼 재무설계의 개념이 사회적으로 이슈가 된 데는 다음과 같은 몇 가지 중요한 흐름이 배경이 되었다.

금융환경의 변화1) 저금리와 투자상품의 발달

재무설계 학교 수업을 진행하면서 지금이 **'저금리 시대'**라고 이야기하면, 대부분의 20-30대 수강생들은 고개를 끄덕이며 수긍한다. 하지만 필자가 **'도대체 저금리와 고금리를 나누는 기준이 뭔가요?'**라는 질문을 던지면 정확히 답변을 못하는 경우가 많다.

한 가지의 개념을 받아들일 때 수동적으로 그냥 받아들이는 것은 '현명한' 금융소비자의 자세가 아니다. **저금리를 이야기하는 것은 자연스럽게 투자의 필요성으로 이어지는 경우가 많기 때문에 자기만의 분명한 기준이 있어야 한다.**

필자는 어떤 금융상품의 세후 이자(혹은 수익률)가 물가상승률의 2~3배는 되어야 고금리라 볼 수 있다고 생각한다. 여기에 대한 정의는 각각 내려보자. 중요한 것은 저금리 기조 하에서 인플레이션은 우리의 자산형성과 증식에 무서운 방해물이 된다는 점이다.

아래의 몇 가지 자료들을 참고해 보자.

[자료] 1998년 제일은행 예금 금리

1998년은 IMF시절로 금리가 매우 높았던 시점이다. 이를 감안하더라도 제 1금융권인 제일은행(현재의 SC제일은행)의 정기예금 금리가 20%에 이른다는 것을 실제 자료로 보여주면 20-30대 직장인들은 깜짝 놀라곤 한다. 실제 이들이 생각하는 고금리의 기준은 많아야 6-8%인 경우가 많다. IMF이전에도 제 1금융권의 예금금리는 2자리 수를 유지했던 점을 생각해본다면, 현재의 금리 수준이 얼마나 낮은지 확실히 알 수 있다.

[단위: 기간 중 평균금리, %]

	1997	1998	1999	2000	2001	2002	2003	2004	2005	2006	2007	2008	2009	2010
국고채 3년 (평균)	12.26	12.94	7.69	8.30	5.68	5.78	4.55	4.11	4.27	4.83	5.23	5.27	4.04	3.72
국고채 5년 (평균)	12.17	13.18	8.59	8.67	6.21	6.26	4.76	4.35	4.52	4.96	5.28	5.36	4.64	4.31
국고채 10년 (평균)	–	–	–	7.76	6.86	6.59	5.05	4.73	4.95	5.15	5.35	5.57	5.17	4.77
회사채 3년 (평균)	13.39	15.10	8.86	9.35	7.05	6.56	5.43.	4.73	4.68	5.17	5.70	7.02	5.81	4.66
CD 91물 (평균)	13.38	15.22	6.81	7.08	5.32	4.81	4.31	3.79	3.65	4.48	5.16	5.49	2.63	2.67
콜금리 (1일물, 평균)	13.14	14.90	4.99	5.14	4.70	4.19	3.98	3.62	3.32	4.19	4.77	4.78	1.98	2.16
기준 금리	–	–		5.25	4.00	4.25	3.75	3.25	3.75	4.50	5.00	3.00	2.00	2.50

출처: 한국은행 '금융시장동향'
주) 콜금리 목표는 월말 기준이며, 국고채 10년은 00년 11월부터, 콜금리목표는 99년 4월부터임.

위 표에서 가장 중요한 금리는 '기준금리'이다. 기준금리란 중앙은행인 한국은행 안에 설치된 금융통화위원회에서 매달 회의를 통해 결정하는 금리를 말한다. 콜금리와 기준금리를 혼동하는 경우가 많은데, 이는 과거 한국은행의 통화정책 목표금리가 콜금리를 기준으로 설정되었던 데 기인한다. 콜금리가 가진 몇 가지 한계가 드러나면서 2008년 3월부터 콜금리 대신 한국은행의 공정이율이 기준금리 역할을 하게 되었다.

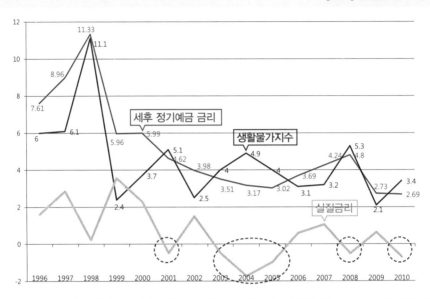

[자료] 실질금리 추이

- 소비자물가 상승률은 전년 동월 대비 기준
- 은행 정기예금 금리는 만기 1~2년 미만 기준

통계표	항목명	1996	1997	1998	1999	2000	2001	2002	2003	2004	2005	2006	2007	2008	2009	2010
4.2.2 대출 금리 (%)	주택 담보대출						6.31	6.67	6.21	5.86	5.39	5.64	6.34	7.00	5.54	5.00
	일반 신용대출										6.32	6.89	7.46	8.44	7.09	7.19
	소액대출 (500 만원 미만)						9.82	10.01	9.85	9.11	8.31	8.23	8.71	8.81	8.06	8.05
4.2.1 수신금리(%)	정기예금 (세전)	9.00	10.59	13.39	7.05	7.08	5.46	4.71	4.15	3.75	3.57	4.36	5.01	5.67	3.23	3.18
	정기예금 (세후)	7.61	8.96	11.33	5.96	5.99	4.62	3.98	3.51	3.17	3.02	3.69	4.24	4.80	2.73	2.69
	정기적금 (세전)	10.10	10.17	11.47	8.55	7.73	6.00	5.10	4.42	3.90	3.39	3.80	4.14	4.83	3.30	3.46
	정기적금 (세후)	8.54	8.60	9.70	7.23	6.54	5.08	4.31	3.74	3.30	2.87	3.21	3.50	4.09	2.79	2.93

7.3.1 소비자 물가지수 (2010=100) (전국) (%)	생활 물가지수 (전기동기 대비 증감률)	6.00	6.10	11.10	2.40	3.70	5.10	2.50	4.00	4.90	4.00	3.10	3.20	5.30	2.10	3.40

은행의 세후금리가 물가의 상승률을 따라가지 못하는 것을 두고, '실질금리 마이너스의 시대'라고 칭하는 것을 많이 접하게 된다. 일반 계단을 걸어 올라가는 것과 비교해 볼 때 반대 방향으로 움직이는 에스컬레이터를 역행하여 올라가는 것은 매우 힘이 든다. 빠른 걸음으로 걸어야 겨우 제자리일 수도 있다. 실질금리 마이너스의 시대에 산다는 것은 이렇게 에스컬레이터를 역행하여 올라가는 것과 같이 쉽지 않은 일이다.

[자료] 지난 30년간의 주요 품목 가격변화 살펴보니… (78년 가격을 100으로 본 가격지수임)

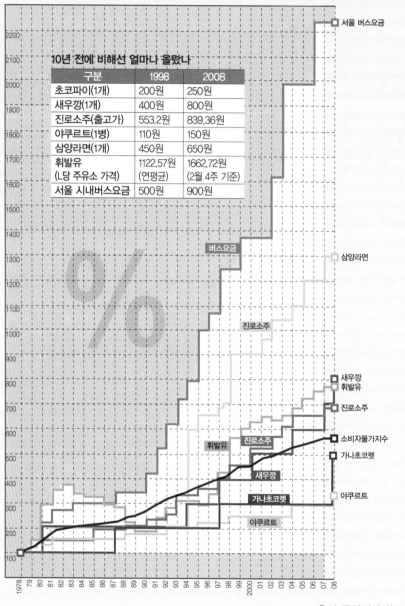

10년 전에 비해선 얼마나 올랐나

구분	1998	2008
초코파이(1개)	200원	250원
새우깡(1개)	400원	800원
진로소주(출고가)	553.2원	839.36원
야쿠르트(1병)	110원	150원
삼양라면(1개)	450원	650원
휘발유 (L당 주유소 가격)	1122.57원 (연평균)	1662.72원 (2월 4주 기준)
서울 시내버스요금	500원	900원

출처: 중앙선데이(2009)

금융환경의 변화2) 금융의 겸업화 및 통합화

우리나라의 금융환경에 큰 변화를 가져온 계기 중 하나는 '자본시장통합법'의 제정이다. 간단히 그 내역을 살펴보면 다음과 같다.

2001년 5월, 향후 10년 뒤의 산업구조 개편과 경제사회의 변화방향을 제시하기 위해 정부가 출범시킨 '**비전 2011 프로젝트**' 산하 '**금융개혁반**'은 금융산업의 경쟁력 강화를 위해 은행, 보험을 포함한 전 금융업종을 기능적, 포괄적으로 규제하기 위한 '**금융통합법**'을 추진하게 된다.

그러나 각 금융업간의 이해상충 문제가 크게 대두되고, 이 법의 시행과 함께 은행 중심의 금융구조가 더욱 공고해져 금융산업의 균형발전을 오히려 해칠 수도 있다는 우려 때문에 2004년 연구과정을 끝으로 동력을 잃고 만다.

이에 정부는 자본시장과 자본시장 관련 금융회사를 우선적으로 육성시켜 금융산업이 균형 발전할 수 있는 기반을 마련하는 쪽으로 정책방향을 선회하게 되는데, 이 결과물이 2009년 2월에 시행하게 된 '**자본시장통합법**'이다.

자본시장통합법은 이후 제2차 보험업법이나 기존의 방카슈랑스 제도 등과 함께 금융의 겸업화 및 통합화를 과속화시켰으며, 2011년 12월 현재 정부가 추진 중인 금융소비자보호법(가칭) 등이 통과되면 '**금융상품자문업**'의 신설과 함께 '재무설계' 서비스에 대한 구체적인 법률적 근거가 마련이 될 예정이다.

쉽게 풀어 이야기하면, 과거에 비해 수많은 금융상품이 넘쳐나고 있고, 금융상품의 판매 역시 은행에서 보험과 펀드를 판매하고, 증권사에서 보험을 판매하며 CMA가 급여통장의 기능을 탑재하게 되는 한편, 보험설계사가 펀드를 판매할 수 있게 되는 그런 환경이 이미 우리 옆에 와 있는 것이다.

금융사간의 심화된 경쟁이 금융소비자 입장에선 궁극적으로 유리할 수 있으나, 넘치는 정보 속에서 금융상품에 대한 자문을 해주는 전문적인 분야가 새롭게 대두되면서 (기존의 보험설계사와는 다른) **'재무설계사'**란 업종이 나타나게 된 것이다.

> **금융상품 자문업**: 금융소비자에 대해 금융상품 포트폴리오 구성 및 자산 운용 전략 등에 종합적인 컨설팅을 제공하는 금융업

사회환경의 변화1) 평균수명의 증가

평균 수명이 몇 세인지 살펴보기 전에 **평균**이란 말을 잘 생각해보자. 만약 집안에 큰 병력이 없고, 교통사고 등 재해에 노출되는 경우가 아니라면 보통 평균보단 오래 산다고 보면 틀림이 없다. 일반적으로 **'장수의 리스크'**라 표현되는 것은 평균수명이 늘어나는 것뿐만 아니라 그 이상을 살게 되는 경우까지 고려해야 한다는 뜻이다.

한국에서 평균수명을 논할 때 크게 두 가지를 이야기한다. 하나는 통계청에서 매년 조사하는 **국민생명표**와 생명보험업계에서 주로 활용하는 **경험생명표**로 나뉘며 주된 특징은 다음과 같다.

구분	기관	모집단	조사주기
국민생명표	통계청	전 국민	매년
경험생명표	보험개발원	생명보험 가입자	5년 ▶ 3년

특히 금융상품과 관련하여 주목해 볼 것은 '**경험생명표**'이다. 경험생명표는 생명보험에서 피보험자의 생명현상을 일정 기간 집단적으로 관찰하여 연령과 함께 변화하는 사망률에 관련된 사실을 분석하여 작성한 표로서, 일반적인 인구집단을 대상으로 작성되는 국민생명표에 비해 생명보험회사나 공제조합 등의 가입자에 대한 실제 사망 경험치를 근거로 작성된다.

생명보험 가입자 집단은 일반 인구집단보다 생활환경이 좋고, 또 일정한 진단을 거쳐 선택되었다는 점에서 국민생명표에 나타나는 국민사망률보다 낮게 나타나는 것이 보통이다. 우리나라에서는 보험개발원이 1982년부터 1986년까지 5년간의 개인보험계약자 자료 900만 건을 분석 작성해 처음으로 발표한 이후 2009년 10월에 작성된 경험생명표까지 6회에 걸쳐 작성되었다.

위 통계를 보면서 주의해야 할 점이 있다. 현재 평균수명이 몇 세라고 나와 있던, 그것은 현재 생존해있는 젊은이들의 것이 아니라는 점이다. 평균수명이 점점 늘어나는 현 추세가 지속된다는 가정하에 젊은이들의 평균수명은 점점 더 증가될 것이 확실해 보인다.

경험생명표	사용기간	평균수명
제 1차 경험생명표	1988년10월~1991년07월	
제 2차 경험생명표	1991년08월~1996년12월	남자 67.5세, 여자 77.2세
제 3차 경험생명표	1997년01월~2002년11월	남자 68.4세, 여자 77.9세
제 4차 경험생명표	2002년12월~2006년03월	남자 72.3세, 여자 80.9세
제 5차 경험생명표	2006년04월~2009년09월	남자 76.4세, 여자 84.4세
제 6차 경험생명표	2009년10월~2012년3월	남자 79.4세, 여자 87.4세

▶2012년4월 제7차 경험생명표 도입 예정

사회환경의 변화2) 저출산

1998년 IMF 이후 우리나라의 출산율은 급격히 저하되어 보건복지부가 예상하는 2011년의 출산율은 0.96명이라고 한다. UN인구기금의 세계인구보고서에 따르면, 우리나라의 출산율은 조사된 세계 186개국 중 184위를 기록하고 있다. 185위는 내전 중인 보스니아이며, 186위는 도시국가인 홍콩이다. 거의 최하위 수준인 것이다.

통계를 들어 굳이 설명하지 않더라도, 1970년대에 태어난 사람들이 초등학교를 다닐 때 한 반은 대략 60명 전후였다는 사실을 떠올려보자. 현재 초등학교를 다니고 있는 2000년대에 태어난 아이들이 다니는 학교는 한 반에 몇 명이 다니고 있을까?

왜 출산율이 떨어질까에 대한 고민은 정부와 당국자에게 맡기고, 우리는 출산율 저하가 우리의 삶에 어떠한 영향을 줄지에 대해 고민하는 것이 현명하지 않을까?

출산율이 떨어지면 학교의 수가 줄어들 것이다. 출산율이 떨어지면 대학도 정원을 채우기가 어려워진다. 출산율이 떨어지면 생산가능인구가 줄어든다. 출산율이 떨어지면 세금을 낼 사람이 점점 줄어들게 된다.

우리가 인도나 중국이 장기적으로 볼 때 높은 경제적 성장률을 기록할 것이라고 판단하는 근거에 젊은 인구의 비율이 높다는 점을 들곤 한다. 그렇다면 한국의 경우는 어떠한가? 베이비부머가 은퇴하고 간 뒤를 채워줄 생산과 소비의 주체들이 현저히 줄어든다면, 한국의 주식시장을 15년 20년 후에도 계속 긍정적으로 봐야 할까?

[자료] 연간 출생아 수와 합계출산율

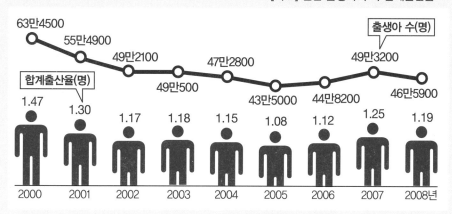

• 합계출산율은 가임 여성 1명이 평생 낳는 자녀 수를 추산.

사회환경의 변화3) 고령화

평균수명의 증가와 급격한 출산율 저하는 필연적으로 '**고령화**'와 이어진다. 한국의 고령화 속도가 세계에서 가장 빠른 속도로 진행되고 있다는 것은 잘 알려진 사실이다.

유엔에서 지정하기를, 65세 이상을 노인이라 정의한다. 노인이 전체 인구의 7%가 넘으면 '**고령화 사회**', 14%를 넘으면 '**고령사회**', 20%를 넘으면 '**초고령사회**'라 정의한다.

우리나라는 2000년에 이미 고령화 사회에 진입했다. 2000년 이후로 언론에선 '고령화' '노후' '연금' 등의 단어가 전면에 등장하기 시작했다. 그런데 중요한 것은 **고령화 속도**에 있다.

아래 자료를 참고해보자. 한국은 2018년 고령사회, 2026년 초고령사회에 진입하는 것으로 예상된다. 이렇게 빠른 속도로 고령화가 진행되면 정부도 개인도 대응하는 게 쉽지는 않을 것이다.

[자료] 국가별 고령화 속도 추이전망

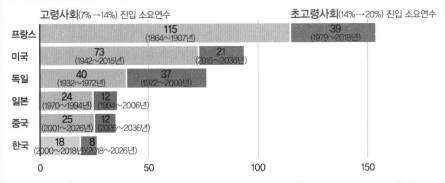

(출처: 통계청, 2006년 장래인구추계결과)

빠르게 진행되는 고령화가 우리 사회에 어떤 영향을 끼치게 될까? 우선 노동인력의 감소와 근로인력의 고령화를 들 수 있다. 2050년 우리나라 인구의 평균 연령은 53.7세, 근로자 평균 연령은 50.5세로 예상된다. 이로 인해 급격한 소비의 감소와 고령자 부양 부담의 증가, 고령자 임금 수준의 증가 등이 큰 문제로 대두될 것이다. 또한 국민연금이 고갈될 가능성과 다양한 형태의 세부담(대표적으로 연금소득세와 근로소득세)이 늘어날 가능성도 점쳐볼 수 있다.

과연 초고령화 사회에 진입하는 2026년에 이 책을 읽는 독자 분은 몇 살일지 한번 상상해보는 것은 어떨까?

[자료] 늙어가는 대한민국, 공익광고

이런 모습, 상상은 해보셨나요?

아이보다 어른이 많은 나라, 상상해보셨나요? 2004년 OECD 국가 중 최저 출산율의 나라, 세계에서 고령화가 가장 빨리 진행 중인 나라, 2050년 노인인구비율이 37.3%에 이르는 나라, 그곳이 다른 아닌 우리나라입니다. 내 아이를 낳는 기쁨과 나라의 미래를 함께 생각해 주세요. 아이들이 대한민국의 희망입니다.   공익광고협의회 한국방송광고공사

사회환경의 변화4) 베이비부머의 은퇴

베이비부머는 혜택을 받은 세대인가? 아니면 저주받은 세대일까?

베이비붐 세대 가운데 노후에 국민연금을 받을 수 있는 사람은 고작 34%이며, 나머지는 가입을 하지 않았거나 납부 기간이 10년이 안 돼 연금을 받을 수 없다. 2011년 12월에는 노후의 베이비붐 세대에게 지급될 평균 연금액은 월 45만 8천원이고, 최대 연금액도 월 160만원에 불과하다는 내용의 기사들이 신문의 1면을 장식했다.

반면 부부의 최소 노후생활비는 전국 평균 월 122만원, 적정 생활비는 월 175만원으로 조사되었으며, 서울에 거주하는 경우 최소생활비는 30만원, 적정생활비는 43만원 더 증가한다. 그나마 국민연금은 미래의 물가상승분을 반영해 연금을 지급하기 때문에 사 보험보다 훨씬 유리하다.

58년 개띠 세대의 자살률이 한국인 평균 자살률의 4배라는 기사도 보이고, 동시에 위로는 부모님을 섬기고, 아래로는 자녀들을 받들어야 하는 세대로 불리기도 한다.

반면, 베이비붐 세대들은 매우 열심히 살았지만, 동시에 취업난이 지금처럼 심각하지도 않았고 간부급에 올라가면 상대적으로 장수하는 경향이 있었고, **부동산 상승기를 주도하였다. 그 결과 현재 전-월세 대란에서 상대적 강자인 집 주인들은 대부분 58년 개띠 세대들이다.**

베이비붐 세대들 나름의 행복했던 면과 고충이 함께 있듯이, 다른 세대들도 마찬가지다. 그런데 **유독 베이비붐 세대들의 선택과 상황들은 크게 주목을 받는다.** 그 이유는 무엇인가?

베이비붐 세대들이 우리나라 총 인구의 15%에 해당하는 매우 큰 비중을 차지하고 있기 때문에, 이들의 선택과 주어진 상황에 따라 대한민국 전체의 정치-경제적인 구조가 영향을 받아왔고, 받고 있기 때문이다.

집 문제만 살펴봐도 그렇다. 58년 세대들이 결혼적령기인 30대 전후에 들어설 때(1988년)부터 수도권에 **주택 200만호 건설**이 시작되었고, 58년 세대의 자녀들이 학교에 진학할 무렵(1990년대 후반)부터 아파트 선택 기준에 **중대평형 선호현상**이 두드러지기 시작했다. 58년 세대들의 실질적인 은퇴시기가 다가옴에 따라 주택 경기에 큰 변화가 예상이 된다. 즉 지금까지의 공급자 우위의 시대에서 수요자 우위의 시대로 바뀔 조짐들이 보이는 것이다.

조금 더 쉽게 풀이하자면, 국민연금 등의 혜택을 충분히 받지 못하고 다른 준비도 부족한 58년 세대들이 기존의 부동산을 줄이거나 처분하는 방식으로 노후를 대비하려는 경향을 보이기 시작했다는 것이다.

베이비부머: 베이비붐은 아기를 가지고 싶어 하는 어떤 시기의 공통된 사회적 경향으로 출생률이 급격히 증가하는 것을 말하며 이 베이비 붐 시기에 태어난 사람들을 베이비부머(baby boomer) 또는 베이비붐 세대라고 지칭한다.

통상 베이비붐은 전쟁이 끝난 후나 큰 호황기 이후 발생하게 되는데 미국은 2차 세계대전 이후 1946~64년 동안 인구가 약 7,700만 명 증가하며 베이비붐이 발생했고 이 때 태어난 베이비부머들이 미국 총 인구의 30%나 차지한다고 한다.

58년 개띠: 이웃나라 일본은 1946~49년 동안 약 680만 명의 베이비붐 세대가 태어났으며 이들은 총 인구의 5%에 해당한다. 우리나라는 6. 25 전쟁 발발의 영향으로 베이비붐이 여타 국가들보다 늦은 1955~63년 중에 발생하였으며, 베이비붐 세대는 약 700만으로 우리나라 총 인구의 15% 정도를 차지하고 있으며, 가장 높은 출생률을 기록한 58년생을 포함하여 보통 '58년 개띠' 세대라고 불린다.

'무리한' 내집마련은 독이다

제4장 '무리한' 내집마련은 독이다

모르는 것보다는
사실과 다르게
알고 있는 것이
더 문제다

―마크 트웨인

한국인들에게 있어 '**내집마련**'은 지상 최대의 과제로 여겨진다. 하지만 자신의 능력보다 과한 집은 오히려 독이 될 수 있다. 무리하게 집을 장만하기 위해 대출에 의존할 경우 '**하우스 푸어**'로 전락 할 위험까지 있다. 다음의 사례를 통해, 내집마련에 대한 생각을 다시 한번 점검해 보자.

▶ ▶ ▶ 사례5

9년차 회사원 신지훈(38세)씨는 부동산으로 재테크를 하겠다는 생각에 1년 전 서울 행당동의 빌라 한 채를 3억 원에 샀다. 1억원을 은행에서 대출받고, 1억 2천만 원에 전세까지 끼워서 힘들게 산 집이다. 무려 2억2000만원이나 남의 돈을 끌어들여 **레버리지 효과**를 노린 것. 그런데 정작 집값은 2억 2000만원까지 떨어진 상황이다. 맞벌이를 하면서 본인도 전세로 살고 있는 처지에, 손실이 난 집을 계속 소유하기 위해 대출금만 갚아나가야 하는 처지가 된 것이다.

3년차 영업사원 박상욱씨(31세)는 부모님의 지원을 포함해 1억 원의 결혼자금으로 신혼집을 알아보는 중이다. 대출은 가능한 받지 말자는 예비신부의 말에도 불구하고, 전세자금이 계속 오를지도 모른다는 이야기와 IMF 때처럼 현재의 부동산 불경기가 좋은 매물을 구입할 찬스라는 신문기사가 박상욱 씨의 머리 속을 계속 맴돈다.

사례5의 회사원 신지훈 씨는 매월 이자만 50만원 가까이 내고 있다. 아직은 소득으로 감당할 수 있지만, 그가 기대하던 레버리지 효과는 오히려 디레버리지 효과로 돌아오고 있다. **떨어진 집값에 전세와 대출을 감안하면, 사실상 본인의 집이 아닌 것**이다.

회사원 신지훈 씨는 그래도 양호한 편이다. 2006년 하반기를 전후해 고점에서 부동산을 매입한 사람들의 경우 몇 억씩 대출을 받은 이들이 많다. 대출 금액이 커질수록 이자율의 상승은 이자부담의 가중으로 돌아오고, 집 값의 하락은 심리적인 초조함과 좌절로 돌아온다.

원금 상환에 대해서 고려하지 않고, 매월 부담할 이자만 생각해서 대출 금액을 정하는 것은 위험한 일이다. 사실 DTI규제는 자신의 소득범위 내에서 합리적인 대출 금액을 정하게 하는 자연스러운 제도임에도, 현재의 집 값이 너무 높게 형성되다 보니 불편하게 느껴지는 것이다.

한편, 연체 이자는 총 대출금액에 대해 붙게 된다는 사실을 모르는 이들이 의외로 많다. 즉 A씨의 경우 한 달 연체 후 연체이자가 적용이 되면 50만원이 아니라 1억에 대해 연체이자가 적용되는 것이다.

상황이 이러한데, 재무상담을 진행하다보면 사례6처럼 무주택자의 경우 여전히 부동산에 대한 미련이 강한 사람들을 보게 된다. 그 동안 무주택자로서 느꼈던 심리적 박탈감 등이 달라진 시장 상황을 객관적으로 볼 수 없게 만든 것은 아닐까?

'주식은 마약과 같고, 부동산은 신앙과 같다'고 한다. 주식의 경우 많은 이들이 직접투자의 폐해를 인정하면서도 끊지 못하고 하는 경우가 많은 반면에, 부동산의 경우 과거의 긍정적 혹은 부정적인 경험에 근거해 강력한 확신을 갖고 있는 경우가 많다는 것이다.

대체로 증권사, 은행, 보험사 등 금융권 종사자들은 부동산 업계 종사자들에 비해 주택시장에 대한 장기적인 전망이 비관적이다. 베이비붐 세대의 은퇴가 중요한 이유로 거론되며 동시에 금융자산과 부동산 자산이 경쟁관계에 있다는 현실적인 이유도 반영되어 있다.

마찬가지로 고객 역시 판단을 함에 있어서 **상황의 지배**를 받는 경우가 많다. 즉 무주택자인 경우는 부동산 하락을 점치다가도 주택 구입을 한 순간, 부동산 상승론자로 바뀌기도 한다.

부동산의 상승론과 하락론 모두 일정한 논리적 근거가 있다. 그렇다면 시장에 대한 단기적인 예측이 쉽지 않음을 감안하더라도, 가능한 객관적인 시각을 유지하려면 어떻게 해야 할까?

중요한 것은 **시장이 매도자 우위의 시장인가 아니면 매수자 우위의 시장인가 하는 점**이다.

대한민국 주택시장은 장기간 매도자 우위의 시장이 지속되어 왔다. 하지만 지금은 누가 보더라도 매수자 우위의 시장으로 해석되며, 유주택자라 하더라도 매수자의 입장에서 시장을 바라보아야 좀 더 객관적인 시각을 유지할 수 있다.

대개의 경우, 매도자는 매물을 내놓았다가도 호재가 생기면 민감하게 반응하며 매물을 거둬들이고 다시 가격을 높여 내놓는 반면, 악재에는 버티는 경향이 있다. 특히 손해보고는 절대 안 팔고 버티려고 한다. 이러한 심리로 인해 부동산은 하방경직성을 띠는 것이 일반적이다.

그런데 급매나 경매 물건이 끊임없이 늘어가고 있다는 것은 그만큼 대출 이자의 압박을 견디지 못하는 사람들이 늘어간다는 신호이다. 매도자가 심리적으로 쫓기는 상황에서 매수자는 느긋하게 기다릴수록 더욱 유리한 형국인 것이다.

재무설계사는 예언자가 아니다. 오히려 무책임한 시장전망으로부터 고객을 보호해야 할 윤리적 의무가 있다. 따라서 단기적으로는 국가의 정책에 주택가격이 영향을 받지만, 장기적으로는 수급에 따라 시장가격이 형성된다는 기본적인 원칙에 기반하여 고객에게 컨설팅해줄 필요가 있다.

특히 많은 부작용이 예상됨에도 불구하고 무리한 대출을 통해 내집마련에 나서는 고객에게 스스로를 객관적으로 바라볼 수 있도록 도와주는 것이 필요하다. 즉 자산을 한번에 늘리려는 욕심이 현금흐름을 옥죌 수 있음을 이해시켜야 한다.

위험의 보유는 성장의 조건이며, 위험의 관리는 생존의 조건이라는 말이 있다. 부동산에 편중된 구조는 유동성 측면에서 매우 위험하며, 이 부동산이 대부분 대출로 이뤄진 것이라면 그 위험성은 더욱 말할 나위 없다.

상담 포인트

1. 내집마련이 필요한가?
2. 어떻게 마련해야 하는가?

내집마련이 필요한가?

우선 대답은 'Yes'이다. 내집마련이 갖고 있는 건 경제적인 의미 이외에도 많은 것을 함축한다. 안정적인 주거지가 있다는 것은 사람을 심리적으로 매우 편안하게 한다. 다만 과도한 대출로 무리하게 내 집을 마련한다면, 그건 온전한 내 집도 아닐 뿐만 아니라, 심리적인 안정감도 갖지 못한다.

자녀의 출생과 더불어 좀 더 큰 집이 필요하고, 교육환경을 고려하면 잦은 이사는 피해야 하는 것이 우리네 삶의 기본 상식이다. 이런 부분이 아니더라도 전세나 월세가 계속 올라갈지도 모른다는 고민을 2년 단위로 계속 해간다는 것도 매우 고달픈 일일 것이다.

따라서 투자목적이 아닌 거주목적의 내집마련은 반드시 필요하다.

재무설계사 **Advice 2**

어떻게 마련해야 하는가?

수도권을 기준으로 볼 때, 아무리 집 값이 내려갔다 해도 예전에 비해선 대출을 끼지 않고 구입하기는 매우 어려워진 것이 사실이다. 사실 최근 들어, 일반 직장인이 부모의 도움을 받지 않고, 결혼과 동시에 내집마련에 성공하는 경우는 거의 본적이 없다.

또한 LTV에 이은 DTI규제 등에 따라 대출조차 충분하게 받기는 쉽지 않다. 이런 상황에서 내집마련을 포기해야 하는 걸까?

기본적으로 내집마련은 다음의 3가지 방법 중 하나를 따른다.
1) 매매
2) 분양
3) 경매

부동산 매매는 지금과 같은 거래 침체기에는 매수자가 우위에 설 수 있다. 따라서 급매를 통해 시세보다 저렴하게 매수하는 게 당연한 수순이다. 지금처럼 매매가 대비 전세가 비율이 높은 시기엔 전세자금에 약간의 대출을 포함해서 구입을 하거나, 회사 사택과 같이 당분간 거주할 수 있는 공간이 있다면 전세를 낀 구입도 고려해볼 만하다.

다만 부동산 침체기에는 '**급매물**'을 주의해서 봐야 한다. 통상 '급매물'이란 매도자의 사정에 의해 헐값에 판다는 의미인데, 침체기에는 앞으로 더 떨어질 가능성이 큰 매물이 '급매물'이란 이름을 달고 시장에 나오는 경우가 많기 때문이다.

분양을 통해 주택을 구입하는 것도 전통적인 방법이다. 미분양이 많고, 일부 지역에선 시세가 분양가보다 못하는 현상이 발생하는 현 시점에서 청약통장 무용론도 나오긴 하지만, 그럼에도 청약통장을 하나씩 준비하는 것은 필수적이다.

경매의 경우는 어떨까? 경매는 공신력을 가진 법원에서 진행을 하기 때문에 객관적이고 공정한 절차를 따른다는 장점이 있다. 또한 한번 유찰될 때마다 20%씩 최저입찰가격이 내려가기 때문에 저렴하게 집을 장만할 기회가 상대적으로 많다.

다만 경매의 경우, 법원의 지시결정일부터 입찰시점까지 6개월 정도 시차가 발생하는데, 부동산 침체기에는 이 기간에 가격이 큰 폭으로 떨어진다면 입찰에 참여하는 의미가 없게 된다.

[자료] 경매용어

낙찰률과 낙찰가율은 부동산 경매시장에서 가장 중요한 지표로 사용되는데, 낙찰률과 낙찰가율이 높을수록 과열되었다는 뜻이므로 경매시장의 매력은 떨어진다고 할 수 있다.

낙찰률: 입찰에 붙여진 '물건' 중 주인이 정해진 '물건'의 비율. 즉 낙찰률이 70%라는 의미는 10건 중 7건의 주인이 정해졌다는 의미.
낙찰가율: 감정가 대비 낙찰가 비율. 즉, 감정평가액 1억 원의 부동산의 낙찰가율이 70%라 함은 7천만 원에 낙찰되었다는 의미.

DTI(총 부채 상환비율, Debt To Income): 매년 갚아야 하는 대출금 원금과 이자가 개인의 연소득에서 차시하는 비중. 예를 들어 연 소득이 1000만원이고 금융부채 상환액이 400만원이면 DTI은 40%가 된다. 개인의 대출상환능력을 검증하기 위해 사용된다. DTI기준이 엄격하게 적용되면 담보가치가 높더라도 소득이 충분치 않으면 대출을 받을 수 없다.

LTV(주택담보대출비율, Loan To Value): 주택의 담보가치와 비교한 대출금액비율로, 주택을 담보로 빌릴 수 있는 대출가능한도를 뜻한다. 은행이 주택을 담보로 대출을 할 때의 한도와 지난 2000년 9월 도입 도입되었으며 부동산가격의 미시정책으로 활용되고 있다. 담보인정비율, 주택담보인정비율, 주택가격 대비 대출액 비율 등으로 불린다. LTV가 40%라면 1억원짜리 아파트의 경우 최대 4000만원까지 대출을 받을 수 있다.

최근 부동산 시장이 침체기를 맞고 있고, 앞으로의 미래도 낙관적이지 않다는 것을 감안하면 서둘러서 집을 구입할 필요는 없다. 부동산은 환금성이 많이 떨어지는 자산이기 때문에, 향후 처분의 문제가 생길 수 있다는 것을 감안해야 한다.

따라서 목표하는 주택의 70~80% 전후의 자금이 모여있다면 급매물을 중심으로 한 매매나 청약을 고려해보는 것도 괜찮겠지만, 만약 자금이 충분하지 않다면 금융자산을 꾸준히 모아가면서 경매 등에 관심을 갖고 공부를 해보는 것을 추천한다.

현금흐름표와 재무상태표

대한민국에 재무설계란 개념이 도입된 지 어느덧 10년을 넘었다. '**경영**'과 '**재정**' 이 각각 기업과 정부의 현재 주어진 자원과 상황을 분석해서 미래에 대한 적절한 전략을 도출해가는 개념이라면, '**재무설계**'는 개인과 가정의 입장에서 현재의 재무적인 상황을 객관적인 시각에서 분석해보고, 재무적인 목표의 우선 순위를 정하고, 주어진 자원을 가지고 그 목표를 실행해나가기 위한 밑그림을 그리는 작업이다.

앞서 말한 바와 같이, 재무설계는 자산과 현금흐름을 모두 포괄하며 구분해서 관리한다. 이 둘은 현재의 중요한 재무적 자원이 되며, 재무 목표를 우선 순위에 따라 달성해가기 위해 이들 자원을 현명하게 활용하는 것이 중요한 포인트가 된다. 이 때 현재의 자원을 분석한 결과로 나오는 것이 재무상태표와 현금흐름표이다.

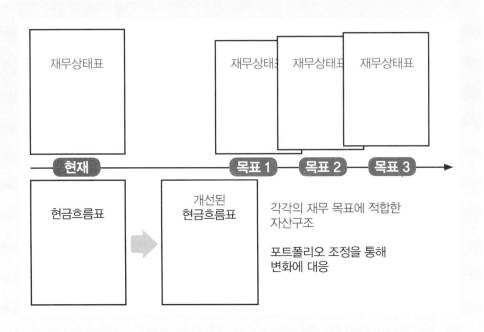

그림에서 보듯이, **재무상태표는 그 동안 살아온 경제적인 성적표에 해당**된다. 즉 돈을 얼마나 모아서 어떤 형태로 가지고 있고, 부채는 얼마나 되는 지 등을 한 눈에 볼 수 있게 된다. 또한 원하는 재무목표에 따라 미래에 원하는 재무상태표의 모습도 달라지게 된다.

예를 들어 A의 경우 3년 후 결혼자금 5000만원을 모으려는 첫 번째 목표를 갖고 있다면 3년 후 시점의 재무상태표에 유동자금이 5000만원이 있어야 하고 이를 고려한 포트폴리오를 마련해야 하는 것이다. 이 때 **포트폴리오는 주로 현금흐름표의 조정을 통해서 이뤄진다.**

그런데 대개의 경우 재무 목표는 여러 개이다. 가깝게는 미혼의 경우 결혼자금 마련부터 가장 멀게는 은퇴자금이나 자녀의 결혼자금까지 다양하다. 즉 다양한 시점에 필요한 재무상태를 만들기 위해서는 이를 동시에 고려한 포트폴리오가 준비되어야 하는데 이는 일반인이 판단하기엔 다소 어려운 분야이고 재무설계사의 도움이 필요하다.

재무상태표 작성법

재무상태표	
1) 자산	2) 부채
	3) 순자산

자기가 보유하고 있는 자산과 부채의 현황을 가장 정확하게 알 수 있는 사람은 자기 자신이다. 위 그림과 같이 **자산**은 부채와 순자산을 합친 개념이다. 활황기나 대출금리가 낮은 시기엔 자산을 늘리는 공격적인 전략이 유리하고, 불황기나 대출금리가 높은 시기엔 부채를 줄이고 순자산을 늘리는 소극적인 전략이 유리하다.

이 때 자산과 부채의 구체적인 항목을 그 특성에 따라 다음과 같이 구분해보면, 재무적인 결정을 내릴 때 훌륭한 기초자료로 활용할 수 있을 것이다.

유동자산: 바로 현금화가 가능한 자산(보통예금 등 수시입출금 통장· MMF · CMA)
금융자산: 기간이 정해신 금리형 상품(정기 예적금)의 잔고, 펀드나 주식 투자의 평가액
은퇴자산: 개인연금 및 은퇴의 목적으로 가입한 자산
부동산 자산: 자기 소유의 주택 및 상가, 토지 등
기타 자산: 전세 보증금 및 자동차 등

신용 대출: 마이너스 통장 대출액, 카드 할부 잔액, 신용 대출 원금 잔액,
담보 대출: 전세 보증금 대출이나 주택 담보 대출 원금 잔액,
기타 대출: 사적으로 빌린 돈

　　유동자산은 기본 생활비와 대출상환액, 보험 등 매월 필수적으로 필요한 비용을 기준으로 3개월~6개월 분이 적당하다. 현금흐름이 안정적인 맞벌이 부부나 미혼 근로소득자가 3개월 정도, 외벌이 자영업자가 6개월 정도 금액을 준비하면 된다. 이와 같이 계산할 때 부모님의 생계를 지원하고 있다면 그 금액을 포함시키고, 대신 펀드나 저축 등 납입을 안 해도 큰 피해가 없는 금융상품이나 교육비 등은 기본 생활비에서 제외한다.

　　부동산 자산이 총 자산에서 차지하는 비중은 40% 정도로 유지 하는 것이 좋다. 그러나, 내 집 마련을 한 사람들의 대부분은 부동산 자산의 비중이 40%를 넘는 것이 보통이다.

그렇다면, 이제 목표를 세울 차례이다. 예를 들어 현재 부동산 자산이 차지하는 비중이 70% 정도이고 금융자산 비중이 20% 정도 된다면, 금융 자산 비중을 내년까지 30%로 올리겠다는 목표를 세우고 저축과 투자를 늘려 나가야 한다.

아마도 이를 위해서는 총자산에서 차지하는 총 부채의 비중을 줄일 필요가 있을 것이다. 만약, 총 부채가 차지하는 비중이 40% 이상이라면 저축과 투자를 늘려 가는데 무리가 따른다. 이런 경우라면 부채 상환 계획을 세워 부채를 줄여 나갈 목표를 세워야 할 것이다.

현금흐름표 작성법

현금흐름표	
1) 본인소득 　　배우자소득	2) 고정지출
	3) 변동지출
	4) 미파악지출

소득의 유형은 **근로소득/사업소득/이자소득/배당소득/임대소득/연금소득/기타소득** 등을 구분한다. 이 때 근로소득만 있는 경우는 세전 소득이 아닌 실수령액을 작성하고, 다른 소득이 있거나 사업소득자인 경우는 세전 소득을 작성하고 세금 관련 내용을 현금흐름표에 반영한다.

상여금과 보너스의 비중이 전체 연봉에서 상당한 비중을 차지하는 경우, 총 연봉을 12개월로 나눈 금액을 적는 방법도 있으나, 실제 상담을 해보면 현실과 부합하지 않는 면이 많은 것 같다. 오히려 상여금과 보너스 등 일시적으로 들어오는 목돈은 별도로 구분해서 주석으로 표시하는 것이 효과적이다.

고정지출은 보험이나 대출상환 원리금, 주택관련 비용 등을 포함한다. **변동지출**은 그 외 생활비, 교육비, 교통비 등이며 부모님 용돈은 개별적으로 판단하여 고정지출과 변동지출 중에 포함한다.

중요한 것은 **미파악지출**의 정체이다. 그 속성에 따라 잉여 현금흐름을 찾아내서 저축할 여력이 늘어날 수도 있지만, 예상보다 지출이 커서 발생한 경우 소비의 패턴을 먼저 점검해보는 것이 순서일 것이다.

제5장

대기업 임원의 재무상담 사례

제5장 대기업 임원의 재무상담 사례

대기업 임원은 '**직장인의 꽃**'으로 불린다. 임원으로 승진하면 권한과 업무 범위가 눈에 띄게 달라진다. 임원이 수행하는 업무 성패에 따라 기업 실적이 결정되기 때문에 막중한 책임이 따른다. 책임이 따르는 자리다 보니 보수도 일반 사원과는 다르다. 그렇다면 국내 대기업 임원들이 받는 평균 연봉은 어느 정도 수준일까?

한 신문기사에 따르면, 30대 기업의 2011년 임원(이사급) 평균 연봉은 9억 2000만원에 달한다고 한다. 한편 30대 기업을 포함해 자료가 등록된 모든 기업의 임원으로 범위를 확대하면 평균연봉 액수가 크게 내려간다. 페이오픈에 등록된 모든 임원들의 올해 평균연봉은 6304만원으로 억대에 미치지 못했다.

임원의 경우 개인의 역량과 업무실적을 기업에 인정받은 만큼 직원일 때에 비해서 많은 혜택을 누리게 되지만 그만큼 책임에 대한 평가도 냉정해 실적을 내지 못할 경우 언제든 자리가 없어질 수 있는 불안정한 자리이기도 하다.

[자료] 재무상담으로 살펴본 임원 가정의 특징

1. **고소득**이며, 배우자가 교사나 공무원인 경우를 제외하고는 **외벌이 가정**인 경우가 많다.
2. 이제 막 임원이 된 경우는 내집마련이 이뤄지지 않은 경우가 많다.
3. 가장인 임원의 교통비를 비롯한 생활비는 **법인카드**나 회사의 지원으로 해결된다.
4. 지출 수준이 높고, 그 중 **자녀 교육비**에 대한 비중이 높은 편이다. 특히 자녀를 해외로 유학 보낸 경우가 많은 편이다. (이 경우 회사의 학자금 지원도 국내 대학에 준한 수준까지만 지원되는 경우가 대부분이다.)
5. 소득은 높지만, **1년 단위로 재계약**을 하기 때문에 소득의 안정성은 떨어진다.
6. 퇴직을 하더라도 대개의 경우, 관련 기업 등에 **재취업** 하는 것을 염두에 둔다. 일부 기업의 경우, 퇴직 후 몇 년간 임원의 소득 보전을 해주는 제도가 있다.
7. **우리 사주**를 가진 경우가 많다.
8. 회사 업무에 몰입하다 보니, 가정의 재무적인 건전성을 챙기지 못하는 경우가 상당하다.
9. 임원의 출장 등이 잦아 부부가 함께 상담에 임하는 경우가 드물며, 대부분 **배우자 중심**으로 상담이 진행되며, 부동산, 세금 및 은퇴설계에 대한 관심이 높은 편이다.

지금부터 2건의 재무상담 사례를 살펴보려 한다. 임원들의 재무상담 내용은 구체적으로 들어가는 경우, 소득을 포함한 개인 정보에 민감한 부분들이 포함되어 있어 상담의 포인트 위주로 간략히 살펴보겠다.

월 1200만원 소득 50대 맞벌이 부부, 강남지역으로 이사하고 싶은데

Q. 일산에 사는 송보람 (52세, 여성) 씨, 현직 교사로 올해 대기업 임원으로 승진한 남편
과 맞벌이를 하고 있다. 한 달 수입이 부부 합산 1200만원 정도며, 두 자녀도 대학 졸
업반이거나 대학을 이미 졸업해 재무적인 어려움이 없다. 다만 현재 거주 중인 아파
트보다 투자 측면에서 전망이 좋은 강남지역으로 이사를 원한다. 또한 재산증식을 위
해 펀드투자 규모를 늘려도 괜찮을지 문의해왔다.

자산-부채 현황

자산		부채	
아파트	5억	학자금 대출	3700만
예적금	1억6800만		
CMA	2800만		
펀드	2900만		
연금보험	6400만		
합계	7억8900만	합계	3700만
순자산	7억5200만		

변경 전 현금흐름표

수입		지출	
남편급여	710만	생활비	320만
부인급여	520만	보험료	96만*
		펀드	110만*
		잉여금	624만*
합계	1230만	합계	1230만

변경 후 현금흐름표

수입		지출	
남편급여	710만	생활비	320만
부인급여	520만	보험료	118만*
		펀드	200만*
		적금	80만
		잉여금	512만*
합계	1230만	합계	1230만

상담 포인트

1. 퇴직 임박해 집에 올인하는 건 자제해야 한다.

2. 다세대 주택이 차선책이 될 수 있다.

3. 가치배당형 펀드에 대한 관심이 필요

4. 가족의 보장성 보완이 필요

▶ ▶ ▶ 사례8

50대 임원, 현금흐름 관리가 필요하다.

Q. 52세의 C그룹 이사인 최송웅 씨는 25년 전 입사하여 누구보다 열심히 근면 성실한 자세로 일해 왔다. 그는 새벽에 출근하고, 밤늦게 퇴근함은 물론, 주말이나 휴가도 마다하며 가족을 위해, 회사를 위해 달려왔다.

그런데 얼마 전 부서의 한 후배가 재무설계를 받았다는 이야기를 하면서 고령사회, 저

출산, 저금리를 이야기하며 은퇴기간이 우리가 생각했던 것 보다 훨씬 길고 심각하기 때문에 고령화 시대에 제2의 인생을 준비해야 한다는 말을 듣고, 자신의 현재 상황을 점검하고 미래를 생각해 보게 되었다.

자산−부채 현황

자산		부채	
아파트	4억(수원지역, 47평)	주택 담보 대출	9300만
CMA	1900만	마이너스 대출	5000만*
연금보험	2300만(배우자 명의)		
합계	4억4200만	합계	1억4300만
순자산	2억9900만		

변경 전 현금흐름표

수입		지출	
급여	700만(월 급여 외에 연 소득 3000만원)	생활비	570만(자녀용돈 포함)*
		보험금	55만
		부채상환	150만*
		부모님 생활비	50만
		십일조	70만
합계	700만	합계	895만

변경 후 현금흐름표

수입		지출	
급여700만(월 급여 외에 연 소득 3000만원)		생활비450만(자녀용돈 포함)*	
		보험금	55만
		부채상환75만(마이너스 대출 일부 상환)*	
		부모님 생활비	50만
		십일조	70만
합계	700만	합계 700만	

*는 조정된 부분

1. 대출상환도 순서가 있다. 금리가 높은 마이너스 대출의 조기상환을 통해 월 부채상환 비중을 낮춰야 한다.

2. 소득은 유한하지 않다. 매월 나오는 급여 수준에 맞게 생활비를 조정하고 상여금 등은 저축으로 활용한다.

3. 상여금 활용이 금융자산 형성의 키 포인트. 상여금 수령 시 연간 재무목표에 따라 적정규모의 비상예비자금을 준비하고, 나머지는 저축과 투자를 위해 활용한다.

4. 퇴직 이후로 예상되는 둘째 자녀(현재 중2)의 교육비 마련도 사전에 시작할 필요가 있다.

강의노트:
자녀 교육자금 플랜에
대하여

교육자금에 대한 한국인의 생각

재무상담을 진행하다 가장 안타까운 경우는 대학 때 학자금 마련이 되어 있지 않아, 계속 학자금 대출을 받아온 사례이다. 생각보다 학자금 대출의 금리가 낮지 않았고, 주택 담보 대출 등에 비하면 큰 금액이 아니지만, 이제 막 자산을 만들어가는 과정에 있는 신입사원들의 입장에서 대출이 갖고 있는 심리적인 부담은 상상을 초월할 만큼 크다.

필자는 교육자금과 관련하여 크게 3가지로 구분을 한다. 첫째 유치원부터 고등학교까지의 학비, 둘째 사교육비, 셋째 대학 등록금이 그것이다.

교육비라고 통칭을 하지만, 저 3가지 필요자금에 대해 어떻게 대처해야 하는지에 대해선 접근방법이 좀 달라질 수 있다. 우선 고등학교까지의 학비는 사실상 '**생활비의 증가**'라는 측면이 강하다. 부모는 자녀가 취학을 하면서부터 본인의 소비를 줄이는 대신 자녀의 학비를 충당하는 지출 구조가 바뀌는 경우가 대부분이다.

그런데 대학 등록금은 사정이 조금 다르다. 대학 등록금은 미리 준비를 하지 않으면 단순히 생활비를 늘려서 충당할 수 있는 수준이 아니다. 그런 이유로 자녀가 아직 어릴 때부터 별도로 준비하는 가정이 대부분이다.

마지막으로 **사교육비**가 큰 이슈가 된다. 사실 다른 아이들과 경쟁 구도에 놓이다 보니, 무리하게 사교육비에 큰 지출을 하는 가정들이 굉장히 많다. 특히 강남이나 목동, 중계동 등 교육열이 높은 곳일수록 그런 경향이 심한 편이다.

그런데 재무설계사의 시각에서 보면, **자녀의 대학 등록금 등에 대한 대비는 전혀 하지 않은 채, 사교육비를 과다하게 지출하는 것**이 과연 자녀에게 큰 짐을 지우는 것은 아닌지 걱정이 된다.

교육열이 굉장히 높은 한국의 현실에서 이런 주장이 얼마나 설득력을 가질지 확신이 서진 않지만, 무한 경쟁이 학생은 학생대로, 학부모는 학부모 대로 서로 힘들게 하는 구조인 것만은 확실한 것 같다.

누가 준비해야 하는가?

15년 전만 해도 대학생들이 자기가 스스로 학비를 벌어서 다니는 경우가 많았다. 그런데 지금은 어떤가? 너무 올라버린 학비 때문에 '**반값 등록금**'이 선거에 중요한 이슈가 되어버린 지 오래이고, 대학생 본인을 포함한 온 가족이 등록금 마련을 위해 고생을 하는 가정이 생각 외로 많다. 한 집에 대학생이 2-3명인 가정은 과연 어떨지 상상만 해도 끔찍하다.

더구나 학비마련을 위해 아르바이트나 휴학 등을 하다 보면, 학점을 잘 받아 장학금을 받기는 더욱 더 어려워지는 구조다.

예전엔 어린 자녀를 둔 부모들에게 자녀의 교육자금은 언제까지 준비해주실 거냐는 질문에 대해서, 대개는 본인이 부모님에게 지원받은 수준까지 자녀에게도 지원하겠다는 답변이 많았었다. 그러다 보니, 스스로 학비를 조달하였던 분은 자녀가 대학부터는 본인이 학비를 벌어야 된다고 생각하는 경우가 많았다.

그런데 최근 몇 년 사이에 부모들은 자녀에 대한 대학 등록금을 미리 준비해주지 않으면, 자녀가 정상적인 대학생활이 힘들고, 또한 경쟁력까지 잃게 된다는 점에 많이 공감하는 분위기다. 그래서 출산과 함께 무리해서라도 준비를 하는 경우가 대부분이다.

[자료] 1. 2010년도 사립대학 등록금 현황 (사립대학 회계정보시스템, http://infor.sahak.or.kr)

학교 수	학교 종류	계열별	입학금	수업료	등록금							
					1학년 (예과1)	2학년 (예과2)	3학년 (본과1)	4학년 (본과2)	(본과3)	(본과4)	평균
159	전체 합계	인문 사회	769	6,591	6,618	6,621	6,602	6,528	5,906	0.0	6,591
		자연 과학	761	7,854	7,891	7,908	7,847	7,768	0.0	0.0	7,854
		공학	773	8,462	8,489	8,489	8,472	8,397	8,624	0.0	8,462
		예체능	770	8,532	8,576	8,543	8,547	8,465	0.0	0.0	8,532
		의학	767	10,140	9,806	9,990	10,291	10,190	10,223	10,131	10,140
		합계 (평균)	769	7,538	7,565	7,550	7,542	7,468	9,061	10,131	7,538

(단위 : 천원)

[자료] 2. 가구당 교육비 지출율 (통계청, 2010 한국의 사회지표)

연도	전국가구(2인 이상 가구)		
	연간소비지출	연간교육비	교육비 비율
2003	20,400	2,248	11.0
2004	21,568	2,427	11.3
2005	22,463	2,542	11.3
2006	23,340	2,668	11.4
2007	24,191	2,888	11.9
2008	25,371	3,253	12.9
2009	25,790	3,478	13.5
2010	27,442	3,562	13.0

(단위 : 천원, %)

[자료] 3. 자녀 1인당 월평균 교육비 지출액 및 참여율 (통계청, 2010년 사교육비조사 보고서)

구분	학생 1인당 월평균 사교육비 (만원)						사교육 참여율 (%)					
	2009년	2010년					2009년	2010년				
	초중고 전체	초중고 전체	초교	중교	고교	일반고	초중고 전체	초중고 전체	초교	중교	고교	일반고
전국	24.2	24.0	24.5	25.5	21.8	26.5	75.0	73.6	86.8	72.2	52.8	61.1
서울	33.1	32.1	29.6	30.9	37.2	42.2	79.6	77.5	88.8	72.2	64.9	70.6
부산	20.3	20.8	19.5	22.8	20.7	26.0	72.4	72.7	85.7	71.6	54.8	64.4
대구	25.1	25.0	23.2	31.2	21.8	24.0	77.5	77.4	86.3	82.7	58.6	60.7
인천	22.1	22.0	23.3	22.0	19.8	24.5	73.9	72.1	87.2	68.4	51.3	61.4
광주	20.9	21.3	23.4	23.6	15.2	18.1	75.9	74.5	88.8	75.2	49.2	55.4
대전	23.4	23.8	25.4	22.1	22.7	26.9	74.2	75.4	86.8	72.6	59.2	66.5
울산	23.4	23.1	23.4	24.0	21.6	26.7	75.4	73.5	84.8	73.1	56.1	67.0

(단위 : 만원, %)

교육자금 vs. 은퇴자금 vs. 주택자금

이 세 가지 자금은 모두 중요하고 하나의 선택이 다른 하나의 선택에 제약을 준다. 교육자금에 대한 플랜을 세울 때는 반드시 나머지 자금 계획을 고려하여, 우선순위를 정한 뒤 준비를 하길 권한다. 한 가지 목표에 치중하다 보면, 재무계획의 전체적인 균형이 무너져 내릴 수 있기 때문이다.

교육자금을 준비하는 효과적인 방법

교육자금을 바라보는 부모의 관점과 경제적인 여력에 따라 목표자금은 달라질 수 있다. 하지만 교육자금의 특성상, 자녀가 태어나는 순간 자금이 필요한 시점은 거의 고정이 된다. 따라서 은퇴나 주택마련 등 다른 목표들에 비해 시간적인 유연함이 부족하다는 특징을 지니고 있다.

그래서 가능하면 자녀의 출산과 함께 준비를 시작하는 것이 좋다. 그렇게 되면 대략 20년 정도의 준비기간이 확보가 되는데, 이 때 많이 활용하는 금융상품을 2가지 정도 추천해본다.

1980년대부터 90년대 초반까지 큰 인기를 모았던 보험 중의 하나가 '**교육보험**'이었다. 인플레이션의 영향으로 애초에 예상했던 것처럼 등록금 전부를 대신하진 못했지만, 그래도 큰 힘이 되었던 것은 사실이다. 필자의 집안도 어머님이 동생을 위해 준비하셨던 교육보험 덕분에 동생 학비 중 1년에 한 학기 정도는 준비가 되었던 것으로 기억한다.

그러던 것이, 2000년대 저금리 시대가 본격화되면서 그 인기를 잃어 대부분의 상품이 사라졌는데 3-4년 전부터 '**변액 교육보험**'이란 이름을 걸고 일부 생명보험사에서 판매가 되더니, 2010년엔 절반 이상의 보험사가 취급하는 등 그 인기가 계속 올라가고 있다.

그렇다면 자세한 내용을 살펴보자. 변액상품은 기본적으로 10년 이상의 장기적인 목적에 알맞은 상품이니, 재무목표에는 적합한 상품이다. 그런데 상품명에 '**교육**'이란 말이 붙은 이상, 뭔가 특별한 기능이 포함되어 있지 않을까?

[자료] 모 생명보험사의 변액교육보험, 대학입학자금 월 25만(연 300만원) 플랜

		교육자금 4회 지급				사회진출축하금	생활안정지원금		30세 시점까지 유지 시 기납입 주보험료의 120% 지급보증
3세		19세	20세	21세	22세	26세	30세		
기본지급액 (기납입보험료의 20%보증)		600만	600만	600만	600만	600만	0%	600만원	
초과 지급액	0% 가정	0	0	0	0	0	0%	600만원	
	4% 가정	0	0	11	22	62	4%	729만원	
	6% 가정	116	164	198	209	315	6%	1243만원	
총 지급액	0% 가정	600	600	600	600	600			
	4% 가정	600	600	611	622	662			
	6% 가정	716	764	798	809	915			

주피보험자 父 35세, 종피보험자(가입자녀) 子 3세, 납입기간 10년인 경우를 예시

자녀가 대학에 다니는 19세부터 4년간, 그리고 26세와 30세 총 6번에 걸쳐 교육자금 등이 지원되고 그 기본금액이 600만원으로 보장이 된다. 변액상품은 기본적으로 투자가 되고 그 수익과 손실이 고객에게 귀속되는 상품이지만, 이 금액은 최소한 보장이 되는 부분이다. 이때 10년간 납입한 원금과 비교하면 총 수령액이 3600만원으로 많은 편은 아니다.

그런데 투자수익이 발생하는 것에 따라 추가적으로 받을 수 있는 금액이 꽤 늘어난다. 인플레이션을 감안해도 안정적으로 받을 수 있는 자금이 적지 않다. 따라서 교육자금을 준비할 때 투자에 대한 손실 우려와 인플레이션에 대한 대비가 적절히 어우러진 상품이라 할 수 있다. 단 기대수익이 연 6%를 넘어가는 공격적인 투자자라면, 어린이 변액유니버셜 상품이 조금 더 경쟁력이 있다.

어린이 변액유니버셜 상품은 기존의 변액유니버셜 상품에 어린이를 위한 몇 가지 특별한 기능이 숨겨져 있다. 그 중 하나가 **피보험자 교체 기능**인데, 모든 보험 상품 중에서 유일하게 피보험자 교체가 (자녀가 성인이 되는 시점에) 허락되는 상품이다. 이건 무슨 의미일까?

자녀가 대학에 들어가는 시점에 어린이 변액유니버셜로 준비된 자금을 **인출 기능**을 활용하여 잘 사용하고, 해지가 되지 않을 정도의 자금만 남긴 뒤 자녀에게 물려줄 수 있다는 장점이 있다. 그리고 자녀가 성인이 되는 시점에 계약자와 피보험자를 모두 자녀로 교체하면, 자녀의 입장에선 장기납입에 대한 부담과 초기의 사업비 부담 등이 거의 사라진 **평생 비과세 통장**을 확보하게 된다는 점에서, 많은 이들의 사랑을 받고 있다.

즉, 부모가 대학 등록금뿐만 아니라 자녀를 대신해 부모의 시간까지 물려주는 효과가 생기게 된다. 특히 현재 보험사의 상품은 10년 후 비과세 혜택을 적용 받게 되는데, 자녀가 성인이 되었을 땐, 현재의 비과세 규정이 없어지거나 훨씬 강화되어 있을 가능성이 크다는 점을 감안하면 더욱 그러하다.

그런데, 만약 자녀의 나이가 7-8세를 넘어가면 보험사의 상품을 활용해서 대학 등록금을 준비하는 것은 그다지 효과적이지 못하다. 이 때는 은행과 증권사의 상품을 고려하는 것이 훨씬 합리적일 것이다. 다만, 준비기간이 짧은 만큼 매월 준비해야 하는 금액은 조금 더 늘어나 있을 것이다.

제6장

신입사원 포트폴리오

제6장 신입사원 포트폴리오

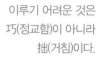

이루기 어려운 것은
巧(정교함)이 아니라
拙(거침)이다.

타고난 서투름은
한번 잃으면
결코 되찾을 수
없으니까.

―소동파

지난 장에서 임원들의 재무설계를 살펴보았는데, 이번엔 직장생활을 막 시작하는 신입사원을 포함한 **미혼 직장인**에 대해 살펴보자. 이와 관련해서 필자가 아시아경제(2011년 신년호), FP센터(재무설계 관련 온라인 컨텐츠 제공업체), 세계파이낸스(2011년 7월호)에 기고한 내용을 위주로 살펴보겠다.

토끼띠 새내기 직장인(24세)을 위한 재무설계(출처: 아시아 경제)
▶ ▶ ▶ 사례9

여의도에서 근무하는 24세 최수연 씨(가명)는 입사 2년 차 직장인이다. 입사 첫해는 사회 초년생이기에 자신에게 맞는 재무계획을 세우지 않고 지냈다. 새해를 맞이하며 최수연 씨는 재무설계 전문회사를 통해 재무상담을 받아볼 생각을 갖고 있으나, 모아둔 돈이 너무 없다는 생각에 어디서부터 시작할지 고민이다.

최씨의 경우는 '**자산을 만들어가는 출발점**'에 서 있기 때문에 자산관리 보다는 '**현금 흐름**'에 대한 관리가 더욱 중요한 시기이다. 현금흐름 관리란 수입과 지출의 균형점을 찾는 것이고, 현재 발생하는 소득을 현재와 미래의 지출을 위해 어떻게 배분할 지에 대한 것이다. 이를 위해 필요한 기준이 **재무목표**이고, 그 결과물이 **금융 포트폴리오**의 구성이다.

필자가 Cyworld에서 20–30대를 대상으로 재무설계 학교 수업을 3년째 운영하면서 느끼는 점은 대부분의 젊은이들이 재무목표 자체가 없거나, 있더라도 그것이 구체적이지 못하다는 점이다.

모호함은 비용을 수반한다. 목표가 불명확하면 입맛에 맞는 금융상품으로 자산이 편중되는 집중되는 경향을 보이기 쉽다.

재무목표의 구체화는 3W의 공식을 따라서 진행해보자. 예를 들어 적금이나 펀드를 왜 드는지 물어보면, 높은 수익률이나 원금보장과 같이 **상품의 특성에 주목**하여 답을 하는 사람이 있고, 결혼자금 이나 은퇴자금 등 **자신의 재무목표**를 말하는 사람이 있다.

재무설계에서 3W는 '**왜(Why)**' 즉 어떤 재무목표의 달성을 위해 준비하는 것인지, 그 목표를 위해 **언제(When)** 필요한 자금인지를 우선 결정하고, 마지막으로 두 가지 기준에 따라 **무엇(What)**을 준비해야 하는지를 점검하는 순서로 계획을 잡아보는 것이다.

구체적인 재무목표를 세웠다면, 다음과 같은 원칙을 참고해 나만의 재무설계를 진행해보자.

첫째, 지출관리의 중요성을 잊지 마라. 소득에서 지출을 뺀 '순소득'이 투자나 저축을 위한 재원이 된다. 개인의 재무상황에 따라 다소 차이는 있겠지만, 새내기 직장인의 경우 소득의 50% 이상은 저축을 하는 것이 바람직하다. 이때 중요한 것은 사전에 저축금액과 생활비 예산을 정하고 이에 맞춰서 소비하는 습관을 만드는 것이다.

둘째, 가장 중요한 목표인 결혼자금 마련을 위해서 1-2년 내에 구체적인 결혼 계획이 있는 경우엔 유동성을 고려하여 예적금 중심의 포트폴리오를 구성한다. 반면, 3-5년 이상의 기간이 남은 경우 적립식 펀드 등의 투자를 일부 병행하는 것을 추천한다.

셋째, 연금과 보장성 보험의 가입은 빠를수록 유리하나, 중도해지 시 손해를 보는 장기상품의 특성을 감안할 때 **투자 가능금액의 30%를 넘지 않는 선에서 시작**하여 소득이 증가함에 따라 증액하는 방식이 합리적이다.

넷째, 금융기관의 특징을 이해하고 활용하면 시행착오를 최대한 줄일 수 있다.

금융상품은 좋은 상품과 나쁜 상품으로 구분되는 것이 아니라 나에게 맞는 상품이냐 아니냐가 중요하다. 금융상품을 선택할 때는 **유동성과 수익성, 그리고 안정성 중 어떤 것을 포기할지 결정**해야 한다. 1년 미만의 단기목표를 준비하면서 유동성을 고려하지 않는다든지, 10년 이상의 장기 목표를 준비할 때 안정성만 고려하고 수익성을 고려하지 않는 전략은 비합리적이다.

재테크와 비교하여 재무설계의 큰 장점은 자신의 재무상황을 객관적으로 바라볼 수 있는 기회를 제공해주고, 이를 토대로 재무목표의 달성이라는 목적지를 가기 위한 솔루션을 제시한다는 것이다. 상품 중심의 사고방식을 벗어나 자신만의 인생 계획이 담긴 재무설계를 실천해보길 권한다.

20대 미혼여성의 상담사례 – 당신이 주인공입니다. (출처: FP센터)

남들과 비교해서 제 소비수준은 적당한 편인가요?
결혼자금의 적정 규모는 얼마면 되나요?
노후를 벌써부터 준비할 필요는 있는 건가요?
제 나이 또래의 다른 사람들은 도대체 얼마를 벌고, 얼마를 쓰며 어떤 고민들을 하고 있나요?

재무상담을 진행하면서 미혼 여성들에게서 가장 많이 받는 질문들이다. 알고 보면 다들 비슷한 고민을 하고 있지만 정작 명쾌하게 답도 나오지 않는다. 단기 중기 장기에 맞춰 포트폴리오를 짜라고 하는데 **언제 결혼할지 도통 예측이 안되니, 장기 플랜을 짜는 건 상당히 부담**스럽다. 동시에 **혼자만 준비를 못하고 있는 건 아닌지 불안한 마음**도 든다.

그러한 불안감을 해소하려다 보니, 자연스레 남들을 따라 하는 경향을 보인다. 여성들은 특히 가까운 친구나 동료들과 서로 비슷한 패턴의 소비성향이나 투자성향을 보이는 경우가 많으며, 남들이 다 하는데 안 하면 왠지 불안감을 느낀다.

실제로, 과거의 재테크 실패에 대한 아쉬움과 미래에 대한 불안감을 버리고 현재에 집중하기 위해 가장 중요한 것은, 재무계획 속에서 막연함을 제거하는 것이다. 왜냐하면, 막연함은 불안함을 낳고 선택의 폭을 좁히는 결과를 가져오기 때문이다.

그러나, 대부분의 미혼 여성들은 가장 눈앞에 보이는 재무목표로 결혼자금을 손에 꼽으면서도, 그 구체적인 시기나 필요금액을 예측하는 데 많은 어려움을 느낀다. 그래서 그 외의 다른 부분을 살펴볼 마음의 여유를 갖기가 어렵다. 하지만 예측이 힘들다고 그냥 손 놓고 있을 순 없다. 통계자료 등을 참고하는 것도 한 방법이다.

[자료] 평균 초혼 및 재혼 연령(통계청, 2010 한국의 사회지표)

연도	평균 초혼 연령		평균 재혼 연령		평균 이혼 연령	
	남자	여자	남자	여자	남자	여자
1990	27.8	24.8	36.8	32.7	38.8	34.0
1991	27.9	24.8	37.2	33.1	39.1	34.3
1992	28.0	24.9	37.4	33.3	39.3	34.5
1993	28.1	25.0	37.9	33.8	39.5	34.7
1994	28.2	25.1	38.1	34.1	39.7	35.0
1995	28.4	25.3	38.3	34.5	40.4	35.6
1996	28.4	25.5	38.6	34.8	40.2	35.5
1997	28.6	25.7	39.1	35.3	40.5	35.9
1998	28.8	26.0	39.7	36.0	41.6	36.9
1999	29.1	26.3	40.0	36.4	42.1	37.5
2000	29.3	26.5	40.1	36.5	42.0	37.5
2001	29.6	26.8	40.2	36.7	42.1	37.6
2002	29.8	27.0	40.6	37.1	42.1	37.9
2003	30.1	27.3	41.3	37.9	42.8	38.3
2004	30.5	27.5	41.7	38.2	43.8	39.2
2005	30.9	27.7	42.1	38.6	44.1	39.6
2006	31.0	27.8	42.6	39.0	44.4	39.7
2007	31.1	28.1	43.2	39.5	44.8	40.1
2008	31.4	28.3	44.3	40.5	45.0	40.3
2009	31.6	28.7	44.5	40.6	45.7	41.1

(단위 : 세)

구체적 사례

예를 들어 한 미혼 여성의 경우를 살펴보자.

현재 남자친구가 있긴 하지만, 정작 그와 결혼까지 갈지 확신이 안가는 조나래(가명, 26세) 씨는 실제 결혼을 언제 하게 될지 명확하지는 않지만, 결혼자금 마련은 3년 후인 29세까진 어느 정도 마련해 놓고자 한다. 목표 금액은 3000만원 정도이고, 만약 부족하다면 부모님의 지원을 받을 생각이다. 이를 위해 그녀는 급여 250만원(세후) 중에서 150만원을 상호저축은행의 적금(세후 5.0% 금리적용)에 불입하고 있다.

구체적인 계산을 해보면 세후 5.0%의 금리수준을 가정할 때, 월 78만원 정도의 저축을 통해 목표자금을 마련할 수 있다는 것을 확인할 수 있다.

결혼시기가 앞당겨지거나 필요자금이 늘어날 경우를 감안하여 월 100만원을 3개의 통장으로 나눠서 불입하면, 3년 후엔 목표 금액 3000만원과 대략 860만원 정도의 예비자금까지 준비가 가능하다. 이 때 3개의 통장으로 나눠서 준비하는 것은 만약 현금흐름의 악화로 저축규모를 줄여야 하는 상황이 왔을 때 금리의 불이익과 저축 계획 자체가 흔들리는 것을 최소화 하기 위함이다.

결혼자금을 구체화하면서 50만원 정도의 자금여력이 있음을 확인했기에, 노후대비나 주택자금, 여행자금 마련 등 다른 재무목표를 위한 저축이나 투자를 시작할 수 있게 된 것이다.

필자가 위 사례를 통해 강조하고 싶은 것은 재무목표가 구체적이 될수록 좀 더 균형 잡힌 포트폴리오를 구성할 수 있다는 것이다.

20대 미혼여성 재테크는 이렇게

20대 미혼여성의 재무설계를 위해 몇 가지 구체적인 조언을 하면, 아래와 같다.

1. 결혼자금에 대해 부모님과 상의한 뒤, 스스로 준비해야 하는 목표자금을 구체적으로 결정한다.
2. 숫자와 친하지 않다고 어머니에게 급여관리를 통째로 맡겨두지 마라. 많은 경우 어머니의 딸을 위한 계획은 시집 보내는 것에서 끝나는 경우가 많다.
3. 자신의 또래 집단 보다는 직장 내 5년이나 10년 빠른 여자 선배들이 과거의 어떠한 재무적 결정을 후회하고, 어떤 결정을 만족하는 지 살펴라.
4. 노후자금 마련은 시간이 흐를수록 부담이 커짐을 이해하고, 가능한 본인의 명의로 준비를 시작한다.
5. 쓰고 남은 돈으로 저축하지 말고, 저축과 투자를 하는 돈을 정해놓고 남는 돈으로 생활하는 습관을 가져라. 1년간 월 20만원씩 저축하면서 금리 1%를 높은 곳에 맡겨도 추가로 붙는 이자는 1만 2천원을 넘지 않는다. 즉 자금을 모아가는 단계에서는 소비의 통제가 훨씬 더 중요하다는 뜻이다.

고객의 참여가 중요하다

구체적으로 어떤 상품 혹은 어떤 종목이 좋은지 콕 찍어줬으면 하고 생각하는 고객들이 많은데, 진정한 재무설계사라면 고객의 계획이나 성향을 모르는 상황에서는 원칙을 강조할 뿐 구체적이고 실질적인 이야기를 쉽게 해주진 못할 것이다. 어떠한 상품이든 고객에게 약이 될 수도 독이 될 수도 있음을 알 것이기 때문이다.

이러한 재무설계의 본질이 이러하므로, 재무설계사가 일방적으로 고객에게 방향성을 제시하는 것은 애당초 쉽지 않은 일이다. 그래서 재무설계사에겐, 고객이 스스로 자신의 계획을 적정하게 수립할 수 있도록, 효과적인 질문을 하는 것이 매우 중요한 상담 스킬이다.

어찌 보면 재무설계는 하나의 프로세스, 혹은 하나의 프레임으로 보이기도 한다. 그 안이 **어떤 컨텐츠로 채워지느냐는 고객 자신에게 달려있는 것**이다. 따라서 효과적인 재무설계를 위해서는 고객의 능동적인 참여가 필수다.

지금까지 20대 미혼여성의 재무설계라는 주제로 살펴보았다. 능동적이고 주체적인 삶을 살아가려는 여성이라면 재무설계를 통해 자신을 업그레이드할 수 있을 것이라고 필자는 믿어 의심치 않는다.

20대 간호사의 재무설계 실제 사례– 자산형성의 첫걸음, 시행착오를 줄여라

▶ ▶ ▶ 사례11

S그룹 종합병원에서 근무를 시작하게 된 신입사원 엄혜진(25세, 여)씨는 첫 급여를 받은 뒤 직장 내 직원만족센터를 통해 재무상담을 신청했다. 최근 새내기 직장인들은 엄 씨처럼 재무설계를 통해 자신의 현재 재무상태를 점검 받고 미래를 효과적으로 준비하려고 하는 사람들이 많다. 엄 씨의 사례를 통해 신입사원의 재무설계에서 필수적으로 검토해야 할 내용들을 살펴보자.

(출처: 세계파이낸스 창간기념. 부자로 은퇴하기 시리즈)

엄혜진 고객의 자산-부채 현황

자산		부채
급여통장	300만	없음
주택청약	10만	
오피스텔 보증금	1000만	
합계	1310만	
순자산	**1310만**	

25세의 미혼여성인 엄 씨는 취업 때문에 지방에서 서울로 올라와 오피스텔에 월세로 거주하고 있으며, 30살을 넘기기 전인 4년 후쯤엔 결혼(목표자금 4000만원)을 계획하고 있다. 실 수령액으로 280만원의 급여를 받지만 매월 조금씩 차이가 있고, 성과급에 대해선 정확히 파악하지 못하고 있다.

엄혜진 고객의 변경 전 현금흐름표

수입		지출	
월 급여	280만(실 수령액 기준)	고정/변동 지출	
		용돈	100만
		월세	55만
		소계	**155만**
		저축 및 투자	
		주택청약	10만
		소계	**10만**
		기타 지출	
		미파악지출	115만
		소계	**115만**
합계	280만	합계	280만

목표	시점	내용
결혼자금	5년 이내	현재가치 4,000만원
노후자금	58세	현재가치 월 150만원

한국재무설계 김현용 팀장은 우선 **급여명세서**를 살펴보고, **단체보험이나 소득공제형 연금 등의 회사 지원이 있는지** 살펴보라고 조언한다. 엄 씨는 단체보험(실비보험)과 연금저축보험 50%를 회사에서 지원받고 있는 상태다.

한편, 단기적으로 가장 중요한 목표인 결혼자금을 연 8%의 기대수익률로 계산하면 월 71만원 수준의 저축이 필요하다. 연 8%의 기대수익률은 금리가 상대적으로 높은 제 2금융권의 적금과 적립식 펀드를 활용하여 준비하면 가능하다. 제 2금융권의 활용에 대해 '상호저축은행'이 불안한 사람은 **새마을 금고나 협동조합(농협, 수협, 신협)의 비과세 저축(조합원 예탁금)**을 활용하는 것도 추천할 만하다.

보장성 보험은 미리 준비할수록 동일한 보장에도 보험료가 저렴하다. 엄 씨가 단체보험으로 가입한 실비보험은 상해나 질병으로 치료받을 경우 최대 90%까지 지원받을 수 있으며, 건강보험이나 종신보험 등 정액보장 형 보험 상품을 통해 보완을 하되 최근 많이 판매되는 **갱신형 상품보단 보험료 인상 없는 비갱신형 상품을 준비하는 것이 유리**하다.

엄 씨는 이제 막 사회생활을 시작했는데, 벌써부터 은퇴준비를 해야 할지 고민이다. 김현용 팀장은 **결혼자금 마련에 지장을 주지 않는 선에서 연금은 미리 준비하는 것이 효과적**이다고 조언한다. 평균수명이 지속적으로 증가하는 현실을 반영하여 종신형 연금으로 준비하는 것이 합리적이며 월 급여의 10% 수준에서 시작하여 조금씩 증액해가는 것이 합리적이다.

재무목표 달성을 위한 포트폴리오

결혼자금마련		노후자금마련1)		비상자금마련2)		계
월	90만	월	30만	월	18만	128만
정기적금	40만	변액연금	30만	CMA	18만	128만
적립식펀드1	25만	연금저축	16만			
적립식펀드2	25만					

주1) 노후자금은 국민연금/퇴직연금/개인연금의 3층 구조로 준비하며, K씨의 경우 연금저축은 50% 회사지원
주2) 비상예비자금은 잉여 현금흐름을 CMA에 예치하되, CMA 잔고가 적정비상예비자금 이상이 되면, 새로운 저축이나 투자를 진행하는 것이 효율적임. 적정비상예비자금은 미혼 직장인의 경우 (고정지출+변동지출—소득세)*3개월분 정도가 적정.

재무설계는 현재와 미래를 동시에 고려한 중장기 전략이다. 신입사원들은 아직 자산형성의 걸음마 단계이므로 자산관리보단 현금흐름관리가 더욱 중요하며, 이는 구체적인 재무목표 수립과 포트폴리오에 대한 균형감각이 뒷받침되어야 한다.

또한 수익률 1% 늘리는 것보다 지출 1%를 줄이는 것이 종자돈을 마련하는 지름길이며, 입사 후 결혼 전까지가 저축액을 늘릴 수 있는 가장 좋은 기회이다. 지출이 가능한 소득의 30%선을 넘지 않게 하고 명절 보너스나 연말 성과급은 무조건 저축한다는 마음가짐을 갖는 것이 좋다.

변경 전		변경 후	
고정/변동 지출		고정/변동 지출	
용돈	100만	용돈	60만
월세	55만	자기계발비	20만
		월세	55만
		보장성보험료	7만
소　계	155만	소　계	142만
저축과 투자		저축과 투자	
주택청약	10만	주택청약	10만
		정기적금	40만
		적립식펀드1	25만
		적립식펀드2	25만
		변액연금	30만
		CMA	18만
소　계	10만	소　계	148만
기타지출			
미파악지출	115만		
소　계	115만		
합계	280만	합계	280만

[자료] 부모의 자녀 결혼준비 비용 지원(통계청, 2008 사회조사보고서)

〈2008년〉	계	부모가전적으로지원	부모가일부지원	부모가지원하지않음
전국	100.0	9.5	79.3	11.3
도 시 동 부	100.0	8.7	79.6	11.7
농어촌읍면부	100.0	12.6	78.0	9.4
성별				
남자	100.0	10.0	78.6	11.4
여자	100.0	8.9	79.9	11.2
연령				
15 ~ 19 세	100.0	10.2	77.5	12.4
20 ~ 29 세	100.0	6.3	80.0	13.7
30 ~ 39 세	100.0	6.2	81.3	12.5
40 ~ 49 세	100.0	8.1	81.4	10.5
50 ~ 59 세	100.0	11.7	79.2	9.0
60 세 이상	100.0	15.5	74.6	9.8
65 세 이상	100.0	15.8	74.1	10.1
교육정도				
초졸이하	100.0	13.1	75.6	11.2
중졸	100.0	11.5	77.0	11.5
고졸	100.0	8.7	79.9	11.4
대졸이상	100.0	7.5	81.4	11.1
직업				
전 문 관 리	100.0	8.0	80.9	11.1
사 무	100.0	7.1	80.4	12.5
서비스 판매	100.0	8.6	81.2	10.2
농 어 업	100.0	16.1	75.9	8.0

기 능 노 무	100.0	7.9	79.1	12.9
혼인상태				
미혼	100.0	7.1	79.0	13.9
배우자있음	100.0	10.3	79.7	10.0
사별	100.0	11.5	76.5	12.0
이혼	100.0	8.1	77.9	14.0
가구월평균소득				
100만원미만	100.0	11.7	75.8	12.5
100 ~ 200	100.0	9.2	79.1	11.7
200 ~ 300	100.0	8.1	80.3	11.5
300 ~ 400	100.0	9.0	80.4	10.6
400 ~ 500	100.0	8.9	79.2	11.9
500 ~ 600	100.0	8.0	82.8	9.2
600만원이상	100.0	13.1	79.8	7.1

강의노트:
계획 수립의 중요성

어휘로 풀어보는 재무설계 개념

② 재무목표

Financial Planning

① 금융상품의 합리적인 활용   ③ 모니터링

재무설계를 Financial Planning이란 어휘를 통해 살펴보면 다음과 같은 세 가지 속성을 지닌다.

금융이란 수단을 통해 **재무목표를 달성**하는 것이 궁극적인 목표이며, ~ing란 표현에서 보듯이 **지속적인 모니터링**이 뒷받침되어 있어야 한다.

한정된 재원을 활용하기 때문에, 소득과 지출, 저축의 모든 측면에서 합리적인 전략이 필요하며, 라이프사이클의 관점에서 시기별로 주력해야 할 부분에 대한 깊은 고민이 필요하다.

이번 장에선, '생애주기별 재무목표'를 비롯하여, '톱니바퀴 형 자산구조'와 모딜리아니의 '생애주기가설'에 대하여 살펴보도록 하겠다.

생애주기별 재무목표

20대

재무목표 — — — — — — — —
- 배우자 결정 • 결혼자금 마련
- 내집 마련 준비 시작 • 노후대비 시작

키워드 — — — — — — — — — —
- 종자돈 마련을 위한 '절제와 노력'

활용할 금융상품 — — — — — — — —
- 상호부금, 장기주택마련저축, 주택청약, 종신보험과 연금보험 가입

30대

재무목표 — — — — — — — —
- 내집마련 완료 • 자녀교육자금
- 노후대비 본격시작

키워드 — — — — — — — — —
- 자산형성기의 핵심기, 대출 등을 활용한 적극적 투자

활용할 금융상품 — — — — — — —
- 주택마련−생애최초주택자금과 10년 이상 장기대출 활용, 종신보험과 연금보험 가입

40대

재무목표 — — — — — — — —
- 노후대비 본격시작, 주택확장, 사망에 대한 위험관리

키워드 — — — — — — — — — —
- 무리한 교육비 지출 자제, 보수적 재테크 비중 확대

활용할 금융상품 — — — — — — —
- 연금보험의 불입액 증가, 주가연동형 예금과 펀드 등 일부 고수익 상품

50~60대

재무목표 — — — — — — — —
- 장기간병비용 마련 등 노후대비에 주력

키워드 — — — — — — — — — —
- 이자지급 등 인출기능 강화된 상품에 주력

활용할 금융상품 — — — — — — —
- 후순위채, 시장금리부 수시입출금식예금 (MMDA), 생계형 저축(65세 이상)

위의 재무목표들은 절대적인 것은 아니지만, 각 연령대별로 관심을 갖고 살펴봐야 하는 주제들이다. 이러한 목표들을 달성하기 위해서, 톱니바퀴 형 자산구조에서 벗어날 필요가 있다.

톱니바퀴형 자산구조에서 벗어나라

톱니바퀴 형 자산구조는 아래 그림의 **톱니바퀴 모양처럼 저축과 지출 패턴이 반복되는 것**을 의미한다. 즉 하나의 목표를 향해 2-3년짜리 단기 저축을 한 뒤, 다 모이면 쓰고 새로 저축을 시작하는 패턴을 말한다.

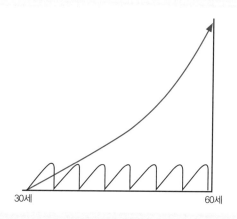

쉽게 말해 결혼자금을 모으고 다 쓰고, 그 다음 돈을 모아서 차를 사고, 그 다음 돈을 모아서 대출을 껴서 집을 사고 이런 과정을 반복하다가 교육자금이나 은퇴자금처럼 규모가 큰 자금을 준비하려고 할 때엔 모아놓은 돈도 없고, 저축할 실질적인 시간도 남지 않게 되는 그런 방식을 말한다.

만기가 되면, 재투자를 하면 되지 않냐고? 재무설계학교 수업을 진행하면서 적금 만기가 다가올 때 가장 많이 느끼는 증상을 물어봤을 때, 공통적으로 나오는 3가지 이야기가 있다. "갑자기 냉장고에서 이상한 소리가 나는 거 같아요" 주로 주부들의 답변이다. "새로 나온 자동차가 눈에 들어오고, 내 차의 엔진소리가 거슬리기 시작합니다" 남성분들의 이야기다. "귀신 같이 알고 친한 친구나 거절하기 힘든 지인이 돈을 빌려 달래요" 이건 공통적으로 나오는 이야기다.

특히 세 번째 답변은 필자도 많이 경험했기에, 그 이유가 무엇일까 고민을 많이 해보고 내린 결론이 이것이다. 가끔씩 돈을 빌려달라는 연락을 받게 되는데, 내 돈이 어딘가에 묶여 있거나 여유자금이 없을 때는 그 사실을 상대에게 말하고 그냥 잊어버리게 된다. 그런데 하필 여유자금이 내 손에 있고, 돈을 빌려달라는 상대가 정말 가까운 사람이고 딱한 사정이라면, 마음 속에 망설임과 부담감이 남아 있게 된다.

무슨 이야기를 하고 있는 건가? **돈은 '휘발성'을 가지고 있다는 것**이다. 적금을 만기까지 끌고 가는 것만 해도 대단한데, 만기 후에 그대로 예금이나 다른 형태로 저축을 하는 사람은 굉장히 자기 절제력이 강한 사람일 것이다.

어쨌던 금리가 2자리 수를 넘나들고 급여인상률이 높았던 부모님 세대는, 돈을 마구 쓸 줄도 몰랐고 열심히 돈 모으는 재미도 있었기에 이러한 톱니바퀴형 저축 방식이 경쟁력이 있었지만, 앞으로는 미리미리 계획을 세워 동시에 준비를 시작해야 되는 시대가 이미 우리 곁에 와 있다.

모딜리아니의 '생애주기가설'

아래 그림은 1985년 노벨 경제학상을 수상한 '프랑코 모딜리아니'의 '생애주기 가설' 그래프다. 모딜리아니의 가설은 젊은 세대가 많은 사회와 노인이 많은 사회의 저축률이 왜 다른지를 설명할 수 있었고, 연금이 장래에 어떤 효과를 낼 지 예측하는 데도 유용했다. 보험설계사들이 주로 사용하는 '라이프사이클 모델'의 원형도 여기서 나왔다. 모딜리아니는 현재 재무 이론을 정립한 것으로도 유명하다.

[자료] 모딜리아니의 생애주기가설

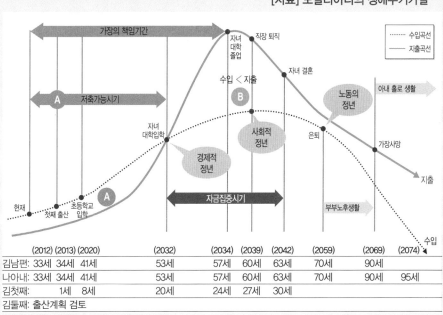

	(2012)	(2013)	(2020)	(2032)	(2034)	(2039)	(2042)	(2059)	(2069)	(2074)
김남편:	33세	34세	41세	53세	57세	60세	63세	70세	90세	
나아내:	33세	34세	41세	53세	57세	60세	63세	70세	90세	95세
김첫째:		1세	8세	20세	24세	27세	30세			
김둘째: 출산계획 검토										

위 그래프가 주는 핵심 메시지는 다음과 같다.

1. 은퇴로 불리는 **노동의 정년**과 실제 일을 하고 있지만 지출이 수입을 능가하는 시점인 **사회적 정년**, 그리고 저축이 힘들어지는 시기인 **경제적 정년**을 구분해라.

2. 처음 취직한 시점부터 첫 자녀가 대학에 입학할 때까지가 집중적으로 저축이 가능한 시기이다. 이 때 미래에 필요한 자금이 함께 준비되기 시작해야 한다.

제**7**장

연말정산에 대하여

제7장 연말정산에 대하여

재즈는
엇박에 강세가 있다

그건 불협화음이 아니라
색다름이다

▶ ▶ ▶ **사례12**

김나래, 박지성 부부는 결혼 15년차 부부로 남편 박지성 씨는 광고회사에 다니는 회사원이고 김나래 씨는 OO물산에서 마케팅 업무를 담당한다. 자녀는 2명으로 각각 14세(중학생), 5세(미취학아동)이다.

현재 두 사람이 연말정산과 관련하여 갖고 있는 재무상태 현황은 다음과 같다.

박지성 씨 총 급여	5천 만원
김나래 씨 총 급여	3천 만원
교육비 지출액	취학 전 아동 250만원, 중학생 150만원
보장성 보험료	본인 200만원, 배우자 100만원
신용카드 사용금액	본인 2,000만원, 배우자 1,500만원

연말정산 시즌이 다가옴에 따라, 부부는 머리를 맞대고 효과적으로 소득공제 받는 방법에 대해 연구해보기로 한다.

1. 맞벌이 가정의 소득공제 전략

재무설계사 Advice 1

맞벌이 가정의 소득공제 전략

맞벌이 부부는 공제대상 부양가족(직계존속, 직계비속, 형제자매 등)에 대해 부부 중 누가 공제받을지 선택할 수 있으며, 부부간 소득금액의 차이가 크다면 소득이 높은 배우자가 공제를 받는 것이 유리하다. 부양가족에는 장인, 장모 및 시부모가 포함되며 배우자의 직계존속 및 처남, 시누이 등 형제자매를 포함한다. 이때 직계존속은 함께 거주하지 않아도 무관하나, 형제자매는 함께 거주해야 한다.

주의사항

1. 다자녀 추가공제는 기본공제를 받는 자녀의 수로만 계산하므로, 두 명의 자녀를 부부가 각각 나눠서 공제를 받은 경우엔 다자녀 추가공제가 불가능하므로, 한 사람에게 몰아서 기본공제를 받는 것이 유리하다.

사례1: 박지성 씨가 자녀 2명 모두 기본공제를 받는 경우
사례2: 부부가 각각 자녀 1명씩 기본공제를 받는 경우
사례3: 김나래 씨가 자녀 2명 모두 기본공제를 받는 경우

(단위: 만원)

		사례1		사례2		사례3	
		박지성	김나래	박지성	김나래	박지성	김나래
총 급여		5,000	3,000	5,000	3,000	5,000	3,000
근로소득공제		1,300	1,125	1,300	1,125	1,300	1,125
근로소득금액		3,700	1,875	3,700	1,875	3,700	1,875
인적공제	기본공제	450	150	300	300	150	450
	6세이하	100		100			100
	다자녀	50					50
보험료공제		100	100	100	100	100	100
교육비공제		400		250	150		400
신용카드공제		150	150	150	150	150	150
과세표준		2,450	1,475	2,800	1,175	3,300	625
결정세액		210	67	262	37	337	17
부부합계			277		299		354

2. **6세 이하 추가공제**(1명당 100만원)는 기본공제를 누가 받는지 관계없이 부부 중 한 사람이 선택하여 공제가 가능하다.

3. 보장성 보험의 계약자가 남편이고, 피보험자가 부부공동인 경우 **계약자인 남편이 보험료 공제**가 가능하다.

4. 본인이 맞벌이 배우자를 위해 지출한 의료비에 대해서 본인이 의료비 공제가 가능하다.

5. 부양가족의 교육비, 의료비, 신용카드 등 특별공제도 맞벌이 부부 중 부양가족을 기본공제 받는 사람이 공제 가능하다.

6. 맞벌이 부부가 가족카드를 사용하고 있다면 결제자 기준이 아니라 **사용자(명의자) 기준**으로 신용카드 공제가 가능하다.

7. 배우자 또는 부양가족은 연간 소득금액이 100만원을 초과하지 않을 때 공제가 가능한데, 구체적으로 근로소득은 총 급여로 계산하면 **500만원 이하**이고, 사업소득은 총수입에서 필요경비를 차감한 금액으로 판단한다. 다만, 일용근로자인 부양가족은 소득금액에 상관없이 20세 이하, 60세 이상의 나이 요건을 충족하면 기본공제가 가능하다.

8. 맞벌이 근로자 부부 주 한 명이 기본공제를 받은 자녀를 피보험자로 한 보장성 보험을 다른 한 명이 계약한다면, 보장성 보험료 공제는 둘 다 받지 못한다. 즉 기본공제대상자를 피보험자로 하는 보험의 보험료를 근로자 본인이 지출한 경우에만 소득공제를 적용 받을 수 있다.

강의노트:
세금 이야기

연말정산 기초자료

1. 인적공제 (= 기본공제+추가공제+다자녀추가공제)

기본공제: 본인, 배우자 및 생계를 같이하는 부양가족 1인당 연 150만원 공제

기본공제 대상자 및 요건

구분		나이요건 (장애인의 경우 해당 없음)	소득요건	생계요건
근로자 본인		제한 없음	제한 없음	제한 없음
배우자(법정혼인만 인정)			연간 소득금액의 합계액 100만원 이하	
부양가족	직계존속	만 60세 이상		충족
	직계비속 동거입양자	만 20세 이하		
	형제자매	만 20세 이하 만 60세 이상		
	보호대상자	제한 없음		
	위탁아동	만 18세 미만		

추가공제: 소득자 본인이나 그 부양가족의 특수사정을 감안하여 추가적으로 허용되는 공제로서 거주자의 기본대상자가 다음에 해당하는 경우 해당 금액을 추가공제

추가공제 대상자 및 요건

구분		추가공제금액	비고
경로우대(70세 이상)		1명당 연 100만원	근로기간이 1년 미만인 경우에도 월 할 계산하지 않고 연 액으로 공제

해당 과세기간 출생 또는 입양에 의한 추가공제는 '08.1.1. 이후 최초로 출생 또는 입양 신고하는 분부터 적용 |
장애인		1명당 연 200만원	
부녀자 공제	배우자가 있는 여성근로자	연 50만원	
	배우자가 없는 여성근로자로서 기본 공제 대상 부양가족이 있는 세대주		
6세 이하 직계비속, 입양자		1명당 연 100만원	
해당 과세기간 출생한 직계비속		1명당 연 200만원	
해당 과세기간 입양 신고한 입양자		1명당 연 200만원	

장애인

구분	주의사항
기본공제	기본공제 대상 요건 중 나이제한을 받지 않으나 소득금액 제한 받음
	직계비속 또는 입양자와 그 배우자가 모두 장애인에 해당하는 경우 그 배우자도 기본공제대상에 포함
장애인 추가공제	1인당 연 200만원 공제
다자녀 추가공제	해당자녀가 20세 초과하더라도 다자녀 추가공제에 포함됨 (기본공제 대상 자녀가 2명 이상인 경우 다자녀 추가공제 가능)
보험료 공제	장애인전용보장성보험에 가입하여 지급하는 보험료에 대해 연 100만원까지 추가 보험료 공제

의료비 공제	장애인을 위해 지출한 의료비 공제한도 제한 받지 않음. (다만, 총 급여액의 3%이상인 의료비 공제 문턱의 제한 받음)
	장애인 보장구를 직접 구입 또는 임차하기 위해 지출한 비용도 공제 대상 의료비에 포함
교육비 공제	장애인을 위하여 지출한 특수교육비 공제한도 제한 받지 않음 해당 장애인이 연간 소득금액의 합계액이 100만원을 초과한 경우에도 해당 교육비에 대해 공제 가능

다자녀추가공제: 기본 공제한 자녀가 2명인 경우 50만원, 자녀가 3명 이상인 경우, 2명을 초과하는 1인당 100만원 추가 공제

자녀 수	1명	2명	3명	4명	5명
공제금액	0	50만원	150만원	250만원	350만원

2. 연금보험료 공제

- 국민연금, 공무원연금, 사학연금의 근로자 부담 분 및 별정우체국법에 의해 근로자가 부담하는 기여금 또는 부담금

- 근로자 퇴직급여보장법 또는 과학기술인공제회법에 따라 근로자가 부담하는 부담금(당해 퇴직연금과 조세특례제한법에 의한 연금저축납입액을 합하여 연 300만원까지 소득공제 가능)

3. 특별공제

보험료 공제

구분	공제금액	제출서류	비고
국민건강보험법에 따라 근로자가 부담하는 보험료	전액	원천징수의무자가보관하는 증빙서류에 의해 공제	
고용보험법에 따라 근로자가 부담하는 보험료			
노인장기요양보험법에 따라 근로자가 부담하는 보험료(근로자가 부담하는 건강보험료의 4.78%)			
기본공제대상자를 피보험자로 하는 보험 중 만기에 환급되는 금액이 납입보험료를 초과하지 아니하는 보험(보장성보험)의 보험료	연 100만원	근로자가 보험료 납입 영수증 등을 제출	보험료 합계액 기준
기본공제대상자 중 장애인을 피보험자 또는 수익자로 하고 만기에 환급되는 금액이 납입보험료를 초과하지 아니하는 보험(장애인전용보장성보험)의 보험료	연 100만원		

※보험료 공제 가능한 보험 확인방법
보장성보험의 경우 보험료납입영수증에 "보험료공제대상", 장애인전용보장성보험의 경우 보험료납입영수증에 "장애인전용보험"으로 표시됨

의료비 공제

의료비 공제근로자의 당해 연도 지출한 의료비 총액이 총 급여액의 3%를 초과한

경우 가능

의료비지급명세서란 ⑥본인 등 해당여부		소득공제신고서 기재방법 (특별공제 / 의료비)	공제한도
본인 · 65세이상자 · 장애인(표시 "O")인 경우		합계금액을 본인 · 65세이상자 · 장애인 의료비란에 기재	공제한도 제한 없음
그 밖의 기본공제대상자(표시 "×")인 경우		합계금액을 그 밖의 공제대상자 의료비란에 기재	700만원

공제되지 않는 비용 예시

산후조리원에 지출한 비용, 언어재활을 위한 사설학원비용, 미용·성형수술을 위한 비용, 외국에 소재한 병원에 지출한 의료비, 간병인에게 지급한 간병비, 사내 근로복지기금에서 보조 받은 의료비, 건강기능식품 구입비용, 건강증진을 위한 의약품 구입비용, 근로자가 가입한 상해보험 등에 의하여 보험회사에서 수령한 보험금으로 지급한 의료비

교육비 공제

공제대상에 대한 나이 제한이 없으며, 수업료 입학금 보육비용 수강료 및 그 밖의 공과금을 합산한 금액(직계존속을 위해 지출한 교육비 제외)

교육대상자	교육비	한도		비고	
기본공제 대상자인 배우자·직계비속·형제자매·입양자	유아교육법, 초·중등교육법, 고등교육법 및 특별법에 따른 학교(대학원 제외)에 지급한 교육비 평생교육법에 따른 원격대학, 학점인정 등에 관한 법률 및 독학에 의한 학위취득에 관한 법률에 따른 교육과정 중 학위취득과정을 위하여 지급한 교육비 국외에 소재하는 교육기관으로서 우리나라의 유아교육법에 의한 유치원, 초·중등교육법 또는 고등교육법에 의한 학교에 지급한 교육비	1인당 공제한도		*포함되는 것	
		구분	**한도**	**대상**	**내용**
		초등학교 취학 전 아동	300만원	초·중·고	교과서 대 학교급식비 방과후학교수업료(교재구입비 제외)
		초·중·고		중·고	교복구입비 (50만원 이내)
		대학생	900만원		

	초등학교 취학 전 아동을 위하여 영유아보육법에 따른 보육시설, 학원 또는 체육시설에 월 단위로 1주 1회 이상 실시하는 교습과정에 교습을 받고 지급한 수강료		** 근로자가 국내에 근무하는 경우 교육대상자는 유학요건을 갖추어야 함
근로자 본인	부양가족에 인정되는 공제대상교육비(다만, 보육시설·학원에 지급한 교육비 제외) 대학(원격대학 및 학위취득과정 포함) 또는 대학원의 1학기 이상에 해당하는 교육과정과 고등교육법 제36조에 따른 시간제과정에 등록하여 지급하는 교육비 근로자직업능력개발법 제2조에 따른 직업능력개발훈련시설을 위하여 지급한 수강료	한도 없음	* 고용보험법 시행령 제43조에 따른 근로자 수강지원금 제외
기본공제 대상자인 장애인	장애인의 재활교육을 위하여 다음의 시설 등에 지급하는 비용 사회복지사업법에 따른 사회복지시설 민법에 따라 설립된 비영리법인으로 보건복지부장관이 장애인 재활교육을 실시하는 기관으로 인정한 법인 위의 시설 또는 법인과 유사한 것으로 외국에 있는 시설 또는 법인	한도 없음	직계존속 포함 연간소득금액합계액 100만원을초과한 경우에도 공제 가능

주택임차차입금 원리금상환액(공제한도)

공제항목		개별한도	통합한도	
특별공제	주택임차차입금 원리금상환액공제	연 300만원	연 300만원	연 1000만원 (상환기간 30년 이상시 1500만원)
	월세 액 소득공제			
그 밖의 소득공제	주택마련저축공제	연 300만원		
특별공제	장기주택저당차입금 이자상환액공제	연 1000만원		

월세 액 소득공제과세기간 종료일 현재 주택을 소유하지 아니하고 배우자 또는 부양가족이 있는 세대의 세대주로 해당 과세기간 총 급여액이 3천만원 이하인 근로자가 지급하는 월세 액의 100분의 40에 상당하는 금액을 해당 연도의 근로소득 금액에서 공제

장기주택저당차입금 이자상환액 공제(기본사항)

구분		내용
공제 대상자		다음에 해당하는 자가 해당 요건을 갖춘 경우 근로소득이 있는 거주자(일용근로자 제외)로서 취득 시 주택을 소유하지 아니한 세대의 세대주 세대주가 주택자금 공제를 받지 않은 경우 세대의 구성원 중 근로소득이 있는 자 세대주 여부는 과세기간 종료일 현재의 상황에 의하고 세대주가 아닌 경우에는 본인이 실제 거주하는 경우에 한함
요건	주택	국민주택규모의 주택으로서 취득 당시 주택의 기준시가가 3억원 이하인 주택
	차입금	주택에 저당권을 설정하고 금융기관 또는 국민주택기금으로부터 차입한 것으로 다음의 요건을 모두 갖추어야 함 차입금의 상환기간이 15년 이상일 것 주택소유권이전등기 또는 보존등기 일부터 3월 이내에 차입한 장기주택저당차입금일 것

	장기주택저당차입금의 채무자가 당해 저당권이 설정된 주택의 소유자일 것
공제배제	(세대구성원이 보유한 주택 포함) 거주자가 과세기간 종료일 현재 2주택 이상을 보유 해당 과세기간에 2주택 이상을 보유한 기간이 3개월을 초과한 경우

*주택자금 차입금 이자에 대한 세액공제를 받는 경우 당해 과세기간에 있어서는 당해 주택취득과 관련된 차입금은 장기주택저당차입금으로 보지 아니함

장기주택저당차입금으로 인정하는 특례내용

차입금 인정	비고
조세특례제한법 제99조에 따른 양도소득세의 감면대상 신축주택을 최초로 취득한 자가 금융기관 또는 주택법에 의한 국민주택기금으로부터 차입한 차입금으로 당해 주택을 취득하기 위하여 차입한 사실이 확인되는 경우	
장기주택저당차입금의 차입자가 당해 금융기관 내에서 또는 다른 금융기관으로 이전하는 경우 당해 금융기관 또는 다른 금융기관으로 기존의 장기주택 저당차입금의 잔액을 직접 상환하고 당해 주택에 저당권을 설정하는 형태로 장기주택저당차입금을 이전하여야 함 차입금의 상환기간이 15년 이상일 것(상환기간 계산시 기존의 장기주택저당차입금을 최초로 차입한 날을 기준으로 함)	기존의 차입금의 잔액을 한도로 함
주택양수자가 금융기관 또는 국민주택기금으로부터 주택양도자의 주택을 담보로 차입금의 상환기간이 15년 이상인 차입금을 차입한 후 즉시 소유권을 주택양수자에게로 이전하는 경우	주택양수인이 취득할 당시 주택의 기준시가 3억원 이하 요건 충족
다음에 해당하는 차입금에 대해 그 상환기간이 15년 미만인 차입금의 차입자가 기존 차입금의 상환기간 중 당해 주택에 저당권을 설정하고 상환기간을 15년 이상으로 하여 차입한 신규 차입금으로 기존 차입금을 상환하거나 기존 차입금의 상환기간을 15년 이상으로 연장하는 경우 주택소유권이전등기 또는 보존등기일로부터 3월 이내에 차입(신규차입금의 경우 기존차입금	기존 차입금의 잔액을 한도로 하고, 연장이나 전환 당시 주택의 기준시가(주택분양권의 가격)가 3억원 이하 요건 충족

의 최초차입일을 기준) 차입금의 채무자가 당해 저당권이 설정된 주택의 소유자일 것	
『조세특례제한법』제98조의 3에 따른 양도소득세 과세특례 대상 주택을 2009.02.12.부터 2010.02.11.까지의 기간 중에 최초로 취득하는 자가 해당 주택을 취득하기 위하여 금융기관 또는 국민주택기금으로부터 차입한 차입금으로서 상환기간이 5년 이상인 경우	차입금의 채무자가 주택의 소유자이며 소유권 이전 또는 보존 등기 이후 3개월 이내 차입한 차입금

주택분양권 관련 차입금 이자상환액 공제

공제대상자	무주택자인 세대주	
주택분양권	주택법에 의한 사업계획승인을 얻어 건설하는 국민주택규모의 주택을 취득할 수 있는 권리 *주택법에 의한 주택조합 및 도시 및 주거환경정비법에 의한 정비사업조합의 조합원이 취득하는 주택 또는 동 조합을 통하여 취득하는 주택 포함	
가액요건 및 가액	(가액 요건) 3억원 이하의 주택분양권	
	(가액) 조합원입주권	
	청산금을 납부한 경우	청산금을 지급받는 경우
	기존건물과 그 부수토지의 평가액 + 납부한 청산금	기존건물과 그 부수토지의 평가액 – 지급받은 청산금
	그 외 주택분양권: 분양가격	
차입금 요건	주택분양권을 취득하고 당해 주택을 취득하기 위해 동 주택의 완공 시 장기주택저당차입금으로 전환할 것을 조건으로 금융기관 또는 국민주택기금으로부터 차입 *주택의 완공 전에 해당 차입금의 차입조건을 동 주택 완공 시 장기주택저당차입금으로 전환할 것을 조건으로 변경하는 경우 포함	
장기주택저당 차입금으로 보는 기간	차입일로부터 당해 주택의 소유권보존등기일까지 차입조건을 새로 변경한 경우 그 변경일로부터 당해 주택의 소유권보존등기일까지	
공제 제외	거주자가 주택분양권을 2 이상 보유하게 된 경우에는 그 보유기간이 속하는 과세연도에 있어서는 이를 적용하지 않음	

공제대상 기부금

구분	내용
기부자	본인, 기본공제대상 배우자, 기본공제대상 직계비속(정치자금기부금, 우리사주조합 기부금 ⇨ 본인 명의 기부금만 공제가능)
기부처	법령에서 정한 기부금 단체

(개인기부 기준)

구 분	해당 기부금
법정기부금	국가 또는 지방자치단체, 국방헌금과 위문금품, 천재지변 이재민 구호금품, 특별재난지역 복구 자원봉사, 아동복지시설 등 사회 복지시설(유료시설 제외), 불우이웃돕기결연기관(한국재가노인복지협회, 한국뇌성마비복지회, 한국수양부모협회, 한국노인복지시설협회, 한국장애인복지시설협회), 학교 등에 시설비 · 교육비 · 장학금 또는 연구비로 기부한 금액, 사회복지공동모금회, 대한적십자사, 문화예술진흥기금, 정치자금기부금(세액공제 분 제외)
50%한도 특례기부금 (2012년까지)	독립기념관, 특정연구기관, 한국생산기술연구원, 한국한의학연구원, 전문생산기술연구소, 한국과학창의재단, 연구개발특구지원본부, 산업안전연구원, 한국정보화진흥원, 한국교육방송공사, 한국국제교류재단 등
30%한도 특례기부금	우리사주조합원이 아닌 근로자가 우리사주조합에 지출하는 기부금 (우리사주조합원이 우리사주조합에 기부한 경우 기부금공제대상에 해당되지 않음)
지정기부금	지정기부금단체의 고유목적사업비로 지출하는 기부금 사회복지법인, 유치원, 초 · 중 · 고, 대학, 기능대학, 원격대학, 정부 인가 학술연구단체 · 장학단체 · 기술진흥단체, 정부 인가 문화 · 예술단체(전문예술법인 및 전문예술단체 포함) · 환경보호운동단체, 종교의 복음, 그 밖의 교화를 목적으로 민법 제32조에 따라 문화체육부장관 또는 지방자치단체의 장의 허가를 받아 설립한 비영리법인(그 소속 단체를 포함), 의료법인, 기획재정부장관이 지정한 지정기부금단체 학교의 장이 추천하는 개인에게 지출하는 교육비 · 연구비 또는 장학금 불우이웃돕기, 지역새마을 사업을 위하여 지출한 비용 등 노동조합 및 노동관계조정법 등에 따라 설립된 노동조합, 공무원 직장협의회의 설립 · 운영에 관한 법률에 따라 설립된 공무원직장협의회, 교육기본법 제 15조에 따른 교원단체에 가입한 사람이 납부한 회비 사내근로복지기금

기부금 별 공제한도

구분	공제 한도
법정기부금	근로소득금액
50%한도 특례기부금	(근로소득금액−전액공제기부금)X50%
30%한도 특례기부금	(근로소득금액−전액공제기부금−50%한도 적용기부금)X30%
지정기부금	종교단체에 기부한 금액이 있는 경우(소득금액X10%)+min[(소득금액X10%), 종교단체 외에 지급한 금액] 종교단체에 기부한 금액이 없는 경우(소득금액X20%)* 소득금액 = 근로소득금액−전액공제기부금−50%한도 특례기부금 −30%한도 특례기부금

기부금 별 이월공제 적용기간

구분	이월공제 적용기간
법정기부금	1년
특례기부금	2년
공익신탁기부금	3년
지정기부금	5년

4. 그 밖의 소득공제

연금저축공제

개인연금저축과 연금저축은 불입액에 대한 공제비율 및 공제한도를 유의하여 적

용해야 하며, 소득공제 신청 시 '연금저축 등 소득공제 명세서'를 작성, 제출

2011년도 납입 분부터 연금저축 소득공제한도가 연 400만원으로 늘어남

구분		개인연금저축	연금저축
가입기간		2000.12.31. 까지	2001.1.1. 이후
가입대상		만 20세 이상	만 18세 이상
저축불입기간		10년 이상	10년 이상
소득공제	공제자	근로자 본인에 한정	근로자 본인에 한정
	불입한도	분기당 300만원	분기당 300만원
	소득공제 비율	불입액의 40%	불입액의 100%
	공제서류	개인연금저축납입증명서	연금저축납입증명서
		연말정산간소화 서비스에서 소득공제 증명서류 제공	
소득공제한도		연 72만원 (불입액 기준 180만원)	연 300만원까지 (퇴직연금의 근로자 부담금 불입액과 합산)

소기업, 소상공인 공제부금 소득공제

구분	법인의 대표자	개인사업자
공제시기	연말정산 시	종합소득 과세표준확정신고 시
공제한도	연 300만원	
제출서류	공제부금납입증명서 연말정산간소화 서비스에서 소득공제 증명서류 제공	

주택을 소유하지 않은 세대의 세대주인 근로소득자(일용근로자 제외)가 과세연도 중 주택마련저축에 불입한 금액의 100분의 40에 상당하는 금액을 해당 연도의 근로소득금액에서 공제

장기주택마련저축: 해당 과세연도 총 급여액이 8천800만원 이하인 근로자가 2009.12.31. 까지 가입한 경우에 한하여 2012년까지 공제

주택법에 의한 청약저축(월 납입액이 10만원 이하)

법률 제7030호 한국주택금융공사법 부칙 제2항에 따라 폐지된 근로자의 주거안정과 목돈마련지원에 관한 법률에 따른 근로자주택마련저축

주택법에 따른 주택청약종합저축(월 납입액이 10만원을 초과하는 경우 10만원으로 함)무주택 세대의 세대주인 근로자가 무주택확인서 및 주민등록표 등본을 제출하고 주택청약종합저축에 납입한 금액에 대하여 공제

신용카드 등 사용금액 소득공제

구 분	내 용
신용카드 등 사용금액	다음에 해당하는 금액의 연간합계액 ①여신전문금융업법 제2조에 따른 신용카드를 사용하여 그 대가로 지급하는 금액 ②현금영수증에 기재된 금액(현금거래사실을 확인 받은 것을 포함) ③학원의 수강료 등을 지로의 방식으로 납부한 금액 ④여신전문금융업법 제2조에 따른 직불카드 또는 기명식선불카드, 전자금융거래법 제2조에 따른 직불전자지급수단, 기명식선불전자지급수단, 기명식전자화폐를 사용하여 그 대가로 지급하는 금액
공제금액	{총 급여의 25% 초과액 × (①~③사용액 ÷ ①~④사용액) × 20%} +{총 급여의 25% 초과액 × (④사용액 ÷ ①~④사용액) × 25%}

공제한도	300만원과 총 급여액의 20% 중 적은 금액			
소득공제 금액에 포함되는 사용금액	다음에 해당하는 자의 신용카드 등 사용금액을 포함할 수 있음 근로자 본인 다음에 해당하는 부양가족			
	대 상	요 건		
	배우자 생계를 같이하는 직계존비속 (배우자의직 계존속, 동 거입양자포 함)	연간소득금액의 합계액이 100만원 이하		
		주민등록상 동거가족으로서 해당 근로자의 주소 또는 거소에서 현 실적으로 생계를 같이하여야 함(직계비속 제외)		
		구 분	내 용	
		예 외	근로자 및 동거가족(직계비속·입양자 제외)이 일시 퇴거자에 해당하는 경우와 직계존속이 주거의 형편 에 따라 별거하는 경우에도 생계를 같이하는 것으로 본다.	
		배 제	다른 거주자의 기본공제를 적용 받는 자	
		판정시기	해당연도의 과세종료일	
		연간소득금액의 합계액이 100만원 이하		

국내 금융시장 안정 및 주식형펀드에 대한 중장기 투자를 유도하기 위해
2008.10.20. 이후부터 2009.12.31. 까지 가입(계약갱신 포함)하여 저축금을 납입한
금액에 대하여 공제

구분	내용
소득공제대상 저축	자산의 60%이상을 국내상장주식에 투자하는 주식형 펀드
불입한도	1인당 분기별로 300만원
계약기간	3년 이상 의무가입 계약기간 내 원금, 배당, 수익증권 등 인출 불가
가입대상	개인(거주자)
가입기한	'08.10.20. ~'09.12.31.

	기존에 설정된 펀드도 요건을 만족하는 경우, 가입자가 계약을 갱신하여 3년간 추가 불입 가능
소득공제	불입금액에 대해 다음의 일정 비율에 해당하는 금액을 공제 1년차: 20% 2년차: 10% 3년차: 5%
비과세	가입일(또는 계약갱신일)로부터 3년간 발생한 배당소득
해지 시 감면세액 추징 등	배당소득 감면세액 추징 실제 감면분
	소득공제 분 추징

불입액에 대해 다음의 비율에 해당하는 금액 추징 1년차: 5.0% 2년차: 2.4% 3년차: 1.2% 단, 공제로 감면 받은 세액이 추징세액에 미달하는 사실을 증명 시, 실제 감면세액 추징

* 투자신탁의 수익증권 취득을 위한 장기주식형저축의 가입기준일은 해당 수익증권의 최초 매수일로 하는 것임

원천징수영수증 보는 법

Sample 1(188-189페이지 참조)은 회사원, Sample 2는 교사의 실제 근로소득원천징수영수증 사본이다. 위에서 언급한 연말정산 기초자료에서 구체적인 내용을 참조하되, 큰 그림만 보면 다음과 같다.

① 총 급여에서 근로소득 기본공제를 제한 근로소득금액을 확인할 수 있다. 1년 간 나의 총 급여를 파악할 수 있는 부분이다.

② 인적공제 항목이다. 가장 좋은 공제 방식이며, 최대한 이용해라.

③ 특별공제 항목으로 해당 내용이 있으면, 최대한 증빙자료를 확보하되 표준공제 금액을 넘지 못하면 그냥 표준공제로 대신한다.

④ 연금저축공제 중 43번과 44번 항목은 가입시점에 따라 구분되며 중복이 가능하다. 이 파트에서 공제를 받을 때는 혜택뿐만 아니라 제약이 되는 사항도 확

인하고 판단하라. 신용카드 소득공제 때문에 불필요한 소비를 늘린다 던지, 장기주식형 펀드의 가입기간을 길게 가져가는 것이 상황에 따라선 재무적인 상황을 악화시키는 결과를 가져올 수도 있다.

⑤ 50번 항목이 과세표준이 된다. 이 항목을 보면 나의 한계 세율이 몇 %인지 확인이 가능하다. 4600만원 이상으로 나온 사람은 소득공제가 되는 모든 금융상품을 최대한 활용하는 것이 유리하다.

		□	근 로 소 득 원 천 징 수 영 수 증		거주구분	거주자 ① / 비거주자 2
관리 번호		□	근 로 소 득 지 급 조 서		내.외국인	내국인 ① / 외국인 9
					외국인단일세율적용	여 1 / 부 2
					거주지국	거주지국코드

징수 의무자	1.법인명(상 호)		2.대 표 자(성 명)	
	3.사업자등록번호		4.주인(법인)등록번호	114671-00.
	5.소 재 지(주소)			
소득자	6.성 명		7.주 민 등 록 번 호	79101X-(xx xxx)
	8.주 소			

9.귀속연도		2007.01.01 부터 2007.12.31 까지		10.감면기간	. . 부터	. . 까지	

근무처별소득명세	구 분	주(현)	종(전)	종(전)	16-1납세조합	합 계
	11.근 무 처 명					
	12.사업자등록번호					
	13.급 여	33,217,680				33,217,680
	14.상 여	9,528,820				9,528,820
	15.인 정 상 여	0				0
	15-1주식매수선택권행사이익					
	16. 계	42,746,500				42,746,500

비과세 소득	17.국외근로	18.야간근로수당	18-1. 연구활동비	19.그 밖의 비과세	20. 계 [17+18+18(1)+19]
	0			1,200,000	1,200,000
	0				

①	21.총 급 여(16)	42,746,500		④	43.개인연금저축소득공제		0
	22.근로소득공제	13,524,650		그 밖 의 소 득 공 제	44.연금저축소득공제		0
	23.근로소득금액	29,221,850			45.투자조합출자등소득공제		0
②	기본공제	24.본 인	1,000,000		46.신용카드등소득공제		1,756,175
		25.배 우 자	0		47.우리사주조합소득공제		0
		26.부양가족 (0 명)	0		48.		
	추가공제	27.경로우대 (0 명)	0	⑤	49.그 밖의 소득 공제 계		1,756,175
		28.장 애 인 (0 명)	0	㊿	종합소득과세표준		22,471,695
		29.부 녀 자	0		51.산 출 세 액		2,920,188
정산명세		30.자녀양육비 (0 명)	0	세 액 감 면	52.소 득 세 법		0
	종합소득공제	31.다자녀추가공제 (0 명)	0		53.조세특례제한법		0
		32.연금보험료공제			54.		
		32-1.국민연금보험료공제	1,574,100		55.감면세액 계		0
		33.퇴직연금소득공제	0		56.근로소득		500,000
		특별공제	34.보험료	2,145,030	세 액 공 제	57.납세조합공제		0
			35.의료비	0		58.주택차입금		0
③			36.교육비	0		59.기부 정치자금		0
			37.주택자금	0		60.외국납부		0
			38.기부금	274,850		61.		
			39.혼인.이사.장례비	0		62.		
			40.계	2,419,880		63.세액공제 계		500,000
		41.표준공제					
	42.차감소득금액	24,227,870		결정세액(51-55-63)		2,420,180

세액명세	구분	소득세	주민세	농어촌특별세	계
	64.결정세액	2,420,180	242,010	0	2,662,190
	기납부 세액	65.종(전)근무지	0	0	0	0
		66.주(현)근무지	3,094,570	309,410	0	3,403,980
	67.차감징수세액	- 674,390	- 67,400	0	- 741,790

건강 보험 : 995,670
고용 보험 : 149,360
국민 연금 : 1,574,100

위의 원천징수액(근로소득)을 영수(지급)합니다.

2007 년 12 월 31 일

징수(보고)의무자 한국전력 김쌍수(서명 또는 인)

함광인 귀하

관 리 번 호		■ 근로소득원천징수영수증 □ 근로소득지급명세서		거주구분	거주자1/비거주자2
				내·외국인	내국인1/외국인9
				외국인단일세율적용	여1/부2
				거주지국	거주지국코드

징 수 의무자	(1)법인명 (상 호)			(2)대 표 자 (성 명)	정		
	(3)사업자등록번호			(4)주민(법인)등록번호	510102-1‖		
	(5)소 재 지(주소)						
소득자	(6)성 명			(7)주 민 등 록 번 호	84(-2		
	(8)주 소						

(9)귀속연도				(10)감면기간			

근무처별소득명세	구 분	주(현)	종(전)	종(전)	납세조합	합계
	(11)근 무 처 명	재외…중학교				
	(12)사업자등록번호	112-83-00456				
	(13)급 여	20,442,830	0	0	0	20,442,830
	(14)상 여	0	0	0	0	0
	(15)인 정 상 여	0	0	0	0	0
	(15-1)주식매수선택권 행사이익	0	0	0	0	0
	(16)계	20,442,830	0	0	0	20,442,830

비과세소득	(17)연구활동비	(18)국외근로	(18-1)야간근로수당	(18-2)출산·보육수당	(18-3)외국인근로자	(19)그 밖의 비과세	(20)비과세소득 계
	575,000	0	0	0	0	268,000	843,000

정산명세		구분	금액		구분	금액
①		(21)총 급 여 (16)	20,442,830	④	(43)개인 연금저축 소득공제	0
		(22)근로소득공제	10,816,424		(44)연 금 저 축 소득공제	0
		(23)근로소득금액	9,626,406	그밖의소득공제	(44-1)소기업공제부금소득공제	0
②	기본공제	(24)본 인	1,000,000		(44-2)주택마련저축소득공제	200,000
		(25)배 우 자	0		(45)투자조합출자등소득공제	0
		(26)부 양 가 족	0		(46)신용카드등 소득공제	1,043,037
	추가공제	(27)경 로 우 대	0		(47)우리사주 조합 소득공제	0
		(28)장 애 인	0		(48)장기주식형저축소득공제	0
		(29)부 녀 자	0			
		(30)자녀양육비	0			
		(30-1)출산,입양자	0	⑤	(49)그 밖의 소득 공제 계	1,243,037
		(31)다자녀추가공제	0	㊿	(50)종 합 소 득 과 세 표 준	4,710,709
	연금보험료공제	(32)국민연금보험료공제	0		(51)산 출 세 액	376,856
		(32-1)기타연금연금보험료공제	999,300	세액감면	(52)소 득 세 법	0
		(33)퇴직연금소득공제	0		(53)조세특례제한법	0
③	특별공제	(34)보 험 료	1,494,300		(54)	0
		(35)의 료 비	0		(55)감 면 세 액 계	0
		(36)교 육 비	0		(56)근 로 소 득	207,270
		(37)주택자금금원리금상환액	0		(57)납세 조합 공제	0
		(37-1)장기주택저당차입금이자상환액	0	세액공제	(58)주 택 차 입 금	0
		(38)기 부 금	179,060		(59)기 부 정치자금	0
		(39)혼인,이사,장례비	0		(60)외 국 납 부	0
		(40)계	1,673,360		(61)	0
		(41)표 준 공 제			(62)	0
					(63)세 액 공 제 계	207,270
	(42)차 감 소 득 금 액		5,953,746	결 정 세 액 (51-55-63)		169,586

세액명세	구 분	소 득 세	주 민 세	농어촌특별세	계
	(64)결 정 세 액	169,586	16,958	0	186,544
기납부세액	(65)종(전)근무지	0	0	0	0
	(66)주(현)근무지	279,640	27,920	0	307,560
	(67)차 감 징 수 세 액	-110,050	-10,960	0	-121,010

위의 원천징수액(근로소득)을 영수(지급)합니다.

2008년 12월 31일

징수(보고)의무자 남서울중학교 기관장

세무서장 귀하

소득세 구조를 통해 살펴본 재무설계 전략

이 자료 역시 재무설계 전문지 'Financial Plannig'지에 필자가 기고한 내용이다. 금융기관 종사자를 대상으로 쓰여진 글인 만큼, 세율 등의 복잡한 숫자는 무시하고 소득세 구조를 중심으로 가볍게 읽어 보자.

Prologue

구조적인 저금리 시대의 도래로 인한 투자의 불가피성, 저출산과 평균수명의 증가로 인한 고령화 추세, 어느 하나도 만만치 않은 무게로 다가오는 개념이다. 과거 세대와는 확연히 달라진 이런 환경 변화를 고객에게 이해시키는 일은 재무설계 현장 특히 세미나 등에서 많이 다루는 부분이다.

3년 가까이 재무설계 현장에서 수업을 진행하며 필자는 고객들이 과거에 비해 위와 같은 내용을 접할 때 그 중요성에도 불구하고 식상해 하는 경우가 많아지고 있다는 점을 느끼게 된다. 이는 재무설계 세미나의 컨텐츠가 저금리, 고령화의 화두를 던지는 데서 더 나아가지 못하고 있다는 점이 그 중요한 이유라고 필자는 생각한다. 고객들이 점점 더 동일한 내용에 노출되는 빈도가 늘어감에 따라, 새로운 컨텐츠에 대한 갈증을 갖고 있다는 생각에 매번 새로운 컨텐츠에 대한 고민을 하게 된다.

재무설계의 본질적인 개념을 유지하면서도 그 접근방식을 새로운 시각으로 전개해보자는 의미에서, 재무설계학교 수업내용의 일부를 소개한다.

강의 시간의 제약과 일반인을 대상으로 한다는 점을 고려하여, 일부 세부적인 내용은 굳이 언급하지 않거나 단순화 한 경우도 있음을 미리 밝혀둔다.

이번에 소개하는 강의의 내용은 재무설계학교 첫 수업 때 진행하는 **"소득세 구조를 통한 재무설계 전략"**이다. 고객이 낯설어하는 세금과 관련된 분야를 포함하고 있지만, 수업의 목표는 고객에게 재무목표나 라이프플랜을 고민하는 데 있어서 하나의 중요한 프레임을 제공하는 데 있다. 이런 목표에 부합하지 않는 내용에 대해선 FP와의 상담 혹은 이후 수업 내용에 포함시키는 방향으로 하였다.

컨텐츠의 제시방식

FP저널2009년 3월호에 소개한 바와 같이 온라인 마케팅에서 컨텐츠는 매우 중요한 부분이다. 그런데 컨텐츠의 독창성 못지 않게 중요한 것은 그 구성과 전달방식이다. 이를 간단히 정리하면 다음과 같다.

〈자료1〉 효과적인 컨텐츠 구성방식

고객의 입장에서 친숙한 내용과 새로운 내용의 비율을 7:3 정도로 유지한다.
구체적인 예시와 쉬운 언어를 사용한다.
고객의 예상을 넘어설 내용이 하나 이상 포함되어야 고객은 신선함을 느낀다.
구체적인 정보를 나열하기 보다는 사고의 프레임을 제공하라.
강사의 목소리가 아닌 컨텐츠 자체에도 고객에게 던지는 질문과 스토리가 담겨 있어야 한다.
보조교제는 신뢰할 수 있는 기관(통계청 등)의 Raw Data를 제공한다.

소득세 구조를 통한 재무설계 전략

1) 소득이 있는 곳에 세금이 있다. 따라서 세금을 보면 소득의 유형이 보인다.

생애재무설계는 상대적으로 긴 라이프 사이클을 염두에 둔 인생설계를 포함한 개념이기에 평생 어떤 소득을 통해 살아가게 될지 살펴보는 것은 의미 있는 일이다. 이를 위해서 소득활동을 하는 사람이면 누구나 부담하게 되는 세금인 소득세를 통해 재무설계 전략을 고민해보는 것은 어떨까?

지금부터 소득세 구조를 통한 재무설계 전략을 소개하고자 한다. 다시 한번 양해를 구하지만 필자의 고민은 생애 재무설계의 개념과 필요성을 어떻게 일반인에게 쉽게 전달할 수 있을까에 있다. 따라서 일부 복잡한 계산이 필요하거나 공제 조건에 해당되는 내용은 단순화시켜 표현한 부분이 있음을 밝힌다. 아울러 이 수업은 세금에 대한 부분이 아니라 소득의 구조에 대한 부분이 주를 이룬다.

우리나라 소득세제는 모든 소득을 종합하여 과세하는 종합과세체계를 기본으로 하고 양도소득, 퇴직소득 등 장기형성소득에 대해서는 분류과세하고 있다.

대부분의 재테크 전략은 보통 양도소득에 포커스를 맞추는 경향이 있다. 양도소득은 저가에 매수하여 고가에 매도할 때 그 양도차익에 대해 과세하는 부분이다. 주식이나 부동산으로 대표되는 특정 자산에 대한 투자를 통해 단기간에 고수익을 올리기 위하여 연구되어 온 다양한 테크닉이 그것이다.

그런데 이는 확률적으로 승자보다 더 많은 패자를 양산하는 방식이고, 보통 여유 자금이 풍부한 자산가들이 승자가 될 확률이 높은 게 사실이다.

자산을 형성해 가는 과정에 있는 일반 고객들에게 있어 중요한 것은 오히려 지속적인 현금흐름의 확보이며, 이를 소득세 구조에서 살펴보면 종합소득에 대한 이해가 매우 중요하다.

2) 인적 자산, 금융자산, 실물자산의 보유를 통한 지속적인 소득의 발생이란 측면에서 종합소득을 통한 현금흐름의 확보가 매우 중요하다.

〈자료2〉에서 보듯이 종합소득은 총 7가지로 나뉘며, 이 중 부동산 임대소득은 실물자산의 보유를 통해 발생하는 대표적인 소득이며, 부동산의 처분 시 발생하는 부동산 양도소득과는 구분해야 하는 개념이다. (2011년 현재, 소득세법은 부동산 임대소득이 사업소득에 포함되어 종합소득이 6개로 줄어 있는 상태다.)

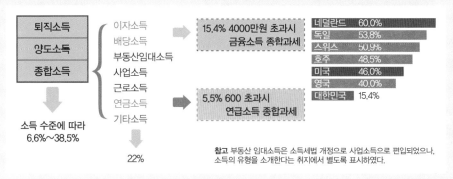

사업소득과 근로소득은 기본적으로 인적자원의 활용을 통해 창출되는 소득이다. 즉 사업주나 근로자의 노동력을 기반으로 한다는 특징을 가진다. 이자, 배당, 연금소득은 금융자산의 보유를 통해 발생하는 자본이득이란 공통점을 지닌다.

또한 퇴직소득과 양도소득이 항상 분류과세 되는 데 반해, 종합소득 내의 이자소득, 배당소득, 연금소득, 기타소득에 대해서는 일정규모 이하의 경우 원천징수에 의한 분리과세를 시행하고 있다. 일례로 이자 및 배당소득의 경우, 그 합이 4천만원을 초과할 경우에만 종합 과세되는 금융소득 종합과세제도를 운영하고 있으며 그 이하의 경우 분리원천징수로 과세의무가 종결된다.

종합소득을 어떻게 확보해가느냐는 자산을 형성해가는 과정에서 굉장히 중요한 부분이며, 절세차원에서도 종합소득은 최대한 다양하게 가져가는 것이 유리하다.

3) 소득의 종류에 따라 과세방식은 어떤 차이가 있는지 살펴보자.

소득과 세금은 뗄 수 없는 관계다. 그렇다면 소득의 종류에 따라 과세방식이 어떻게 달라지는 걸까? 각 소득유형의 특징을 이해하기 위해 몇 가지 비교를 통해 살펴본다.

이자소득과 배당소득은 양도소득처럼 처분 시 발생하는 것이 아니라, 금융자산의 보유를 통해 발생하는 소득이다. 15.4%라는 세율은 아래 그림과 같이 원금을 제외한 이자(혹은 배당금액)에 대하여 발생하는 부분이다.

그렇다면 이를 연금소득의 세율 5.5%와 비교를 해보자. 세율만 놓고 보면, 연금소득세가 이자소득세보다 저렴해 보이지만, 연금소득은 과세대상 연금 전체, 다시 말해 소득공제를 받은 원금까지 포함한 금액에 대하여 적용된다는 점에서 큰 차이가 있다. 어째서 이러한 차이가 발생하는 것일까?

〈자료3〉 연금소득과 이자소득 비교

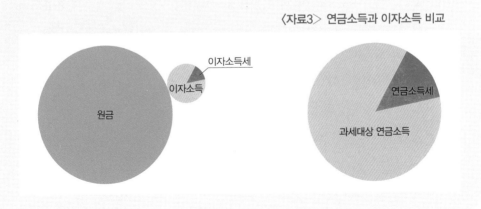

위 그림에서 연금소득세 과세대상이 되는 연금상품은 불입시점에 소득공제의 혜택을 받고 있다. 금융상품을 통한 소득공제의 혜택이 얼마나 되는지에 대한 판단은 원천징수영수증에 나와 있는 과세표준을 통해, 한계세율을 확인함으로써 가능하다.

대부분의 직장인은 소득공제에 민감하면서도, 소득공제에 대한 명확한 개념은 아직 잡혀있지 않은 경우가 많다. 소득공제란 것이 쉽게 말해 실제로 존재하는 소득에 대하여, 연간 300만원 한도로 불입액 100%의 소득을 과세대상에서 제외해주는 것이란 부분은 알더라도, 그로 인한 혜택이 얼마나 되는지에 대해선 정확히 모르는 경우가 많다.

실제로 소득공제를 받는 대신 연금을 수령하는 시기에 연금소득세를 과세하게 되는데, 원금에 대하여 기존에 부과된 소득세가 존재하지 않으니, 적어도 과세의 측면에선 원금이 존재하지 않았던 것으로 보아, 연금소득금액 전체를 소득으로 간주하여 과세한다고 설명하면 이해가 좀 쉽지 않을까? 또한 연금형태가 아닌 일시불의 형태(중도 해지 포함)로 수령하는 경우 연금소득이 아닌 기타소득으로 분류되어 과세되며, 5년 이내라면 해지가산세도 붙는다는 점을 꼭 설명한다.

이런 설명은 소득공제형 연금(적격 연금)보다 비과세형 연금(비적격 연금)이 더 유리함을 강조하려는 게 아니다. 애초에 개인연금에 소득공제나 10년 유지 시 비과세 혜택을 주는 이유가, 공적 연금에서 완벽히 보장해주지 못하는 노후대비를 위하여 장기상품인 개인연금을 통해 보완하게 하려는 정책적인 고려 또한 포함되어 있기 때문에, 그 목적에 맞게 활용해야 함을 강조하기 위함이다.

즉 연금저축 등을 통해 소득공제를 받는 것이 항상 유리하지는 않으며, 한정된 예산으로 노후대비 이외에 다양한 목표를 달성해가야 하는 직장인의 경우, 어떤 금융상품을 활용하더라도 가입시점과 함께 만기시점의 유불리를 따져가며 우선순위를 정해야 함을 강조한다.

또한 연금소득에 **과세대상** 개인연금소득이 포함되는 경우, 다른 공적 연금 수령 금액과 합산하여 과표금액이 연간 600만원을 넘을 시 종합소득에 포함되어 세율이 올라갈 수 있다는 점도 주의해야 한다. 이러한 내용들을 감안하면, 연금소득을 준비함에 있어서 소득공제와 비과세를 반드시 이해하고 우선 순위를 결정해야 한다.

다시 말해 연금소득 하나만 보더라도, 개인의 소득수준이나 가입목적에 따라 가입의 우선순위나 활용도가 달라지며, 그 구체적인 판단은 원천징수영수증 등을 통해 확인이 가능함을 실례로 보여준다.

4) 연금설계가 곧 은퇴설계를 의미하는가?

우리는 대부분의 경우 20-30년에 걸쳐 근로소득이나 사업소득을 통해 살아가기 위한 준비를 해왔다. 이러한 준비과정은 부모의 측면에서 바라보면, 양육과 교육이란 두 가지 단어로 압축이 된다. 소득이 발생하는 시점부터 보통 30년 가까운 시간을 근로소득이나 사업소득을 통해 본인의 생활을 영위하고, 자녀의 교육과 양육을 준비하고, 또한 은퇴 이후를 준비해야 한다.

그렇다면 은퇴의 개념을 어떻게 생각해야 할까? 은퇴는 직장에서 퇴직하는 것과는 약간 다른 개념이다. 필자는 은퇴의 개념을 근로소득과 사업소득을 더 이상 창출하지 못하는 시점이라 해석한다.

그렇다면 이쯤에서 질문을 던져본다. 연금설계가 곧 은퇴설계를 의미하는가?

은퇴설계는 근로소득과 사업소득을 대체할 만한 다양한 소득원을 어떻게 준비해갈 지에 대한 전략적 개념이 되어야 한다. 여기엔 상속이나 증여 플랜이 포함될 수도 있고, 퇴직금(퇴직연금)이나 공적 연금에 대한 고려도 해야 한다. 그런데 가장 중요한 것은 대체소득을 어떤 방식으로 준비할지에 대한 진지한 고민이다.

개개인의 수명에 대한 정확한 예측이 쉽지 않고, 은퇴 자금을 목돈으로 한번에 준비하기엔 그 규모가 만만치 않다는 점을 감안한다면, 가능한 소득구간을 길게 가져감과 동시에 기존의 근로소득이나 사업소득처럼 꾸준한 현금흐름을 만들어내는 시스템을 만드는 것이 가장 효과적일 것이다.

이와 같은 이유로 은퇴설계에서 일반적으로 가장 많이 선택하는 방식이 종신형 연금 소득과 부동산 임대소득이다. 주택마련이 되어 있는 상태에서 추가적인 수익형 부동산 구입이 가능하다면 부동산 임대소득은 중요한 고려대상이 될 것이다.

<자료4> 필자가 사용하는 수정된 현금흐름표

현금 유입	금 액		현금 유출		금 액
본인(근로/사업)소득	2800000 원	고정 지출	각종보험료	보장성	150320 원
배우자(근로/사업)소득	2200000 원		연금납입금	저축성	250000 원
부동산 임대 소득	원		부채상환금	원리금	260000 원
금융소득(이자+배당)	원				원
사업소득	원	변동 지출	생활비	국민카드	500000 원
연금소득				현금인출	400000 원
기타소득				부모님용돈	300000 원
양도소득	원		교육비		800000 원
퇴직소득	원		교통/통신		200000 원
현금흐름표에서 소득구조와 관련된 부분을 통해 고객의 인생설계를 함께 고민		저축과 투자	채권형	적금	300000 원
			주식형	적립식 펀드	500000 원
순현금흐름 =소득−고정지출−변동지출	1339680 원				원

(가운데 화살표 안 텍스트: 장기적으로 새로운 현금흐름 창출)

보너스 및 기타소득 (PI, PS, 성과급, 야근수당 등 비정기 소득 유형)

본인 소득에 야근수당 포함(매월 거의 고정적으로 나옴)
본인 성과급(12월, 1000만원 전후), 구정/추석 100만원, 배우자 별도의 성과급 없음

이런 준비가 만만치 않거나 막연하게 느껴진다면 연금상품을 통한 은퇴전략을 고려한다. 연금은 그 속성상 기간에 투자하여 기간으로 돌려받는 금융상품이다. 다시 말해 연금의 경우 수익률 못지 않게 얼마나 많은 준비기간을 확보하느냐가 더 큰 관건이므로, 현재 소득수준에 맞춰서 유리한 연금구조를 빨리 만들어가는 것이 중

요하다. 이 때, 연금만으로 은퇴의 모든 것을 준비할 필요는 없으므로, 다른 중단기 재무목표와의 관계를 고려하여 현금흐름에 무리가 없도록 해야 한다.

은퇴에 대한 두려움 때문에 현재의 현금흐름을 무시하고 과도하게 준비하려는 고객과 아무런 준비 없이 막연한 계획만 갖고 시간을 낭비하는 고객 모두에게 필요한 것은 바로 균형감각이다. 그리고 이 부분이 바로 FP의 몫이다.

수업효과

위 수업을 진행하고 나서, 고객들에게 은퇴시점까지 재무목표를 고민해보라는 과제를 부여한다. 더 나아가 현재의 소득수준을 고려하여 재무목표 달성을 위해 필요한 자금의 규모와 이를 어떤 소득을 통해 해결해나갈 것인지 구체적인 전략을 짜보게 한다. 이를 통해 고객들은 스스로의 인생계획을 소득이라는 측면에서 진지하게 점검해 볼 기회를 갖게 된다.

수업을 통해 의도한 효과는 다음과 같다.

재무설계는 결국 FP가 해야 될 부분과 고객이 해야 될 부분이 있는데, 어느 한쪽으로 기울면 제대로 된 재무상담이 이뤄지기 힘들다. 고객이 스스로 재무목표를 세워 나가는 이유와 그 중요성을 느끼게 하여 적극적인 참여를 이끌어낸다는 점이 가장 큰 수확이다. 또한 재무목표를 수립하면서 은퇴시점까지 생애 전체를 조감할 수 있게 하며, 근로소득이나 사업소득에만 국한되던 지금의 시각을 조금 더 폭넓게

넓혀줄 수 있다는 점과 원천징수영수증 등 구체적인 재무정보 수집(Fact Find)의 중요성을 알릴 수 있다는 점 등이 그것이다.

마무리

필자는 다양한 소득원을 마련하기 위해 이른바 두 개의 직업을 갖고 있거나, 임대소득이나 기타 금융소득을 올리는 고객, 때로는 특허를 출원하거나 인세 등의 기타소득을 갖고 있는 고객을 접했을 때, 많은 부러움을 느낀다.

그리고 재무설계 수업을 진행할 때 이런 사례 등을 고객과 공유하기도 한다. 지금까지의 재무설계가 주로 소비를 통제하고 저축과 투자를 늘리며 위험을 통제하는 데 있었다면, 고객으로 하여금 현금흐름표의 좌변 즉 소득원을 어떻게 다양하게 가져갈 수 있을지에 대한 진지한 고민을 할 수 있게 하는 부분까지 그 개념을 확장할 필요도 있다고 본다. 이를 통해 고객의 인생에 의미 있는 변화를 이끌어낼 수 있다면, FP 역시 큰 보람을 느낄 수 있으며 고객에게 좀 더 훌륭한 조언자로 자리매김할 수 있을 것이다.

FP는 고객으로 하여금 재무설계라는 프레임을 가지고 세상을 그리고 고객자신을 되돌아보게 하는 전문가가 되어야 한다. 이런 과정을 통해서 고객은 FP가 제안하는 포트폴리오를 이해하는 눈을 갖게 되고, 현재와 미래의 균형을 잡아나갈 수 있게 되리라 믿는다.

보험, 싫어하면서도 많이 가지고 있는
아이러니한 상품

제8장

보험, 싫어하면서도 많이 가지고 있는 아이러니한 상품

세상에 '생각만큼 쉬운 일'은
존재하지 않는다.
'생각만큼 어려운 일'
또한 존재하지 않는다.
'생각'이란 놈만큼 상황을
왜곡시키는 것은 없다.

'보험, 싫어하면서도 많이 가지고 있는 아이러니한 상품', 이 문구는 함께 근무하던 선배 재무설계사가 모 회사의 사보에 기고하며 사용했던 것인데, 너무 공감이 가는 제목이라 그대로 빌려왔다. 그만큼 보험이란 상품은 상담 때마다 큰 이슈가 된다.

너무 준비를 안하고 있어서 문제이거나 가입을 원하지만 건강이 허락하지 않아서 문제인 경우도 있고, 보장의 내용이 고객이 생각하는 것과 실제가 너무 달라서 문제인 경우가 많다. 특히 불필요한 보장이나 중복 보장이 많고, 그로 인해 현금흐름에 문제가 생길 지경인 경우를 심심치 않게 본다. 대부분 친구나 친척 등 보험설계사인 지인들의 부탁으로 이것저것 들어주다 보니 문제가 생긴 경우다.

금융지식이 풍부한 부인 설현조 씨는 요새 너무 속상하다. 시어머니께서 남편을 위해 들어둔 보험을 계속 납부해주시다가, 이제는 부부에게 직접 보험료를 부담하라고 하면서 넘겨주신 보험 증서를 보고 나서다. 신랑 노경호(29세, 남, 회사원)씨와 함께 재무상담사를 찾은 설현조 씨는 중복된 보험을 과감히 정리하고, 신용대출금을 상환하고 싶어하며, 결혼 이후 계속 일을 해야 할지 고민 중이다.

노경호 씨의 프로필

대기업 OO건설의 입사 5년차 사원

5년차 맞벌이 부부

나이: 37세

아파트 자가(대출금 포함)

설현조 씨의 프로필

OO 4년차 디자이너

임신 4개월(쌍둥이)

32세

부부의 희망목표

보험 리모델링

빠른 시일 내 부채상환

출산준비

맞벌이 지속 여부 결정

자산-부채 현황

자산		부채	
아파트(부부 공동명의)	4억	담보대출	1억2000만
주식형 펀드(부인)	200만(원금기준)	신용대출	4700만
적금(부인)	200만	마이너스통장	230만(급여통장 연동)
연금저축보험(부인)	1000만		
변액유니버셜(신랑)	4200만(적립금 기준)		
합계	4억5600만	합계	1억6930만
순자산	2억8670만		

수입		지출	
신랑급여	360만(실 수령액 기준)	생활비	250만
부인급여	245만(실 수령액 기준)	부모님 용돈	100만
		적립식 펀드	50만
		연금저축보험	25만
		대출이자	60만(30년 만기 일시 상환)
		신용대출원리금	50만(15년 원리금 균등 상환)
		적금	50만
		CI보험(신랑)	27만(어머니 친구 통해 가입)
		종신보험(신랑)	12만(어머니 친구 통해 가입)
		교통상해보험(신랑)	3만(어머니 친구 통해 가입)
		변액유니버셜(신랑)	50만(신랑 친구 통해 가입)
		건강보험(부인)	7만
		미파악지출	−79만
합계	605만	합계	605만

- 빨간색으로 표시된 보험은 이번 달까지 시어머니가 납부, 다음 달부터 부부가 납입해야 함
- 현 시점에서 매월 3–40만원 적자로 보너스 및 마이너스 통장 활용, 새로 보험료를 부담하는 다음 달부터 매월 79만원 적자 예정

상담실 엿보기

재무설계사 **쌍둥이**를 임신 중이라 들었습니다. 축하 드립니다.

설현조　　요새 같아선 축하 받을 기분이 아니에요.

재무설계사 표정이 많이 안 좋으신데, 어떤 일 때문이신가요?

설현조　　맞벌이를 하는데, 안 그래도 빠듯한 살림에 가끔 나오는 보너스 없으

면 오히려 매월 마이너스인데요, 시어머님께서 그 동안 납입해주시던 보험료를 이제는 우리가 부담하라고 하셔서, **보험증권**을 받아봤는데, 가격이 너무 비싸서요. **보험에 대한 리모델링**이 필요합니다.

재무설계사   네, 제가 도움을 드릴 수 있을 거 같군요. 보험증권은 준비해오셨죠?

노경호   제가 챙겨왔습니다.

설현조   저희가 **가계부**를 열심히 써왔는데요, 최근 생활비는 임신 후에 여러 가지 병원비가 많이 들어서 평소 보다는 많이 나온 거에요. 그리고 신랑이 변액유니버설을 매달 50만원씩 붓고 있는데, 그것도 많이 부담이 되네요. 노후 준비도 필요한데, 장기상품이라 부담은 되고 유지는 하고 싶고 어떻게 해야 할지 정말 고민입니다. 대출도 너무 많은 거 같고요.

재무설계사   네, 부인께서 걱정이 많으시네요. 그런데 두 분 보험 내역을 보니까, 실비보험은 두 분다 없으시네요.

설현조   저는 회사에서 **단체보험**이란 걸 들어서 거기서 해줄 거에요. 오히려 신랑이 그게 없어서 안 그래도 여쭤보려고 했어요. 그리고 태아보험도 궁금하네요. 쌍둥이면 보험료가 2배가 되나요?

재무설계사   거기에 대해서는 보험을 정리하면서 함께 말씀 드리도록 하겠습니다.

1. 보험료가 너무 부담되는 상황, 보험 리모델링은 어떻게 하나요?

2. 대출 상환을 위해서 8년간 납입한 변액유니버셜 보험, 정리해야 하나요?

3. 쌍둥이를 위한 태아보험 가입방법은?

4. 쌍둥이라 더욱 부담되는데, 맞벌이를 지속해야 하는가?

재무설계사 Advice 1

부부의 보험 리모델링

보통 보험 리모델링은 보장 내용의 **중복된 부분과 보완할 부분을 파악**해서 보장을 합리적으로 개선하는 게 제일 중요하다. 그런데 이 부부의 사례는 정확히는 보험료 리모델링, 즉 **보험료를 현실적인 수준으로 낮추는 데 중점**을 줘야 되는 상황이다.

신랑이 가입한 CI보험은 사망이 2억원으로 높게 잡혀 있으나, 특약이 대부분 재해와 관련된 부분으로 한정되어 있어 사실상 사망 보장 위주의 설계에 가격도 저렴하지 않다. 가입한 지 1년이 갓 넘었지만 계속 유지할 의미는 없다고 판단됐다.

종신보험의 경우 사망보장은 크지 않으나 암과 주요 질병에 대한 보장이 포함되어 있어서 유지를 하고, 교통상해보험은 보험료가 부담스러운 수준은 아니나 유지하지 않는 대신, 부부의 통합실비보험(7만원)에 특약으로 추가하는 설계를 하였다.

이 때, 부인은 단체보험으로 실비보장을 받고 있어서, 굳이 중복보장이 되지 않는 실비보험을 준비할 필요는 없다고 판단할 수도 있으나, 쌍둥이 출산 이후 퇴직을 고려하고 있는 만큼 함께 준비하는 방향으로 결정했다.

재무설계사 Advice 2

대출상환을 위해서 8년간 납입한 변액유니버셜 보험, 정리해야 하나요?

월 50만원 수준이면 현재 두 사람의 소득수준만 감안하면 그리 부담스럽지 않은 수준이지만, 대출상환액을 고려하고, **외벌이로 전환할 가능성**을 감안하면, 향후 부담으로 작용할 소지가 있다.

우선 8년이나 지난 상품이므로, **해지보다는 납입 중지 기능을 활용**해도 무방하다. 필요에 따라서는 일부 금액을 중도인출을 통해 대출상환 등에 활용하는 것도 적극적으로 고려할 수 있다.

주의할 점은 과거에 판매된 변액유니버셜 상품과 현재 판매되는 변액유니버셜 상품의 납입중지 및 중도인출에 대한 기준이 조금씩 변경되었다는 점이다. 또한 5-6년 이내에 납입중지 기능을 활용하는 것은 납입을 중지하더라도 '**월 대체공제액**'이란 이름의 수수료가 지속적으로 빠져나가는 구조이므로, 가급적 추천하지 않는다. **장기 상품은 본래의 목적대로 장기로 가져갈수록 유리하다.**

본 상담에선 최종적으로 다음과 같이 결정을 했다.

월 50만원씩 납입하는 것을 유지하되, 외벌이로 전환할 것으로 결정되면 납입을 중단한다. 현재 적립금 4200만원 중 3000만원 정도를 인출하여 마이너스 통장 230만원을 갚아 버리고, 신용대출 4700만원 중 2700만원을 중도상환 한다. 중도인출은 해약환급금의 50% 이내에서만 가능하게 되어 있지만, 현재 오랜 기간 납입한 노경호씨의 경우 해약환급금이 사실상 적립금과 차이가 없고, 또한 여러 차례에 걸쳐 인출하게 되면 해약환급금의 90% 가까이 인출이 가능하다.

위와 같이 변액유니버셜의 중도인출기능을 통해 금리 부담이 큰 신용대출금부터 갚고, 현금흐름 개선의 여지를 둘 수 있다.

쌍둥이를 위한 태아보험 가입은?

우선 태아보험이 무엇인지 살펴보자? 태아보험은 기존의 어린이보험에 출산 때까지 있을 수 있는 여러가지 위험에 대한 보장(태아관련 특약– 저체중아, 선천질환, 주산기 질환)을 추가하여 구성된 보험이다. 자녀가 건강하게 출산하면, 태아 관련 특약은 소멸되고 보험료도 약간 줄어들게 되는 구조이다.

대개 태아보험은 **임신 후 16–22주(생명보험사 기준)** 사이에 가입이 가능하며, 생명보험과 손해보험 상품을 패키지로 가입하는 경우가 많고, 하나만 선택하는 경우 손해보험사에서 가입하는 것이 유리하다.

보험사에서 가입시기를 따지는 이유는 의학적으로 태아의 유산 및 기형, 기타질병의 유무를 판단하는 것이 태아가 22주를 지나면 확인할 수 있기 때문에, **역선택**

을 방지하기 위한 것이라고 한다. 참고로 손해보험사는 임신을 인지한 후부터 22주까지 가능하다.

쌍둥이를 임신하는 확률은 3% 정도라고 하니, 절대 낮지 않은 수치이다. 그런데 둘 이상의 아이를 임신한 경우(다태아)는 보험사에서 가입을 기피하고 있다.

우선, 2011년 하반기를 기준으로 **손해보험사에서 다태아의 경우, 가입이 가능한 회사가 전혀 없다.** 생명보험사의 경우, 일부 가능한 회사가 남아 있으나 점점 없어지는 추세이며 커다란 제약사항이 하나 있으니, 그건 **뱃속아이 중 첫째 아이(선둥이)만 보장**이 된다는 것이다. 현재로선 둘째는 태어나자마자 어린이 보험을 가입하는 방법 외엔 없는 것 같다. 그러한 이유로 보험료가 2배로 인상되는가 라는 질문은 애초부터 성립되지 않는다.

재무설계사 Advice 4

자녀의 출산, 맞벌이를 지속해야 하는가?

이 부부의 경우, 아직 맞벌이를 지속할 지 아니면 외벌이로 전환할 지 아직 고민 중이다. 그리고 실제 대부분의 임신한 신혼부부가 하고 있는 고민이기도 하다.

여기에 대한 답도 **두 사람의 양육에 대한 관점, 배우자의 소득 수준 그리고 양가 부모님이 육아에 대해 지원이 가능한 지**에 따라 각각 달라지게 된다.

부인이 계속 사회생활을 하고 싶어하고, 소득이 적지 않다면 출산휴가와 육아휴직을 최대한 활용하고 나서 직장 생활을 병행하게 된다. 부모님의 지원을 받거나 혹은 육아 도우미를 활용하게 되는데, 어느 쪽이든 그 비용이 만만치 않다. 결국 두 사람의 소득 중 상당부분이 육아비용으로 나가게 된다. 하지만 2-3년 정도의 힘든 고비가 지나고 나면, 부인의 커리어도 끊기지 않고 자녀도 어린이 집 등을 보내게 되면서 조금이나마 숨통이 트이게 된다.

반대로 부인이 직장생활을 더 이상 원하지 않거나, 자녀를 남에게 맡기는 것에 대해 강한 거부감이 있는 경우엔 외벌이로 전환하게 된다. 이 경우는 자녀를 직접 돌보게 되어 훨씬 안정적인 양육이 이뤄지나, 두 사람의 소득원이 한 사람으로 줄어드는데, 식구는 늘어남에 따라 부부가 이전보단 지출을 많이 줄여야만 한다. 지출을 줄이는 것은 한번에 쉽게 되는 것은 아니기 때문에, 임신과 함께 조금씩 그에 대한 준비를 해가야 할 것이다.

본 상담의 경우는 아직 그 방향이 정해지지 않았기 때문에, 시나리오에 따라 현금흐름을 조정할 여지를 만들어 둘 필요가 있다. 추가적인 장기상품의 가입은 자제하고, 소비수준도 억제를 하며 대출을 줄이거나 비상예비자금을 준비해두는 것이 필요하다.

자산		부채	
급여통장(마이너스 통장) 70만		담보대출	1억2000만
이파트(부부 공동명의)	4억	신용대출	2000만(1700만 중도상환)
주식형 펀드(부인)	200만(원금기준)	마이너스통장	0만
적금(부인)	200만		
채권형 연금펀드(부인) 1000만(연금저축 이전)			
변액유니버셜(신랑)	1200만(3000만 인출)		
합계	4억2670만	합계	1억4000만
순자산	2억8670만		

수입		지출	맞벌이	외벌이
신랑급여	360만	생활비	200만	170만
부인급여	245만(외벌이 전환 시 0만)	부모님 용돈	100만	80만
		적립식 펀드	50만	0만
		대출이자	60만	60만
		신용대출원리금	20만	20만
		적금	50만	0만
		종신보험(신랑)	12만	12만
		변액유니버셜(신랑)	50만	0만
		건강보험(부인)	7만	7만
		통합보험(부부)	7만	7만
		태아보험	3만	3만
		미파악지출	46만	1만
합계	605만	합계	605만	360만

- 빨간색으로 표시된 보험은 이번 달까지 시어머니가 납부, 다음 달부터 부부가 납입해야 함
- 현 시점에서 매월 3~40만원 적자로 보너스 및 마이너스 통장 활용, 새로 보험료를 부담하는 다음 달부터 매월 79만원 적자 예정

변액유니버셜 중도인출 3000만 > 마이너스 통장 230만 상환 후 70만원 잔고 유지
                              신용대출 원금 1700만 중도상환
연금저축보험   > 연금펀드(거치자금이므로 채권형)로 전환 후 납입 중단

생활비   250만 > 200만
신용대출원리금   60만 > 20만
CI보험 및 교통상해보험   30만 > 0원 해지
태아보험 및 부부 통합보험(실손) > 10만원(신규가입)

생활비   200만 > 170만
부모님 용돈 100만 > 80만(양가에 50만원씩 드리던 것을 양해를 구하고 10만원씩 줄이기)
적립식 펀드, 적금 > 해지(환매) 후 비상예비자금으로 충당
변액유니버셜   > 납입중지

맞벌이에서 외벌이로 전환하는 것은 커다란 경제적 고통을 감내하는 것이다. 그럼에도 자녀에 대한 올바른 양육 또한 포기할 수 없는 부분이다. 그래서 실제로 상담을 통해 많은 부부들이 고민을 하다가 맞벌이를 포기하고 자녀를 선택하는 경우가 많다. 대한민국 정부가 저출산 대책의 일환으로 많은 고민을 하고 있는 것은 알지만, 출산을 앞둔 부부가 피부로 느낄 수 있는 그런 정책적 배려가 아쉬운 것 또한 사실이다.

강의노트:
보험에 대한
체계적인 접근

보장의 의미

재무설계에서 일시적인 실직 등을 대비한 비상예비자금 마련은 굉장히 중요한 부분이다. 그런데 비상예비자금으로 감당이 되지 않는 상황에 처하게 된다면, 어떻게 해야 할까?

20세기의 위대한 뮤지션 존 레논은 언젠가 이런 말을 했다고 한다.

"다른 계획을 한참 세우고

있을 때 뭔가가 터지는 것이 인생이다."

보험사에서 말하길 보장이란 '**가족사랑**'이라고 한다. 맞는 말이다. 그런데 재무설계 관점에서는 한 가지를 더 이야기한다. 보장은 내 계획을 차질 없이 준비해가는 데 필요한 최소한의 '**비용**'이다.

생애기간 중 위험 구분

재무설계에서 위험설계라 하면 그 범위가 보험에서 보장하는 것을 포함해, 모든 위험 가능성을 고려하게 된다. 예를 들어 조기사망, 생존위험(질병, 재해, 상해) 및 배상책임은 보험의 영역이다. 장기생존 가능성에 대비한 연금 역시 보험사를 중심으로 준비된다.

그런데 그 외에 실직이나 투자손실 등 다양한 위험이 존재하고, 이를 위해 비상예비자금 및 투자예비자금이라 불리는 별도의 충당금을 준비하는 것이 필요하게 된다.

요약하면, **위험의 경제적 헤지**는 **보험**과 **충당금 적립**이라는 두 가지 방법을 통해 이뤄지게 된다.

은 퇴			
(원치 않는) 조기사망			(준비 안된) 장기생존
투자손실	실직	배상책임	
생존위험(질병, 재해, 상해)			
세금위험			

- 소득별 우선 고려 사항(보장성 보험)

  중·하위층 : **생존위험** 〉 조기사망 〉 오래 사는 위험

  상위층　　 : 조기사망 〉 오래 사는 위험 〉 **생존위험**

- Risk(변동가능성) vs Danger(순수위험)

위험이전의 원칙

<table>
<tr><td rowspan="3">손실의
규모</td><td>구분</td><td>낮을 때</td><td>높을 때</td></tr>
<tr><td>심각</td><td>위험이전(=보험)</td><td>위험회피/축소</td></tr>
<tr><td>미비</td><td>위험보유</td><td>위험보유/축소</td></tr>
<tr><td></td><td></td><td>발생가능성</td><td></td></tr>
</table>

위험을 위험발생 후 겪게 될 손실의 규모와 발생할 가능성이란 두 가지 기준으로 나누고, 그에 대한 대응방안을 정리해 놓은 위의 표를 살펴보자.

가장 피하고 싶은 위험은 발생가능성도 높고, 손실규모도 큰 경우일 것이다. 그런데 이 경우는 보험사에서 보장해주지 않으려 할 가능성이 크다. 예를 들면 사고율과 치사율이 매우 높은 오토바이 운전자가 보험에 가입하기 상당히 어려운 것과 합병증 가능성이 매우 큰 고혈압 환자나 디스크 진단을 받은 경우 보험가입이 거절되는 것이 대표적이다. 따라서 이 경우는 위험의 발생가능성을 줄이고, 손실의 규모를 줄이려는 선제적인 노력이 필요하다.

손실의 규모가 미비한 경우에는 굳이 비용을 들여가며 보험을 가입하는 것보다는 그냥 그 자체로 위험을 보유하고, 만약 발생빈도가 높다면 예방의 노력을 기울이는 정도로 충분하다.

보험, 즉 일정한 비용을 내고 큰 위험에 대한 부담을 타인, 즉 보험사에게 넘기는 경우는 보험사와 가입자 모두에게 이득이 되는 '**손실 규모는 크지만 발생 가능성은 낮은 경우**'에 한한다.

그런데 **실비보험**은 손실규모가 크고 발생가능성도 높은 경우들을 제외하고는 대부분 보장을 해주기 때문에, 보장의 범위로 따지면 가장 넓기 때문에, 최우선적으로 가입의 고려 대상이 된다. 보험사는 이러한 이유로 실비보험에 대한 가입 과정을 더 꼼꼼하게 살펴보고, 미래에 있을 비용의 급증을 우려해, 무조건 갱신형 구조로 판매하는 경향이 있다.

보험 vs. 저축

보험에 대한 사람들의 태도는 대체로 부정적이고 그건 자연스러운 현상이다. 일단 건강하고 젊은 사람은 필요성을 덜 느끼는 편이고, 보험을 좋아하는 사람은 가족이나 본인이 보험금을 수령한 경험이 있는 경우이다. **정작 보험을 가입하고자 하는 사람은 보험가입이 힘든 경우가 많다.**

그럼에도 보험은 가입할 수 있을 때 가능한 빨리 가입하는 게 유리하다. 우선 보험료 측면에서도 그러하다. 일찍 가입할수록 보장 받는 기간이 예를 들면 80세까지로 동일한 경우, 훨씬 저렴한 보험료로 훨씬 긴 기간(일찍부터 보장받으니까)을 보장받게 되니 경제적으로 이익이다.

참고로 보험료가 인상되는 시점은 보험사들의 회계연도가 새로 시작되는 **4월 초**

와 반기가 지난

10월 초인 경우가 대부분이다. 이 시기에 보험사는 각각의 위험발생률의 변동을 점검하고, 이를 통해 보험료에 비해 보험금이 과도하게 지출된 경우는 보험료, 보장범위 등을 조정하게 된다. 그런데 그렇게 조정된 불리한 조건은 이후 가입된 보험 계약자에게 전가되는 구조이다.

또한 보험 나이를 한 살 더 먹는 시점에도 보험료가 오른다. 이 때 보험 나이가 올라가는 **상령일**은 주민번호 상의 생일로부터 6개월 지난 시점이 된다. 예를 들어 11월 3일인 사람이 보험을 가입하려 하는데, 고민 시점이 5월 3일을 앞두고 있다면 그 전에 가입하는 것이 저렴하다.

보험을 매우 싫어하는 사람들 중에는 간혹 아프고 다치는 것에 대한 **비용을 '저축(충당금)'을 통해서 해결하는 것이 더 합리적**이라고 주장하는 분들이 있다. 틀린 말은 아니다. 왜냐면 아프고 다치는 일이 발생하지 않으면 그만큼 저축한 돈은 다른 재무목표를 위해 활용할 수 있기 때문이다.

그런데 만약에, 저축이 충분히 되어 있지 않은 시점에 그런 위험이 내게 닥친다면 그 땐 어떻게 할 것인가? 일반적으로 보험은 우리가 단기 중기 장기에 맞춰 구성해놓은 포트폴리오가 특정한 위험이 닥쳐서 큰 비용이 요구되더라도, 계속 유지될 수 있도록 도와준다는 데 그 가치가 있다. 아울러 보험 이외의 리스크를 대비하는 경우나, 보험 가입이 힘든 경우는 비상예비자금이란 이름으로 충당금을 쌓아두는 것이 반드시 필요하다.

상품명을 통한 보험 알아보기

[자료] 보험 상품의 네이밍 룰

배당유무	회사명	브랜드명	기능	A	보험
유배당 무배당	가나생명 다라생명		변액 유니버셜	종신 연금	

위 자료에서 보듯이 보험상품의 네이밍 룰을 이해한다면, 내가 가진 보험의 정확한 정체를 파악하는 데 큰 힘이 된다. 지금 당장 보험증권을 꺼내서 내가 가입한 보험의 정확한 이름을 살펴보자. 혹시 저축 목적으로 보장성 보험을 가입하거나 그 반대는 아닌지 확인해보라.

보장성 보험은 A부분에 종신/정기/건강/암/통합/실손 등의 용어가 포함되어 있고, 연금 보험은 연금이란 단어가 필수적으로 들어가 있다. 저축성 보험은 '교육'이나 '저축'처럼 저축의 목적이 명시되거나 아예 생략된 경우가 많다.

보험 상품 선택 기준

보험 상품을 선택할 때는 아래의 내용을 기준으로 결정하게 된다.

　ㄱ. 보험료 (월 급여수준 및 지출구조를 함께 고려)

　ㄴ. 납입기간

ㄷ. 보장범위 (보장의 우선 순위에 대한 가치관, 사망 / 질병 / 상해)

ㄹ. 보장금액

ㅁ. 보장기간

ㅂ. 갱신여부

ㅅ. 회사 브랜드

ㅂ. 보험금 지급문화

한편 위의 기준에 근거하여 보험 상품을 선택할 때, 생명보험과 손해보험을 혼합해서 설계하는 것을 추천한다. 생명보험과 손해보험은 각각 고유의 장단점을 갖고 있으며, 철학적인 접근 방법이 전혀 다른 상품이다. 따라서 서로가 대립되는 경쟁 상품이라기 보다는 서로를 보완하는 측면이 더 강하기 때문에, 각각의 장점만을 모아서 혼합설계를 하는 것이 유리하다.

보험 리모델링이 필요한 사례

보험도 리모델링이 필요하다. 세월이 지남에 따라 보장 기간 등 부대 조건이 더 좋은 상품이 나오기도 하고, 과거에 잘못 가입하여 방치되었던 부분을 재조정할 필요가 있을 때도 있다. 혹은 상품 경쟁력은 나쁘지 않으나, 고객의 재정적 상황변화 등으로 조정이 필요한 경우도 있다. 그렇다면 어떤 경우에 보험 리모델링이 필요한 것일까?

첫째, **CI보험**(일부 회사에선 '리빙케어' 혹은 '라이프케어'라 표현)이다. 구체적인 사례는 '사례2의 재무설계사 Advice3'을 다시 한번 참조해보면 된다. CI보험은 가입자가 사망보험금의 일부(50%~80%로 상품마다 규정)를 치명적인 질병(Critical Illness)에 해당될 때, 치료의 목적으로 미리 받을 수 있는 보험인데, 가장 큰 문제점은 치명적인 질병의 범위에 대한 가입자와 보험사의 생각이 일치하지 않는다는 점에 있다.

하지만, 3-4년 이상 예전에 해당 상품을 가입하였고 질병 관련 특약을 포함하여 전체적인 특약 구성이 충분하다면, 가입 당시엔 다소 비쌌을 지 모르나 현 시점에선 그대로 유지하는 것이 훨씬 이익이다. 리모델링의 대상이 되는 것은 주 계약 위주로 가입되어 보험료는 높고 보장 범위는 현저히 좁은 경우에 한한다.

둘째, 손해보험사(통합보험)의 상품을 가입하면서 보장성 보험료 대비 **적립보험료가 과다 책정된 경우**다. 적립보험료는 저축성 보험료라고도 하는데, 이 부분이 높을수록 갱신형 상품의 갱신보험료로 일부 충당이 되고 나머지는 보장과 무관한 저축으로 기능하게 된다. 따라서 해약환급금이 빠른 속도로 올라가고, 그 비율에 따라 만기 시점에 납입보험료 전부를 돌려받는 만기환급형 상품이 되기도 한다.

그런데 많은 사람들이 착각하는 것은 '만기'에 대한 부분이다. 20년 보험료를 납입하고 100세 보장을 받는 상품에서 '만기'라 함은 납입기간 20년이 끝난 시점이 아니라 보장기간 100세가 된 시점이다. 그렇게 긴 시간이 흐른 다음에 납입보험료를 돌려받는다는 것은 그리 대단한 혜택이 아니다. 차라리 1~5만원 정도의 적립보험료를 추가로 내지 않고, 1년 단위의 적금을 활용하는 것이 훨씬 유리하다.

셋째, **소득 대비 보장성 보험료의 비중이 너무 높은 경우**다. 보험을 늦은 나이에 가입할수록 어쩔 수 없이 보험료가 올라가는 측면이 있지만, 대략 월 소득의 7~10% 선을 넘어가게 되면 보험료의 비중이 소득 대비 너무 높은 경우라 할 수 있다. 이 경우, 동일한 보장을 유지하면서 월 납입 보험료를 낮추기 위해선 납입기간을 길게 가져가는 방법도 한 방법이 된다.

넷째, **생명보험 중 갱신형 상품을 가입한 경우**다. 실손보험 혹은 실비보험이라 불리는 부분은 생명보험 손해보험을 통틀어 금융감독원이 제시한 표준안을 따르고 있고, 2011년 현재 3년 단위 갱신형 구조를 갖고 있다.

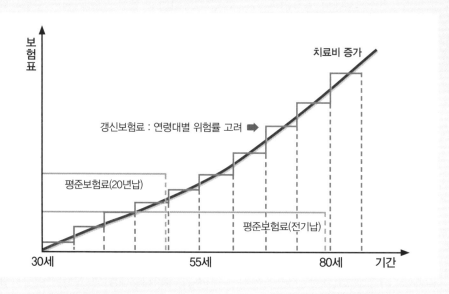

갱신형 구조란 간단히 말해, 3년 단위로 새로 보험을 가입하는 것과 동일한 효과로 달라진 위험률을 반영해 새로운 보험료와 보장 범위가 결정되게 된다. 즉 3년 마다 보장은 나빠지고 보험료는 올라갈 가능성이 큰 것이다.

갱신 보험료의 반대가 **평준 보험료**인데, 가입할 때 정해둔 보험료로 정해진 기간 동안만 보험료를 납부하면, 약속된 보장을 받게 되는 구조이다. 따라서 처음 가입할 땐 보험료가 갱신형 상품보다 비싼 것 같지만, 결국 가입자가 지는 부담은 향후 위험률 증가 등으로부터 자유롭고 총 발생하는 보험료도 유리할 가능성이 높은 구조다.

보험가입 절차

1	**기가입 여부 사전 조회**: 중복보장이 안 되는 **실손보험** 가입 시 반드시 필요한 절차
2	**가입 설계**: 나이, 성별, 직업 군을 반영하고, 보장 범위나 기간, 납입기간 등을 포함한 설계
3	**투자적합성 진단**: **변액보험**을 가입할 때 필요한 절차
4	**청약서 작성**: 자필서명, 약관 및 청약서 부본 수령이 반드시 지켜져야 함
5	**청약 접수 및 초회 보험료 입금**
6	**보험사 전화 확인 절차**: 청약 과정의 절차적 유효성 확인
7	**언더라이팅 심사**: 고지사항 기준으로 가입가능 유무 판단
8	**가입승인**
9	**보험증권 발행**

1번과 3번 항목을 제외하고는 모든 보험 가입에 공통되는 절차이다. 1번 항목은 실손 보험 가입 시 타사에 실손 보험이 있는지를 사전에 보험사가 확인하는 과정으로 금융감독원 지시사항이다. 이를 위해 보험사는 자기 회사 내부 및 다른 보험사의 고객 정보를 파악해야 하는 데, 이를 위해 사전에 조회 동의서를 SMS나 동의서 등

을 활용하여 받고 있다.

3번 투자적합성 진단은 투자상품인 변액보험을 가입할 때, 투자자의 성향 및 재무목표에 적합한 상품을 가입하는 지 점검하기 위한 절차이다. 이 또한 금융감독원 지시사항이며 펀드 가입 시에도 동일한 절차를 따르고 있다.

보험상품 분류

분류 기준	종류
판매사	생명보험/ 손해보험
보험료 산정방식	평준보험료/ 자연보험료
보험금 산정방식	정액보장/ 실손보장
환급금	순수보장형/ 만기환급형
갱신유무	갱신형/ 비갱신형
보장내용	보장성/ 저축성(연금 포함)
투자유무	변액보험/금리형 보험

보험금 청구 프로세스

[자료] 보험금 청구 서류

공통 필요서류	보험금청구서
	신분증 사본
	수익자 통장 사본
	피보험자와의 관계 확인서류(주민등록등본)
실손보험 통원 필요서류	병명이 기재된 통원 확인서
	진료확인서
	소견서, 초진진료차트

실손보험 입원 필요서류	진단서
	진료비 세부내역서
	영수증
처방 및 약제 보험금 관련	처방전, 날짜 별 약제비 계산서
질병 및 사고 관련	진단서, 입퇴원 확인서, 수술확인서, 사고확인서

보험금 청구서에 진단명, 진단코드, 입퇴원일자 필수 기재

생명보험사의 청구는 해당서류 원본으로 우편발송이나 지점으로 청구

손해보험사 의료실비 청구는 100만원 미만의 경우 팩스로 청구 (회사별로 기준금액이 상이)

보험금 청구권 소멸시효는 보험사고 발생일로부터 2년(상법), 단, 자동차 사고의 경우 3년

똑같은 질병이라도 병원에서 등록하는 질병 코드가 각기 다르기 때문에 가능하면 보험금을 많이 받을 수 있는 질병코드로 기록하는 것이 유리

보험금을 청구를 지원하다 보면, 처음 하시는 분들은 다소 낯설게 느끼는 것 같다.

위 필요서류는 항상 다 필요한 것은 아니므로, 사전에 해당 보험사 콜 센터에 전화를 걸어 정확한 프로세스를 확인하는 것이 제일 빠르다.

보험설계사를 통하는 경우, 보험금 청구가 편할 수도 있지만, 결국 한 단계를 더 거쳐서 보험금 지급 부서로 접수가 되는 것이고 계약자 본인이 아닌 경우에 바로 지원이 어려운 내용 등이 있기 때문에 보험금 지급이 지연되는 경우가 많다.

다른 서류는 작성할 필요 없이 병원이나 약국에서 받으면 되는 것이지만, 보험금 청구서는 양식에 맞춰 작성해야 되는 부분이기 때문에, 처음 활용하는 사람은 아

래 보험금 청구서 샘플을 참조하기 바란다. 대부분 해당 보험사의 홈페이지에서 보험금 청구서 양식을 내려 받을 수 있으며, 생명보험사나 손해보험사 모두 그 양식은 대동소이하다.

보험금 청구서

HiLife

1. 보험계약 및 인적사항

피보험자 (상해, 질병 발생자)	성명	현자녀	주민번호	990000-1234567	계약번호	
	직장명		하시는 일(구체적 직무)	초등학교 4학년		
보험계약자	성명	현대인	주민번호	600000-1234567	관계	부 모

2. 사고사항 (해당사고에 기재)

■ 일반상해/교통상해

사고일시	년 월 일(시 분경)	사고장소		
사고내용 (청구내용)		교통사고인 경우	자동차보험처리 □NO □YES (보험사:)	
		운전(탑승)차량번호	□차량(A/T): □보행	
		탑승위치	□운전 □조수석 □뒷자석 □기타 ( )	

■ 질병

발병일시	2009 년 3 월 1 일(14시 00분경)	진단명	맹 장 염
내원경위	갑자기 배가 아파서 병원에 가니 맹장염이라 하여 입원 및 수술 치료함	최초치료병원	

3. 다른회사 보험 가입사항 (손해보험, 생명보험, 각종 공제보험 포함) ☑예 □아니오 (∨ 표시)

	보험회사	상품명		보험회사	상품명		보험회사	상품명
1	한국화재	1234어린이보험	2	한국생명	가나다어린이보험	3		

4. 보험금 수령 계좌

□자동이체계좌 요청 (단, 본인계좌인 경우에만 적용됩니다) - 계좌번호 기재하지 않으셔도 됩니다.

은행명	현대은행	계좌번호	123-456-7890	예금주	현대인

5. 개인신용정보 제공, 활용 동의

다음은 신용정보의 이용 및 보호에 관한 법률 제23조의 규정에 따라 타인에게 제공·활용 시 본인의 동의를 얻어야 하는 정보입니다. 이에 본인은 손해사정 및 보험금 산정을 위하여 다음의 신용정보가 현대해상화재보험(주)와 그 대리인에게 제공·활용하는데 동의합니다.

1)정보수집대상 : 국민건강보험공단 등 급여지급기관, 병원 등 의료기관,
　　기타 보험금 지급에 필요한 기관 및 보험관계단체, 개인 등
2)제공활용내용 : 진료기록, 급여지급내역, 전문가의 소견
3)정보수집방법 : 열람, 대여, 복사, 촬영, 녹취

또한 본인은 상기 동의를 정한 바에 따라 이외의 신용정보의 내용을 보험회사, 국민건강 보험공단, 보험관계단체 등 관련기관에 제공·활용하는 것에 동의합니다.
　1) 보험계약사항 　　2)사고사항 　　3)보험금 지급내역

● 보험금 청구와 관련하여 제출한 서류는 심사 후 청구권자에게 돌려드리지 않습니다.

6. 보험금 지급안내

보상접수 및 진행, 처리결과를 안내받으실 수 있습니다.
연락처(E-mail포함)를 기재하여 주십시오.

□ E - mail : abc123@ddd.co.kr

□ 휴대폰 : 010-0000-0000

기타 연락처 (☑일반전화 / □ FAX / ☑ 주소) - (∨)표시 후 작성
02) 1234-4567
서울시 종로구 세종로 123번지

7. 보험금 청구인 (개인정보신용정보 제공, 활용 동의 및 지급안내 동의)

상기 사고와 관련하여 위의 기재사항이 사실임을 확인, 보험금 청구 및 개인정보 제공·활용에 동의하며, 보상 진행 및 처리 결과안내(핸드폰 문자전송/FAX/E-mail 등) 송부에도 동의함을 확인합니다.

2009 년 3 월 14 일

보험금 청구인 현대인 (인)
(피보험자 미성년자인 경우 친권자가 서명)

현대해상화재보험

□외래 ☑입원(□퇴원 □중간) **진료비 계산서 · 영수증**

필 수 항 목			선 택 항 목		
항 목	요양급여(①+②)	비급여③	항 목	요양급여(①+②)	비급여③
진찰료	112,900		재활및물리치료료	185,328	
입원료	3,852,480		정신요법료		
식대	193,660		CT진단료		
투약및조제료	1,225,027	64,063	MRI진단료	108,290	
주사료	10,252,522	6,153,521	초음파진단료		180,000
마취료	763,040	45,200	보철 · 교정료		
처치및수술료	1,365,273		수혈료	1,671,567	
검사료	3,051,318	657,643	제증명/기타		
영상진단및방사선치료료	3,189,007	25,400	선택진료료		2,263,980
치료재료대	198,094	214,514	응급관리료		
기타					
계	24,203,321	7,160,341	계	1,965,185	2,443,980
본인부담금①	3,000,000	7,160,341	본인부담금①		2,443,980
보험자부담금②	21,203,321		보험자부담금②	1,965,185	

진료비총액 ④(①+②+③)	환자부담총액 ⑤(①+③)	이미 납부한 금액⑥	감액 ⑦	수납금액 ⑩(⑤-⑥-⑦)
35,772,827	12,604,321			12,604,321

위 샘플에서 실비 보장이 되는 부분은 본인부담금 합산액에 해당되는 부분(수납금액)이 기준이 된다. 요양급여 부분 중 보험자부담금은 국민건강보험에서 비용이 대신 내주는 부분이다.

제9장

목표가 없는 펀드 수집가 이야기

제9장 목표가 없는 펀드 수집가 이야기

아마추어는
문제를 복잡하게 만들지만,

프로는
단순명쾌 하게 만든다

▶ ▶ ▶ 사례3

38세의 미혼 여성인 최윤진 과장은 5년 째 유지하고 있는 펀드 때문에 골머리를 앓고 있다. 이상하게 재테크와는 인연이 없다 느껴질 정도로, 투자를 하면 계속 손해를 보는 느낌이라 이제 안정적인 저축 위주의 포트폴리오를 짜고 싶지만, 이곳 저곳에서 가입한 펀드의 수가 벌써 10개를 훌쩍 넘어서고 있다. 엑셀로 가입한 펀드 목록을 정리하고, 매주 수익률을 점검하고는 있지만 어떻게 해야 할지 도저히 감이 오지 않아 재무상담을 신청했다.

B씨의 프로필

　헤드헌팅 회사, 14년 차 과장

　미혼

　나이: 38세

　아파트 전세

희망목표

기존에 가입한 펀드 정리하고 새롭게 안정적인 포트폴리오 수립

내집마련(현재 거주 중인 아파트 단지 내 32평으로 구입 원함)

은퇴준비

자산–부채 현황

자산		부채	
CMA	4300만		
전세 보증금	1억2000만		
펀드자산	1억2510만		
새마을금고	2700만		
상호저축은행	2100만		
상호저축은행	2300만		
합계	3억5910만	합계	0원
순자산	3억5910만		

변경 전 현금흐름표

수입		지출	
사업소득	420만(실 수령액 기준)	생활비	180만
		종신보험	28만(사망보험금 3억)
		펀드 11개	70만
		연금펀드	34만
		미파악지출	108만
합계	420만	합계	420만

펀드 명	원금	평가금액	잔고 수익률	수익금	경과 일수
삼성클래식인덱스언금전환1호 (주식)	17,380,000	24,189,463	39.17	6,809,463	1688
삼성코리아대표그룹1호(주식)–A	11,712,292	19,680,665	68.03	7,968,373	1493
프랭클린템플턴글로벌자 (채권)–A	39,800,995	42953021	7.91	3,152,026	326
삼성투신삼성그룹밸류인덱스1 (주식)–A	4,851,486	5,160,853	6.37	309,367	337
삼성스트라이크증권1(주식)–A	5,247,523	5,686,728	8.36	439,205	337
한국네비게이터1호(주식)–A	4,851,484	5,297,127	9.18	445,643	337
한국밸류10년투자증권투자신탁1호 (주식)–C	4,900,000	5,301,408	8.19	401,408	337
신영마라톤(주식)–A	4,900,000	5,352,082	9.22	452,082	337
PCA ChinaDragonAShare증권A-1호 (주식)–A	4,940,711	4,564,180	−7.63	−376,531	337
블랙록월드골드자H(주식)–A	2,970,294	3,120,364	5.05	150,070	336
블랙록월드광업주증권H(환헷지) (주식)–A	3,564,355	3,796,127	6.5	231,772	336

상담실 엿보기

재무설계사 과장님, 안녕하세요. 메일로 보내주신 펀드 자료는 잘 봤습니다. 지금까지 꽤 괜찮은 수익률을 기록하고 계신 듯 한데요, 무엇을 도와드릴까요?

최윤진	사실, 펀드 가입하고 속이 시커멓게 탄 적이 많아요. 하필 제가 처음 펀드를 가입하고 얼마 안 지나서 금융 위기가 왔거든요. 그런데, 장기로 투자하면 된다고 해서 버텼더니 이번에 또 금융 위기가 왔어요. **장기가 항상 답은 아닌 거 같아요.**
재무설계사	네, **펀드는 들어갈 때보다 나갈 때가 더 중요**합니다. 그래서 환매에 대한 명확한 기준이 필요하죠. 보니까 펀드 투자기간이 긴 건 5년이 다 되어 가네요. 혹시 펀드 선택에 어떤 기준을 가지고 계시나요?
최윤진	아뇨. 그냥 주거래 은행이나 증권사에서 좋은 거 있다고 연락 주시면 하나씩 가입하고 했었는데, 정말 많을 때는 15개가 넘어갔는데 작년에 수익률 가장 안 좋은 것들 해지했어요.
재무설계사	그러시군요. 본인의 투자 성향이 공격적이라고 생각하세요?
최윤진	처음엔 그렇게 생각했는데, 요새는 제가 언제까지 일할 지도 모르겠고 또 결혼을 한 것도 아니라서 내집마련이나 은퇴도 준비해야 하는데, 투자자산에 너무 많은 돈이 들어가 있는 건 아닌가 걱정이 되네요. **투자 성향이라는 게 딱히 있는 건 아니고 계속 바뀌는 거 같아요.**
재무설계사	그러시군요. 혹시 펀드에 대해서 어떻게 관리하고 계시나요?
최윤진	매일 수익률 체크를 하고 있는데, 그것도 좀 스트레스에요. 계속 수익률은 변하는데 이게 뭔 의미가 있나 싶기도 하구요.
재무설계사	네, 투자를 하실 때는 소위 '**둔감력**'이란 게 필요하답니다. 하루하루의 시장에 일희일비하지 않고 편안하게 가는 것이 오히려 좋은 결과를 가져오는 경우도 많답니다. 고객님께선 수익률에 많이 민감하신

분 같아요.

최윤진　요새가 더욱 그러네요. 그리고 펀드를 전부 환매하고 집을 살까도 고민 중입니다. 지금 제가 전세로 살고 있는 분당의 〇〇아파트 단지 내 큰 평형으로 시세를 알아보니 5억 전후 더라구요. 예전에 부동산 관련해서 사기를 당한 적이 있어서, 조금 불안한 맘도 있어요.

재무설계사　사기를 당하셨다고요?

최윤진　사기라기 보다는, **기획 부동산**에 속아서 5000만원 정도 땅에 묻어 둔 게 있는데 나중에 사람들이 속은 거라고 하네요. 평창 올림픽 유 치가 되면 많이 오를 줄 알고 산 건데, '맹지'라서 가격이 안 오를 거 래요. 그 사람들 연락도 안되고.

재무설계사　그런 일이 있었군요. 하나씩 확인해가면서 정리해 가보도록 하겠습 니다.

상담 포인트

1. 펀드 포트폴리오, 쇼핑과 금융상품 구매는 다르다.
2. 아파트 구입과 관련한 문의

펀드 포트폴리오, 쇼핑과 금융상품 구매는 다르다.

주식시장이 활황에 오르고, 높은 수익률을 기록한 펀드 상품에 대해 신문지상에 다양한 기사가 쏟아질 때면, 펀드에 가입하려는 사람들이 늘어나기 마련이다. 그런데 이미 펀드 자체가 다양한 주식과 채권에 분산투자를 하고 있는 상품인데도, 이런 펀드를 마치 쇼핑하듯이 계속 모으는 사람들이 있다. 소위 '**펀드 쇼핑족**'이다.

펀드를 쇼핑하듯 구매하는 사람들의 공통된 몇 가지 특징이 있다. 우선 금융회사 직원의 권유나 신문 등의 광고성 기사에 매우 취약한 특성을 보인다. 이들은 곧 판매가 중지된다는 식의 '**절판 마케팅**'이나 수익률이 매우 높고 남들도 다 하고 있다는 식의 권유에 쉽게 흔들린다. 한 마디로 귀가 얇은 편이다. 그러다 보니, 펀드도 과거 수익률 위주, 혹은 신상품 위주로 가입을 하는 경향이 있다.

한정된 수입으로 펀드를 계속 가입하다 보니, 하나의 펀드에 가입된 금액이 소액인 경우가 많다. 필자는 펀드에 총 납입된 금액이 10만원에 그치거나, 적립식 펀드에 매달 1만원씩 들어가는 펀드를 수십 개 가지신 분도 본적이 있다.

그러다 보니 당연히 관리가 잘 될 리가 없다. 심한 경우는 본인이 어떤 것들을 가입하고 있는지조차 모르는 경우도 있다. 또한 대부분의 적립식 펀드는 납입 중지된 경우가 많고, 언제 환매를 해야 할지에 대해 굉장히 어려움을 느끼는 경우가 대부분이다.

또한 만기가 된 예금 등을 CMA에 몽땅 예치해두고 거기서 조금씩 적립식 펀드를 빠져나가게 하면서 새로운 저축이라 착각하는 경우도 있다. 정확히 이야기하면 이것은 **기존 자산의 재투자**이지, 신규로 저축 금액이 늘어나는 것은 아니다.

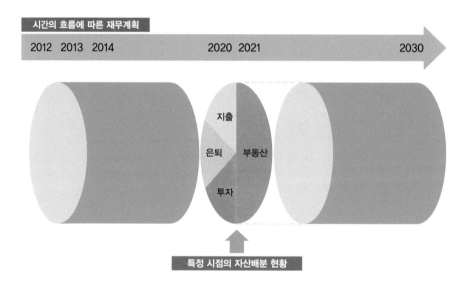

펀드를 통해 투자 포트폴리오를 구성할 때, 펀드의 개수가 5-6개를 넘어가면 관리가 매우 힘들어진다. 투자상품은 가입과 함께 모든 것이 결정되는 것이 아니라, 꾸준한 관리가 필수적인 만큼 관리가 힘들 정도로 너무 많은 금융상품에 쪼개서 가입하는 것은 오히려 성공적인 재무설계를 방해한다는 사실을 잘 기억하자.

포트폴리오의 의미

포트폴리오란 무엇일까? 크게 보면 **재무목표에 따라 적합한 현금흐름과 자산배분을 만들기 위하여** 예적금, 펀드, 부동산, 보험 및 연금 등 **다양한 상품 군을 어떻게 준비해가는 지에 대한 전략**이다.

또한 범위를 좁혀서 보면, 투자 상품의 기대수익률을 충족시키고 리스크를 줄이기 위해, 상관관계가 적은 투자수단을 적절히 배치하는 작업이기도 하다.

8%의 연간 기대수익률을 가지고 A와 B상품을 50:50의 비중으로 선택했다고 가정해보자. A상품은 30%의 수익률을 달성하고 B는 −10%의 손실을 보았을 때, 많은 사람들이 A상품은 잘 선택했고, B상품은 실패했다고 이야기한다.

그런데, 포트폴리오에 대한 이해가 있다면 조금 다른 관점에서 봐야 한다. 투자 환경이 지금과 달라서 A상품이 오히려 손실을 보고 B상품은 수익을 볼 가능성도 있었기 때문에, 투자를 시작하는 시점에 서로가 보완이 되고, 상관관계가 적은 투자 수단을 결합한 것이고, 이것이 투자 포트폴리오다. 성공적인 **포트폴리오인지 아닌지는 A와 B 전체를 합친 포트폴리오 전체의 수익률에 기반해서 그 평가가 이뤄져야 된다**는 것이다. 물론, 포트폴리오를 중간중간 상황에 맞춰 수정해나가는 것은 분명히 필요한 일이다.

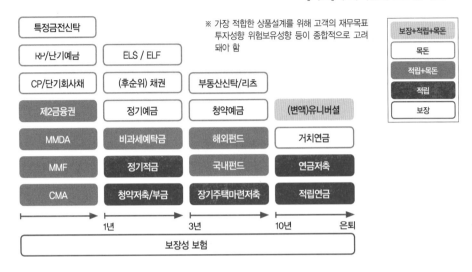

[자료] 투자기간과 포트폴리오

한 고객은 이런 말을 했다. "지난 5년간 수익률 20%를 달성해왔는데, 이 정도면 성공한 것이 아닌가요?" 굉장히 성공적인 투자를 한 것인데, 실제 확인해보니 본인이 가진 전체 자산에서 10% 미만의 금액을 활용한 부분에 대해서 이야기한 것이었고, 나머지 자산은 부동산에 묶여 있었는데 손실의 폭이 상당했다. 우리가 인플레이션을 이기기 위해, 내 자산을 매년 얼마나 불려가야 할지를 논할 때는 **내 자산의 일부가 아닌 전체가 몇 %씩 늘어가는 지**를 확인해야 한다.

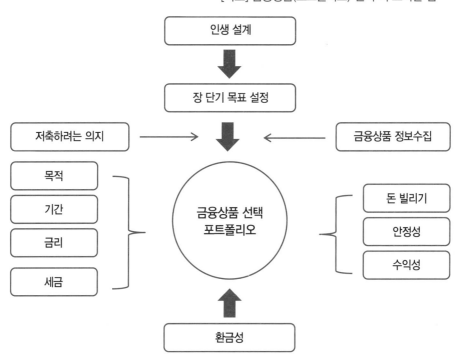

[자료] 금융상품(포트폴리오) 선택 시 고려할 점

인생 설계

장 단기 목표 설정

저축하려는 의지 → ← 금융상품 정보수집

목적
기간
금리
세금

금융상품 선택
포트폴리오

돈 빌리기
안정성
수익성

환금성

재무설계사 Advice 2

아파트 구입과 관련한 문의

재무설계사는 자신만의 고유한 영역이 있다. 필자는 부동산과 관련한 전문가는
아니기 때문에 부동산 관련 전문회사를 통해 의뢰한 보고서를 중심으로 고객의 의
사결정을 돕고 있다. 이 사례에 대해 고객에게 제공한 보고서의 일부를 살펴본다.

〈김현용 팀장 문의에 대한 답변- 최윤진 고객〉

1. 분당구 이매동 OO 아파트 현황

성남시 분당구 이매동 **마을 OO 아파트는 1993년 10월 입주한 전체 370세대로 구성된 아파트 단지입니다. 단지 구성은 17평과 32평 아파트로 구성되어 있으며 각 평형 별 세대구성과 매매가격 동향은 다음의 표와 같습니다.

〈분당구 이매동 OO 아파트 현황〉

평형	전용면적(㎡)	세대수	매매가(만원)	전세가(만원)
17	41.76	108	23,500	11,500
32	83.58	262	53,000	21,500

문의하신 32평 아파트의 평균 매매가격은 53,000만원으로 조사되고 있으며 최근 거래 사례는 2010년 11월 14층 매물이 55,000만원에 거래신고가 이루어진 내역이 있는 상태입니다. 아래의 그래프는 이매동 OO 아파트 매매가격 동향을 기록한 것입니다.

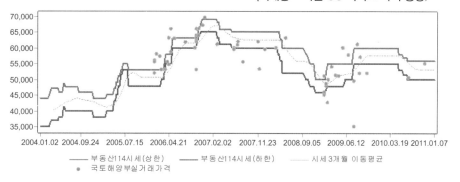

〈이매동 **마을 OO 아파트 가격 동향〉

——— 부동산114시세(상한)	——— 부동산114시세(하한)
········· 시세3개월 이동평균	
● 국토해양부실거래가격	

　이매동 OO 아파트는 2006년 수도권 아파트 가격 상승시기에 가격이 크게 상승하여 최고 69,500만원에 거래 가격이 형성되었으나 2007년 이후 거래 가격이 하락한 상태입니다. 2008년 하반기 금융위기 여파로 42,000만원까지 가격이 하락하였다가 2009년 상반기 이후 회복세를 기록하였으나 2010년 상반기 이후 다시 약세로 반전된 상태입니다. 이러한 가격 동향은 분당 전체의 아파트 시장의 가격 변화와 동일한 것으로 이해할 수 있습니다. 현재 평균 매매가격은 2006년 하반기의 최고점과 비교하여 대략 25% 이상 가격 조정을 받은 상태입니다.

2. 향후 동향

　이매동 **마을 아파트는 1994년 입주한 아파트로 개별 단지의 특징보다는 성남시 분당지역의 아파트 시장 변화와 함께 가격이 변화될 단지로 평가할 수 있습니다. 아래의 그래프는 분당구 이매동 지역의 아파트 가격 지수 변화를 기록한 것입니다.

아래 그래프와 표에서 나타나듯이 분당 이매동 지역의 아파트 시장은 2010년 이후 수요 위축에 따라 가격 하락 현상이 이어지다가 12월 이후 가격이 상승세로 반전된 상태입니다. 이러한 가격 반등은 수도권 아파트 시장에서 공통적으로 나타나고 있는 것으로 상반기 이후 가격 하락에 따른 수요가 부동산 시장에서 유입되면서 나타난 것으로 이해할 수 있습니다. 또한 시중의 유동성 공급 확대와 저금리 기조 유지 등에 전망에 따른 것으로도 이해할 수 있습니다.

〈성남시 분당구 이매동 아파트 가격 동향〉

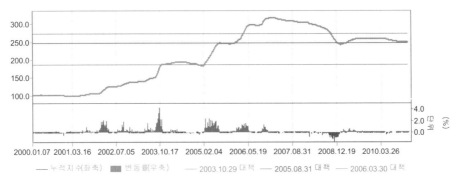

〈이매동 2010년 월별 아파트 가격 동향〉

기간	2월	3월	4월	5월	6월	7월	8월	9월	10월	11월	12월
변화율	-0.04	-0.03	-0.34	-1.19	-0.8	-0.43	-0.5	-0.3	-0.16	-0.39	0.23

전체적으로 분당을 비롯한 수도권 지역의 아파트 시장이 2010년 이후 수요 증가에 따라 가격이 상승세로 이어졌지만 이러한 경향이 향후에도 지속될 것인지는 아직 판단하기는 이른 상태입니다. 수도권 부동산 시장은 전체적으로 2008년 이후 급

격한 가격 상승의 반작용으로 가격 조정 국면이 이어지고 있는 상황이며 2000년 중반과 같은 수요 증가가 만들어지기 어려운 상황이 이어질 것으로 예상됩니다. 분당 지역의 아파트 시장도 그간 상대적으로 가격 하락 폭이 컸기 때문에 올해에는 일정한 가격 상승이 만들어질 가능성이 높지만 가격 상승폭은 제반 조건을 고려할 때 상승폭이 크지는 않을 것으로 예상됩니다.

감사합니다.

최윤진 고객은 결론적으로 3개의 국내 펀드(월 90만원 적립)를 남기고, 환매자금의 일부는 물가연동국채로 나머지는 새마을 금고의 예금을 이용하기로 하였다. 다만, 상담 시점이 2011년 8월 하순으로 미국의 신용등급 하락과 유럽 국가들의 부채 문제로 기존 펀드의 환매 시점으로는 적합하지 않아 일단 실행을 보류 중이다.

부동산과 관련해서는 몇 가지 대안을 더 검토하여, 20평대 중반의 아파트로 구입을 하기로 했으며 시점은 5년 전후를 생각하고 있다.

상담 중에 의외로 금융과 관련된 사기를 당한 사람을 많이 접하게 된다. 아래는 그와 관련하여 필자가 재무설계 전문지 Financial Planning에 기고한 내용 중 '금융사기'와 관련된 부분이다.

금융사기의 유형 및 상담사례

Prolog

금융은 "돈"의 영역이다 보니 다양한 형태의 사기 수법이 존재하며, 선량한 금융소비자가 이러한 피해를 입고 상담에 임하는 경우를 종종 보게 된다. 필자가 올해 만난 고객 중에도 세 사람이 '**폰지 사기1)**'로 돈을 날린 경험이 있었다.

지금부터 금융사기의 다양한 유형 및 예방법을 살펴보고, 금융사기의 경험을 갖고 있는 고객과의 상담 사례를 소개하고자 한다.

금융사기의 구체적인 유형들

금융사기는 끊임없이 진화해왔고, 앞으로도 그러하리라 생각된다. 그럼에도 대표적인 유형을 살펴보면 다음과 같다.

대출사기

대출을 해주겠다고 타인을 속이고 수수료 등의 금전을 교부 받거나 은행계좌의 비밀번호 등을 알아내고 예금을 인출해가는 수법이다.

유사 수신행위 관련 피해2)

금융관계법령에 의한 인허가를 받거나 등록 신고 등을 하지 않은 채, 불특정 다수인으로부터 고수익을 제시하여 투자금을 끌어 모으는 행위로 금융다단계 피라미드가 그 대표적인 예이다. 필자 역시 TM을 통해 부실채권 매매 등을 통한 고수익을 미끼로 투자를 권유 받은 경험이 있다.

부동산 사기 관련

기획부동산, 분양사기, 이중매매 등이 대표적이며, 특히 기획부동산은 출처가 불분명한 자료 등을 근거로 과대광고의 활용 및 텔레마케팅을 통해 영업하는 업체를 일컫는 것으로 헐값에 개발이 불가능한 토지 및 임야 등을 매수한 후 빠른 시간 내에 급격히 가격이 상승할 것이라고 기망하여 시세보다 훨씬 높은 가격에 분할하여 되파는 수법을 사용하며 그 피해를 배상 받기가 쉽지 않다.

계금 사기 관련

계의 종류는 크게 낙찰계, 순번계, 추첨계로 나뉘어지며 순번계는 계원들이 합의한 순서대로 곗돈을 받는 방식을, 추첨계는 제비 뽑기로 곗돈 타는 순서를 정하는 방식을, 낙찰계는 이자나 월 불입금을 많이 써 내는 계원부터 곗돈을 받는 방식을 의미한다. 계주가 대금을 가지고 도망가는 게 전형적인 사기수법인데, 얼마 전 발생한 '다복회'의 케이스처럼 점점 대형화 되어 가는 추세이다.

보이스 피싱

전화를 통해 계좌번호 카드번호 주민번호 등 결제에 필요한 개인정보를 요구하거나 현금지급기 등을 통해 계좌이체를 요구하는 사기로, 점차 메신저 등 다양한 수단을 통한 피싱사기로 진화하고 있다. 최근에는 유명 외국계 증권사 직원 등을 사칭한 금융투자사기로 보다 다양화되고 있어 금융 소비자의 주의가 필요하다.

금융사기의 일반적인 특징 및 식별법

미국의 저명한 증시 분석가인 켄 피셔3)의 최근 저서, "금융사기, How To Smell A Rat"에서 이야기하는 금융사기에 대한 대처법을 함께 소개한다.

좋은 담이 좋은 이웃을 만든다.

즉 당신의 자산을 타인 자산과 혼합하여 자산의 구분이 사라지거나 금융 판매자와 수탁기관이 분리되어 있지 않은 경우, 금융 사기범들은 자산가치를 부풀리고 허위 투자실적 보고서를 발행하고, 투자금을 빼돌릴 여지가 생긴다.

지나치게 좋은 실적은 거짓이기 쉽다.

재무설계사는 벤치마크와 유사한 수익률을 기록해야 한다. 편차가 크다는 것은 과도한 위험을 부담하고 있거나 해당 수익률이 허위일 가능성을 의심해야 한다.

화려한 투자기법에 속지 마라.

투자전략이 정확하게 이해되지 않는다면 투자하지 않는 것이 현명하다.

배타적 고객 유치를 의심하라.

금융 사기범들은 사교 모임이나 친구로부터 추천 받는 경우 자세한 조사를 피할 수 있다는 사실을 잘 알고 있다.

다른 사람에게 실사를 맡기지 마라.

즉 직접 실사하지 않고 투자 중개 회사의 실사로 대신하는 경우는 고양이에게 생선을 맡기는 것과 진배없다.

금융사기 피해자와의 상담사례

금융사기 피해자는 재무상담을 원하면서도 개인의 신상이나 재무정보를 공개하는 것을 극도로 꺼려하는 경우가 많다. 상담을 진행하면서 직접 확인한 두 건의 피해사례를 소개한다.

▶ ▶ ▶ 사례1

서울 서초구에 소재한 K사는 금융감독 당국의 허가를 받은 자산관리회사라고 하면서 금융기관 등에서 상각 처리된 부실채권을 싸게 매입하여 이에 대한 채권추심을 하는 사업을 운영 중으로 K사에 채권을 매입하는 방식으로 투자하는 경우 투자자가 매입한 채권의 추심을 책임지고 수행하여 투자금 이상의 고수익을 올릴 수 있도록 하여 준다며 투자자를 현혹하였다. 고객 A는 여유자금 2500만원을 투자하여 부실채권 3억원을 받기로 하였으나 실제 K사는 갑자기 사무실을 폐쇄하고 손실을 보게 되었다.

고객 B는 친구의 소개로 고수익을 보장하는 강남의 한 계에 가입하여 8개월간 고금리의 이자를 수령하였으나, 계주의 잠적과 함께 신혼초기 처가로 들어가 살면서 절약한 전세자금 8000만원과 신용카드로 받은 2000만원의 대출금 등 총 1억 원의 손실을 보았다. 또한 8개월간의 이자도 사실상 재투자의 형식으로 전혀 받지 못하였고, 이를 몇 년간 배우자에게 숨겨오다 최근에 알려지면서 곤란을 겪고 있다.

고객 A는 투자 및 금융 전반에 대해 자신감을 상실한 모습을 보였으며, 고객 B는 배우자가 보상 심리로 현재의 재무 상황에 맞지 않는 무리한 요구를 하면서 스트레스를 받고 있었다.

재무상담은 현재의 자신들의 상황을 객관적으로 바라볼 수 있도록 하고, 과거의 상처를 치유하는 방향으로 진행되었으며 특히 B의 경우 포트폴리오의 제안보다는 배우자의 무리한 재무목표에 대해 제 3자의 입장에서 객관적인 진단과 우선 순위 조정의 필요성을 제안하였다. 배우자에 대한 미안함에 합리적인 논의가 어려웠던 B는 필자가 제안한 보고서를 통해 배우자와 진솔한 대화가 가능하게 된 것을 특히 고마워했다.

Closing

대부분의 사기는 큰 틀에선 옳은 이야기를 하면서 구체적인 조건의 일부를 살짝 바꿔놓는 경우가 많다(Devil is in the Detail). 또한 친구나 친척 같은 믿을만한 가까운 지인의 소개로부터 시작되는 경우가 많으며, 대개의 경우 그 지인도 금융사기의 피해자인 경우가 많다. 공무원, 경찰, 군인 등의 퇴직금처럼 목돈을 노리는 경우도 많지만, 의외로 소액을 노리는 금융사기도 많다. 금액 자체가 작은 경우 소송 자체가 성립되기 어렵거나, 피해자가 소송을 포기하는 경우도 많기 때문이다.

주식의 변동성처럼 세상에 알려진 리스크(known risk)보다 무서운 것은 고수익을 약속하면서도 100% 안전하다는 거짓말이다. 이는 통제할 수 없는 리스크(unknown risk)를 내포한 경우일 때가 많다.

사실, 재무설계사가 금융사기에 대한 사후처리에서 해줄 수 있는 역할은 한계가 있다. 하지만 이런 다양한 사례를 고객과 공유하면서 금융 교육을 통해 고객의 금융에 대한 시각을 넓혀 주는 것은 의미 있는 일이라 생각한다.

1) 폰지 사기

신규 투자자의 돈으로 기존 투자자에게 이자나 배당금을 지급하는 방식의 다단계 금융사기를 일컫는 말로, 1920년대 미국에서 찰스 폰지(Charles Ponzi)가 벌인 사기 행각에서 유래.

2) 유사수신행위 변화(출처 금융감독원)

1999.09 확정 고배당 지급의 예금수신을 통해 자금모집(파이낸스)

2000.04 벤처투자를 통한 고수익 미끼로 자금모집(엔젤, 벤처 등)

2000.12 부동산 투자를 통한 고수익 미끼로 자금모집(레저타운, 휴양지)

2001.01 상품판매를 가장한 자금모집(인형 자판기)

2001.03 장외주식 투자를 통한 고수익을 미끼로 자금모집(에세)

2001.07 인터넷을 통한 자금모집(영화펀드) 및 레저상품을 가장한 자금모집(영화사)

2001.08 매일 이자를 지급하는 일수방식 자금모집

2008년 이후 FX마진거래 및 자산유동화 관련 수익모델을 제시하여 투자자금 모집

3) 켄 피셔 Ken Fisher

주요저서로 3개의 질문으로 주식시장을 이기다/슈퍼 스톡스(Super Stocks)/시장을 뒤흔든 100명의 거인들/90개 차트로 주식시장을 이기다/억만장자가 되는 9가지 길 등이 있다.

제10장

재무설계사에게 드리는 글

제10장 재무설계사에게 드리는 글

어느 항구로 향할 지
모르는 배에는

어떠한 바람도
유익하지 않다.

-세네카

이 장은 필자가 2009년부터 재무설계 전문지인 'Financial Planning'에 기고한 내용 중, 재무설계 상담과 관련된 내용을 선별한 것이다. 이 책을 읽는 재무설계사를 위해 준비한 글이지만, 일반 독자들도 이 글들을 보면서 재무설계사들이 고객을 위해 어떤 고민들을 하고 있는지 엿볼 수 있는 좋은 기회가 되리라고 생각한다.

체크리스트로 숨은 재무정보 찾는다(2011년 1-2월)
상담사례를 통해 살펴본 온라인 재무설계 프로세스
고객 눈높이에 맞춘 자료수집 과정
Scenario Planning의 적용
재무상담, 고객의 목소리를 담아라
고객 주변의 잘못된 조언을 극복하는 법

체크리스트로 숨은 재무정보 찾는다

Prolog

두 사람이 연애를 시작한다. 몇 년간을 지켜보며 짝사랑을 하던 남자의 구애를 받고 여자는 자신을 지켜보던 남자의 사랑을 그때서야 알게 되고 약간의 망설임 끝에 그 구애를 받아들이게 된다. 남자는 드디어 오랜 기간 가슴앓이를 해온 사랑이 **완성**되었다고 느꼈으나, 여자는 이 사랑이 아직은 낯설고 **시작**하는 지점에 서 있다고 느낀다.

나름 우여곡절 끝에 두 남녀는 행복한 사랑을 했고 아쉽게도 이별이 다가온다. 이별의 통보는 여자의 입에서 나왔다. 여자에게 있어 이 통보는 긴 고민 끝의 결정이었고 이로써 두 사람의 관계는 **정리**되었다고 생각했다. 그러나 갑작스런 이별 통보를 접한 남자는 여자의 마음을 돌리려 애를 써보기도 하고, 스스로를 자책하기도 하면서 조금씩 이별을 받아들이기 **시작**한다.

사랑의 고백이던, 이별의 통보던 어떤 이에겐 긴 고민 끝의 마지막 절차이지만, 다른 이에겐 새로운 상황의 시작이 될 수 있는 것이다.

재무설계사와 고객의 관계

재무설계사와 고객의 관계도 이와 같다. 재무설계사는 고객을 위해 꾸준히 실력을 쌓고, 고객을 위한 플랜을 고민하고, 많은 시간을 공들여 제안서를 작성한다. 그런데 고객의 입장에선 처음 경험하는 재무설계가 낯설고, 처음 받아본 제안서를 보고 고민을 시작해야 한다. 심지어는 재무설계의 개념에 대해 오해나 편견을 갖을 경우도 있다. 재무설계사는 인생을 살아가는 데 있어서 재무설계가 얼마나 유용하고 가치 있는 것인지를 이야기하지만, 고객의 입장에서 그것은 다양한 분야의 전문가들이 자신의 서비스에 대해 소개할 때 하는 상투적인 말로 들릴지도 모른다.

재무설계사는 자신의 고민 끝에 나온 솔루션을 받은 그 순간에 고객이 바로 결정을 해주길 원하지만, 고객에겐 고민의 시작점이 될 수 있다는 것을 이해해야 한다. 그러한 이해가 전제 되어야만 고객을 정확하게 볼 수 있고, 만족도를 높일 수 있는 길이 보이기 시작한다.

고객은 정직하지 않다

고객은 재무설계사에게 정직하지 않다. 신뢰가 부족한 경우도 있고, 의도적이 아닐지라도 상담의 마지막 부분에 가서야 고객이 "사실은..."이란 말로 시작하며 상담의 결론을 완전히 바꿀 수도 있는 자신만의 특수한 상황을 이야기하는 경우도 다반

사이다.

고객이 말해주지 않는, 하지만 재무상담을 위해 중요한 고객의 상황들을 파악하기 위해 필자가 제안하고 싶은 것이 체크리스트의 활용이다.

미국의 한 가수가 콘서트 기획사와 맺은 계약에서 무대 뒤에 엠앤엠즈 초콜릿을 담은 그릇을 비치하고 거기에 갈색 초콜릿이 들어가면 콘서트를 취소하고 피해액도 배상케 하는 조항을 넣은 뒤, 실제 갈색 초콜릿을 발견 후 단호하게 공연을 취소한 사례가 있다고 한다. 이 일화는 유명인사의 터무니없는 권력행사가 아니다. 갈색 초콜릿 조항은 계약서 상의 두툼한 체크항목이 제대로 이행되는지를 확인하기 위해 중간에 삽입한 조항이었다고 한다.

고객이 오픈 한 자료가 정확하면 정확할수록 좋은 솔루션을 제시할 수 있는 재무상담의 경우에도 체크리스트의 활용은 고객에게 체계적인 프로세스를 느끼게 해주고, 중요한 재무정보의 누락을 방지하며, 실제 고객이 생각지도 못했던 리스크까지 안내해주는 효과가 있다.

체크리스트의 활용 예시
그렇다면 재무상담을 위한 체크리스트는 어떻게 활용해야 하며, 어떤 항목이 들어가야 하는가? 체크리스트는 고객에게 직접적으로 제시할 수도 있고 간접적인 방식으로 녹아 들어갈 수도 있다.

예를 들어 필자는 고객과의 초회 상담에서 재무상황을 점검해나갈 때 아래와 같이 재무정보 기초자료(Fact Find)의 가입한 연금정보란의 하단에 살짝 객관식으로 작성해두었다.

예시1

상품명	평가액	소유자	가입일	만기일	금융기관	월 납입액	적용이율
연금저축		김남편	2003.03.25	2013.03.25	대한생명	250,000	

공적연금　①국민연금　②공무원연금　③사학연금　④군인연금　⑤공적연금 없음　⑥기타( )
퇴직금　①퇴직금　②퇴직연금(DB형, DC형, 유형모름)　③퇴직금 매년 중간정산　④기타( )

자영업자인 한 고객은 이를 체크하면서 자신이 공적 연금과 퇴직금조차 준비되어 있지 않다는 사실을 스스로 깨닫고 은퇴 준비의 필요성을 느끼기도 하였고, 공적 연금에 대해 정확한 내용을 모르는 고객이 관심을 보이며 이에 대한 설명을 요청하기도 하였다.

반면에 예시 2와 같이 별도의 체크리스트 용지를 활용하는 것도 추천할 만 하다.

예시2 신혼부부 상담 시 체크리스트

	신혼부부 상담 시 체크리스트	상담 상세 내역 및 특이사항
V	결혼한 날짜	2010년 OO월 OO일
V	맞벌이 유무 & 지속가능성	남편 근로소득 350만, 아내 근로소득 220만, 자녀 출산 시 퇴직 고려 중

V	부모님의 결혼자금 지원 유무	전세자금 친정에서 3천 만원, 시댁에서 5천 만원 지원받음
V	부모님 용돈	아직 양가에 용돈은 드리지 않고 있음
V	자녀 계획에 대한 합의	일단 첫째 아이, 아들 희망, 2년 후로 계획
	출산휴가 및 육아휴직	
V	양가 부모님의 육아지원 유무 & 비용	친정 어머님이 출산 시 지원해주실 예정이며, 남들은 용돈으로 어느 정도 챙겨드리는 지 궁금해하고 있음
V	산후조리원의 이용계획 및 예산	꼭 가야 하는가? (남편 생각), 비용은 얼마나 드는지.
	부모님 은퇴 여부	
	부모님이 관리 중이 보험 및 금융자산(계 포함) 유무	
	가계부 사용 여부	
V	부부 각자의 용돈 규모	정확히 파악이 안되며, 가사와 관련된 공동비용은 각각 월 30만원씩 갹출
V	급여 및 지출관리는 누가 하는지	각자 자기 월급 관리, 통제가 안되고 소비가 커지는 경향이 있다고 생각하고 있음
	결혼 후 3개월 이내라면 신용카드 결제 예상 금액	
V	담보대출 및 신용대출 유무	없다.
V	3개월 이내 만기가 예상되는 예적금 여부	현재 가입한 예적금 없음. 청약부금 남편 명의로 하나.
	6개월 이내 예상되는 지출계획(차량 구매 등)	

    필자는 주로 신혼부부 및 미혼에 대한 상담을 진행하는 경우가 많기 때문에 위와 같이 체크리스트를 활용하는데, 이는 고객이 작성한 재무상담 기초자료를 받은 후에 누락된 것이 있는지 체크할 때 이용한다. 체크리스트의 항목은 과거 상담을 진행하며 상담 시 제대로 고려하지 못해서 문제가 되었던 항목들 위주로 작성한 것이다. 특정 집단의 상담 시 반복되어 나온 실수나 중요한 테마의 유형을 잡아서 패턴화 시

키는 것이며 이로 인해 실수도 자산이 될 수 있다. 이 때 활용한 체크리스트는 재무

상담 프로세스의 표준화 작업에 큰 도움이 된다.

백지상담 시 활용한 체크리스트 중 일부

3. 추가 필요서류

- ㄱ. 원천징수영수증 》 보수지급명세서로 대체함
- ㄴ. 통장(펀드, 예적금) 》 해당사항 없음
- ㄷ. 증권(보험, 연금) 》 LIG 통합보험 증권(누나가 계약자)
- ㄹ. 가계부 / 지출계획 》 상담 중 진행
- ㅁ. 상담비용(5만원)

4. 고객님이 진행하실 내용

- ㄱ. 대출 플랜 확정(500만원 * 2회)
- ㄴ. 신한은행 청약저축 10만원 진행
- ㄷ. 스케줄 확인 후 이메일로 연락(2차 상담 일정 조정)
- ㄹ. 소개(삼성동 거주 동기이자 친구, 경찰)

5. FP가 진행할 내용

- ㄱ. 펀드 선택
- ㄴ. 연금 회사 선택 및 설계
- ㄷ. 보험 회사 선택 및 설계

위 자료는 필자가 2년 전 백지상담을 진행하며 사용했던 실제 자료로 1차 상담을

마친 후 2차 상담을 진행하기 위해 정리한 자료 중 일부이다.

특히 고객이 할 일과 FP가 할 일을 구분해서 작성해 둔 것은 체크리스트의 변형된 형태로 2차 상담을 위해 각자의 역할을 명확히 정리해 둔 것이다. 이 간단한 작업이 실제로 큰 효과를 발휘했다. 재무상담은 고객과 재무설계사가 상호작용을 하며 이뤄지는 협업임에도 많은 고객들은 준비가 부족한 상태로 상담을 시작하게 된다. 그래서 2차 상담으로 이어질 때 부족한 부분에 대해 준비가 필요한데, 상담 때 이야기했던 내용을 각자의 역할로 구분하여 고객의 머리 속에 정리해두는 작업은 다음 단계를 위해 매우 도움이 된다.

위 사례에서도 2차 상담을 진행하며 상기 자료 위에 수기로 2차 상담의 내용을 적어가며 진행했는데, 간단한 백지상담 임에도 고객은 프로세스가 매우 체계적이라 느끼며 만족도가 매우 높았다.

Closing – 체크리스트는 매뉴얼과 다르다.

체크리스트를 사용하는 사람들을 바보로 간주하고 모든 단계를 상세히 설명하려고 애쓰는 것은 **매뉴얼**이지 **체크리스트**가 아니다. 다시 말해 좋은 체크리스트는 모든 상황을 설명하려고 애쓰지 않는다.

대신 가장 중요하고 필수적인 단계를 일깨워주는 역할을 한다. 즉 고도로 숙련된 전문가들조차 잊어버리거나 놓칠 수 있는 단계를 상기시켜주는 것이다.

재무상담 시 체크리스트의 적극적인 활용은 고객과의 관계에서 실수를 줄여주고, 고객을 상담에 동참시키며, 좀 더 체계적인 프로세스를 진행할 수 있게 해주는 훌륭한 도구가 된다.

참고자료: 체크! 체크리스트(완벽한 사람은 마지막 2분이 다르다), 21세기북스, 아툴 가완디

▌상담사례를 통해 살펴본 온라인 재무설계 프로세스

Prologue

풍부한 금융지식으로 무장한 재무설계사 현명한(33, 가명)씨가 있다. 그는 소개받은 고객 신중한(38, 가명)씨를 위해 열정적인 상담을 진행한다. 잠시 고민하던 그 고객은 이윽고 결심한 듯, 이 재무설계사가 제시한 솔루션에 만족감을 표하며 계약서에 서명을 한다.

이 때, 고객은 재무설계사가 제시한 상품 혹은 솔루션에 대한 만족감으로 결심을 했을지도 모른다. 반대로 재무설계사가 보여준 폭넓은 지식, 성실함, 열정, 혹은 인간관계 등에 기인한 신뢰감을 바탕으로 한 선택일 수도 있다.

재무상담의 영역은 분명 전자보단 후자라고 생각하지만, 실제 상담을 하다 보면 재무설계를 표방하면서도 여전히 상품설계에 머무는 경우가 꽤 많이 있으며, 장기적으로 볼 때 이는 재무설계사의 성장에 한계로 작용하게 된다.

위와 같은 차이는 어디서 오는 것일까?

필자는 재무설계 상담 프로세스 중에 어떤 단계에 FP의 노력이 집중되느냐에 따라 그런 차이가 온다고 생각한다. 지금부터 재무설계학교의 상담과정을 소개함으로써, 고객의 FP에 대한 신뢰를 높일 수 있는 방법에 대해 살펴보려 한다.

재무설계 프로세스 vs. 재무설계학교 상담 플로우

우선 재무설계의 기본 프로세스가 재무설계학교의 상담 과정에서 어떤 형태로 구현되고 있는지 살펴보겠다.

고객과의 관계정립(AP)

재무상담이 진행되는 여러 단계 중 어느 하나 중요하지 않은 것이 없겠지만, 필자는 고객과의 첫 만남, 즉 관계정립 단계를 가장 중요시하며, 그 이유는 다음과 같다.

첫째 관계정립 시점에 충분한 신뢰를 쌓아두어야, 후속 단계에서도 계속 신뢰를 바탕으로 상담을 진행할 수가 있다. 둘째 관계정립 단계에서 고객의 상담목적과 커뮤니케이션 유형을 파악해야 상담 시 실수를 줄일 수 있다.

쉽게 말해 재무상담 전 과정에 쏟는 노력을 100이라 할 때, 90의 노력을 고객과의 관계정립을 위해 쏟게 되면, 나머지 과정은 고객의 신뢰를 바탕으로 굉장히 순조롭게 진행이 된다. 반대로 탄탄한 신뢰가 확보되지 않은 상태에서 고객의 결심을 끌어내는 클로징의 단계에 이르게 되면, 성공확률도 떨어질 뿐만 아니라 상담의 말미까지 가서 실패할 경우 FP는 더욱 많은 시간과 에너지를 소모하게 되고 만다.

재무설계 학교를 통한 상담은 3-4회에 걸쳐 진행되는 수업시간, 편안한 뒤풀이 분위기에서 이어지는 개인적인 질의응답, 과제를 수행하며 메신저나 메일, 전화통화 등 다양한 방식으로 행해지는 커뮤니케이션 과정이 선행된다.

고객의 입장에서 보면, 자신의 성향에 따라 가장 편안한 방식으로 FP와의 접점을 찾을 수 있고, 그 횟수가 늘어감에 따라 FP에게 친숙함과 신뢰감을 동시에 가지게 된다.

고객관련 자료수집(FF)

FF과정은 재무설계 상담의 질적인 수준을 좌우하는 중요한 단계이다. 이 때, 고객은 재무상담을 위해 FP에게 어떤 내용을 어떻게 알려줘야 하는지 낯설어 하거나, 개인 정보 유출에 대한 부담감을 지니게 된다.

따라서, 고객에게 익숙하고 쉬운 용어를 사용하여, 자연스럽게 재무상담에 필요한 정보를 확인해야 한다. 또한 이 상담이 고객의 재무목표 달성에 도움이 될 것이란 확신을 심어줘야 한다.

FF단계에서 질문은 매우 효과적인 수단이다. 그런데 필자는 구체적인 상담에 임해 고객에게 질문을 하기 전에, 수업을 통해 과제를 부여한다. 학교 수업의 형식을 따르기 때문에 고객들은 과제를 자연스러운 과정으로 받아들인다. 또한 과제를 수행하는 과정에서 단순히 재무상담에 필요한 정보만을 수집하는 데 그치는 것이 아니라, 고객 스스로 충분한 시간을 갖고 고민해 보는 경험을 하게 한다.

자료1 재무설계학교 과제의 내용

– 은퇴시점까지 가장 중요한 재무목표 3가지

재무목표/ 구체적인 내용/ 필요금액의 현재가치/ 필요시점 / 구체적인 전략 / 우선순위

– 현재 재무상태 및 현금흐름의 파악해보기
1. 원천징수영수증
2. 금융상품 리스트
3. 가계부(현재)와 지출계획(미래)

상담 시에는 고객이 준비한 과제물을 바탕으로 추가적인 질문을 하게 되는데, 과제를 진행하며 고객 스스로 느꼈던 자신의 재무적 약점 혹은 스스로 생각한 개선안 등에 대한 질문을 한다. 이를 통해 고객 정보에 대한 정량적인 부분 외에도 고객의 생각이나 성향, 그리고 재무지식 등 정성적인 부분도 함께 확인이 가능하다.

자료2 재무상담 시 FF관련 추가질문

1. 재무목표 수립을 통해 가장 어려웠던 부분은?
2. 본인의 재무상태 중 가장 취약한 부분은 어떤 것인가?
3. 재무목표 달성을 위해, 현금흐름은 어떻게 개선하면 좋을까?

재무상태 분석 평가 및 재무설계안 작성 및 제시(PT)

3주에서 4주에 걸친 재무설계학교 수업을 마친 후, 자연스레 상담을 신청한 경우에는 이미 사제지간에 가까운 관계정립이 이뤄진 상태이고, 과제를 통해 기본적인 고객의 FF는 이뤄진 상태이다.

따라서 실제 고객과의 일대일 상담 진행은 3단계 재무상태 분석부터 시작하게된다. 실제 상담에 들어갔을 때, 고객과의 상담장소는 90% 이상이 수업을 진행했던 장소, 즉 지점 내 상담공간이다. 고객은 이미 여러 번 수업을 받았던 장소이기 때문에 낯설지 않고, 상담 장소에 찾아오는 것에 대해 부담스러워 하지도 않는다.

이런 편안한 분위기 속에서, 제일 처음 진행하는 것은 수업과 상담의 구분이다. 즉 상담은 수업과 달리 개인의 프라이버시를 지켜줄 수 있으며, 개개인의 상황에 맞게 진행할 수 있다는 점을 설명한다. 또한 숙제와 수업을 통해, 본인의 재무목표를 이미 충분한 시간에 걸쳐 고민해보았기 때문에, 그 재무목표부터 구체화하는 작업을 도와준다.

이어서 현금흐름에 대한 진단을 고객 스스로 할 수 있도록 도와준다. 이 때 FP의 역할은 고객의 재무목표 달성을 위한 필요자금 계산과 비상예비자금이나 대출 등의 적정성을 판단할 기준을 제시하는 부분이다. 현금흐름에 대한 판단기준은 FP가 조언해주지만, 최종 결정은 고객의 몫이다. 즉 재무상태와 현금흐름의 방향을 설정하는 데 있어서 고객 스스로 참여하고 결정하게 하는 것이다. 어찌 보면 고객 스스로의 인생계획을 짜는 부분이므로 당연하다 할 수 있지만, 많은 상담의 경우 그렇지 못한 것이 사실이다.

이 때 주의할 부분은 고객의 지출계획만큼은 보수적으로 접근할 필요가 있다는 점이다. 즉 의욕에 넘치는 고객의 지출계획을 믿지 않고, 고객에게도 실제 실행에 옮길 수 있는 계획을 짜면서 계속 업그레이드 하라고 권해준다.

또 한가지 명심할 점은 고객의 최우선 목표를 해결해주는 데 집중한다는 점이다. 대표적인 예로 미혼여성은 결혼을 가장 큰 목표이자 부담으로 느끼고 있어서, 효과적인 자산배분이나 현금흐름의 구분을 꺼려하게 되는데, 이 때 결혼자금의 현실적인 분석 및 얼마 정도의 월 저축을 통해 준비가 가능한지 계산해 줌으로써 그러한 부분을 해결해주었을 때, 고객은 편안한 마음으로 나머지 자금을 효과적으로 관리해나갈 수 있게 된다.

이 때 추가적인 사실 확인이나 비용산정 등의 절차가 필요한 경우가 있다. 이 때는 다음 상담 일정을 먼저 확정한 후, 그 때까지 FP가 준비할 부분과 고객이 준비할 부분을 명확히 기재한 후, FP와 고객이 공유한다.

재무설계 기본 프로세스		재무설계학교 상담 프로세스			
1단계	고객과의 관계정립(AP)	재무설계 학교수업과제물			
2단계	고객관련 자료수집(FF)		1차 상담 DIY 재무설계		
3단계	재무상태 분석 평가				
4단계	재무설계안 작성 및 제시(PT)			2차 상담 보고서, 실행	
5단계	재무설계안 실행				
6단계	모니터링				실시간

재무설계안 실행

재무설계 수업과 1차 상담에 이어 재무설계 조정안을 실행에 옮기는 단계이다. 이 때 1차 상담에서 고객과 함께 결정한 최종안을 보고서 형태로 2부를 준비하여, 한 부는 FP가 보관하고 나머지 한 부는 고객에게 전달한다.

재무설계 상담을 일상적으로 진행하는 FP에 비해 고객의 경우, 일단 상담을 마치고 일정시간이 흐른 후에는 상담 시 나눴던 여러 가지 내용의 대부분을 잊어버리기 마련이다. 따라서 재무설계 보고서에는 고객과의 상담내용과 상품 제안의 구체적인 근거 등을 한 장짜리 요약된 문서형태로 포함시켜, 향후 모니터링 시 활용할 수 있도록 한다.

실시간 모니터링

정기적인 모니터링의 중요성은 아무리 강조해도 지나치지 않을 것이다. 고객을 둘러싼 현실과 더 나아가 고객의 재무목표마저도 언제든지 변경가능하단 사실을 인정하는 데서부터 모니터링은 시작된다.

재무설계 학교의 경우처럼, 커뮤니티를 통한 온라인 상담의 경우, 메신저를 통해 실시간 모니터링이 가능하다는 점이 매력적이다. 실제로 계약이 진행된 이후, 추가적인 의문점이 생긴 고객들이 메신저 상담을 통해 이를 해결하는 경우가 굉장히 많이 있다. 소개 또한 실시간으로 진행된다. 메신저 등을 통해 동료나 친구들과 이야기하다 바로 필자와 연결시켜 주거나, 재무설계 학교의 수업을 소개해주는 경우 등이 그러하다.

구체적인 상담사례
지금까지 재무설계 학교의 상담과정을 재무설계 6단계 프로세스에 맞춰서 구체적으로 살펴보았다. 아직 완벽한 프로세스는 아니지만, 고객들의 지속적인 피드백을 요청하고 있으며, 이를 통해 조금씩 보완되고 있다는 점이 고무적이다.

지금부터 재무설계학교를 통한 상담사례를 몇 가지 살펴보도록 하자.

재무설계학교 수업을 이수한 김민정(29, 가명) 고객은 종강 후 별도의 상담신청을 하지 않았으나, 수업을 마치고 3달쯤 지난 후에 메신저를 통해 조심스레 2명의 동료와 함께 개인상담을 받아도 되겠냐며 요청을 해왔다. 김민정 고객은 이전에 재무상담을 받을 기회가 여러 번 있었는데 FP가 너무 서두르는 것에 부담이 느껴 받지 않았다고 밝혔다.

고객들의 경우 결정이 빠른 사람과 심사숙고를 하는 타입이 있다. 고객이 생각할 시간을 원하면, 2월의 증권사 관련 제도 변화나 4월의 보험료 인상과 같이 특별한 변수가 없는 한 충분한 시간을 줘야 한다. 재무적인 결정을 할 때 고객의 시간과 FP의 시간은 서로 다르게 흘러간다는 부분, FP들이 놓치면 안될 대목이다.

재무설계학교 수업을 마친 방용주(28, 가명) 고객의 지인인 이제훈(27, 가명) 고객을 소개받았는데, 거제도에 근무하는 대기업 신입사원이었다. 지리적 한계가 느껴지긴 했으나, 이메일로 기본 상담자료를 보내고, 전화와 메신저를 통한 상담을 진행하였다. 결국 이제훈 고객은 자신의 스케줄에 조정하여, 서울에 있는 필자의 지점에 방문하여 재무설계안에 대한 실행을 하였다.

프랑스에 거주하는 황춘옥(32, 가명) 고객은 남편인 김상건(36, 가명)고객과 함께 재무설계학교가 운영되는 모습을 지켜본 후, 메신저로 프랑스에 거주하는 자신도 재무상담이 가능한지 문의하였다. 실명확인 등의 절차를 고려할 때 쉽지 않은 부분이란 점을 밝히고, 실행은 고객이 직접하고 상담만을 진행하는 Fee-Based Consulting을 진행하기로 하였다. 프랑스와의 시차로 인해 자주 이야기를 나눌 수는 없었지만, 국내에 자산을 갖고 있으나 먼 이국 땅에서 생활하면서 재무설계를 받을 길이 막막했던 황춘옥 고객의 상황을 메신저를 통해 구체적으로 전해 들을 수 있었고, 실행까지 책임지지 못하는 만큼, 팀이 함께 이 고객의 상황을 고민하며 솔루션 마련에 더욱 신중하게 접근하고 있다.

중학교 교사로 재직 중인 윤문영(27, 가명) 고객은 수업을 듣는 내내 적극적인 참여의사를 보였으며, 실제 금융상식이나 재무설계에 대한 이해도가 높은 편이었다. 개인 상담을 진행해 본 결과, 이미 잘 하고 있어 큰 보완이 필요 없을 정도였다. 재무상담의 주된 목적이 평소 자신이 있었던 본인의 재무상태를 객관적으로 검증 받는 것이었던 그녀는 수업과 상담에 만족했고, 본인은 추가적인 상품의 가입 등이 필요 없었지만 주변의 지인들을 적극적으로 소개해 주고 있다

마무리

필자는 수업전반에 걸쳐 계획의 중요성을 반복해서 강조한다. 투자계획의 중요성, 절세계획의 중요성, 계획달성을 위해 보장의 중요성 등 재무설계 각 분야별로 수업을 진행하며 그 관점에서 계획이 어떤 의미를 갖는지 살펴본다.

그리고 본격적인 재무상담이 시작되면, 현실성 있는 재무계획의 수립을 위해 현금흐름의 적정성을 가장 중요하게 다룬다. 이 때 최종적인 결정은 절대로 고객을 설득하려 하지 말고 고객 스스로 느끼고 결정하게 해야 한다. 또한 고객보다 FP가 훨씬 더 보수적으로 현금흐름에 접근해야 한다.

마지막으로 고객자신 혹은 주변환경의 변화에 대응하기 위해 모니터링이 가장 중요하다는 점을 고객에게 인지시킨다.

재무설계는 프로세스다. 그리고 일련의 프로세스는 고객과 FP가 함께 만들어가

야 한다. 준비 안된 FP도 많지만, 준비 안된 고객도 많은 게 사실이다. 그래서 고객보다 여러 걸음 앞서나가는 상담은 실패하기 마련이다. 고객보다 반걸음씩만 앞장서서 끌어주고, 기다려주는 노력을 내부분의 고객은 분명히 느끼고, FP에 내한 신뢰로 답하리라 생각한다.

고객 눈높이에 맞춘 자료수집 과정

Prologue

"오해와 이해의 차이는 상대방과 나, 누구를 중심으로 사고하느냐에 달려 있다."

재무상담 과정을 통해 고객의 재무목표 수립이 매우 잘 진행되고 있고, 고객의 반응도 좋았다고 느끼는 FP, 반면 상담 내용이 자신의 관심사와 달리 겉돌고 있다고 느끼는 고객. 난감한 것은 이 경우에도 상당수의 고객이 겉으로는 상담과정에 만족감을 표시하고 있기에 FP는 이를 깨닫지 못하고 있는 경우가 많다는 것이다.

이는 다음의 두 가지 원인에 기인한 경우가 상당수라 생각된다.

첫째, 고객과의 효과적인 관계정립이 이뤄졌다 해도, 이후 단계에서 고객이 직접 느끼고 고민하는 과정을 생략한 채, FP주도의 상담만 진행된 경우이다.

둘째, 고객이 재무상담에 참여의지는 있으나 막상 어떤 식으로 진행해야 할지에 대해 막막함을 느끼기 때문에 생기는 경우이다.

지금부터 재무설계 프로세스 2단계인 "재무목표설정 및 자료수집(이하 FF, Fact Find)"을 어떻게 진행해야 재무설계에 익숙하지 않은 고객의 참여를 이끌어낼 수 있을지 살펴보도록 하겠다.

재무설계학교의 FF프로세스

재무설계는 프로세스다. 그것도 고객의 지속적인 참여를 이끌어내어, 자신의 인생 계획을 좀 더 구체적이고 현실적인 플랜으로 만들어가도록 도와주는 과정이다. 즉 고객의 참여가 그 핵심명제다. 그런데 정작 재무설계 진행을 긍정적으로 시작한 고객이 선뜻 자신을 내보이지 못하거나 마지못해 끌려가는 모습을 보이는 것은 왜 일까?

재무설계학교 수업과 상담을 통해 필자가 주목한 것은, 관계 정립에 문제가 없음에도 고객이 구체적으로 어떻게 해야 할지 몰라서 프로세스가 제대로 진행되지 않는 경우가 예상외로 무척 많다는 사실이다.

이런 막연함을 극복하기 위해, 두 가지 대안이 필요하다. 하나는 FP의 눈높이를 고객에게 맞추는 부분이며, 나머지 하나는 FF단계에서 좀 더 정교한 프로세스가 진행되어야 한다는 것이다.

- 재무목표의 설정
- 고객의 소득과 지출 구조
- 금융상품이나 부동산 등 기존 자산내역

위 3가지가 재무설계 2단계에서 FP가 고객과 함께 정리해야 할 부분이다.

고객의 성향이나 재무지식의 수준, 재무설계와의 친밀도, FP와의 신뢰 및 과거의 경험 등에 따라 FF의 방식이 조금씩 달라져야 하는 것은 당연하다.

이를 위해 재무설계학교는 고객의 유형에 따라 단계별로 구분하여 FF를 진행하는 방식을 따르고 있어, 각각의 항목에 대해 구체적인 상담방식을 소개한다.

재무목표 설정

재무목표 설정 단계에서, 선뜻 자신의 재무목표를 제시하는 고객은 흔치 않다. 대부분이 아래와 같은 상황에 직면하게 된다.

재무목표 자체가 없다.

재무설계 상담을 처음 받아보는 고객들 중에 이런 유형이 많다. 이들은 재무목표를 설정하는 것을 막막하고 힘든 과정으로 생각한다. 지금까지 상품 중심의 사고를 해왔기에 재무목표 설정을 다소 형식적인 절차로 이해하는 경우도 있다.

본인의 재무목표가 아니다.

상담과정에서 FP혹은 타인의 시선을 의식하여 수동적 혹은 즉흥적으로 만들어진 재무목표는 달성되지 못할 가능성이 크다. 또한 언론 등의 영향에 따라 '1억 만들기'처럼 단순히 목표금액만 제시하는 경우도 있다.

재무목표가 구체적이지 않다.

결혼자금, 주택자금 등과 같이 타이틀만 있고, 구체적인 시기나 필요금액 등에 대해서는 아직 고려해보지 않은 경우다.

위와 같은 고객들을 대상으로 효과적인 재무목표 수립을 진행하기 위해서는 정교한 프로세스를 바탕으로 고객의 생각을 정리하는 절차를 밟아야 한다.

재무목표의 공식화

단순한 희망사항과 재무목표의 구분

은퇴나 자녀의 교육자금처럼 필수적인 재무목표에 대해 고객이 언급하지 않을 경우, 단순히 누락된 것인지 고객만의 특별한 의견이 있는지 확인

재무목표의 구체화 및 우선 순위 결정

재무목표 별 목표시점과 필요금액에 대한 고객의 생각을 듣는다.

한정된 자원을 고려하여, 재무목표 달성을 위해 필요한 전제조건을 공유한다.

(소득의 지속가능 여부, 증액저축의 필요성, 물가상승률, 시간적 제약요소 등)

각각의 재무목표 달성을 위해 고객이 염두에 두고 있는 전략이 있는지 파악한다.

재무목표에 대한 점검

고객의 재무목표 별 준비 상태를 점검한다.

기대 수익률 달성 등 전제조건이 충족되지 않은 경우에 대한 대응원칙을 미리 공유한다. 목표에 대한 중간 점검을 위한 모니터링의 중요성을 강조한다.

재무목표 설정 단계에서 중요한 점은 고객과 FP의 상호피드백에 따라 점진적으로 이루어졌을 때, 고객의 만족도가 훨씬 높아지며 재무설계의 결과물을 본인의 것으로 인식한다는 데 있다.

이 때 FP의 역할은 고객의 장단기적인 인생목표를 분명히 하고, 현실적 정량적 세부목표를 수립할 수 있도록 돕는데 있다. 이 세부목표는 재무설계 과정의 핵심이기 때문에 막연히 취급되어서는 안되며 반드시 자금, 일정, 위험수준을 고려해 수치화되어야 한다. (재무설계사를 위한 개인재무설계 컨설팅I, p97, 제프리 H. 래티너)

소득과 지출구조 파악

소득과 지출 구조의 명확한 파악은 재무목표 달성을 위한 전략을 짜는 데 기본이 된다.

재무설계의 주요 목적 중 하나가 재무설계를 통해 고객이 자신의 현재와 미래를 통제하고자 하는데 있다. 일반적으로 고객이 생각하는 소득의 규모와 실제 소득내용에는 차이가 있는 경우가 많으며, 이는 지출 규모에서도 마찬가지다.

이를 통해 미파악 지출을 고객의 통제권 하에 둠으로써, 불필요한 지출을 막거나 추가적인 저축여력을 확보할 수 있다.

고객의 소득구조를 파악하기 위해 주의할 점은 다음과 같다.

급여명세서 혹은 원천징수영수증을 근간으로 한다.
연 소득과 월 소득을 구분하며, 현금흐름에선 월 소득을 기준으로 판단한다.
보너스 등 연소득의 경우, 보수적인 예측치를 기준으로 한다.
고객의 소득원을 소득세를 기준으로 구분해 본다. ex) 근로소득, 사업소득 등

고객의 지출구조는 소득구조에 비해서 복잡하며 변수가 많은 부분이다. 따라서 최근 몇 달간의 지출내역을 기본으로 고객이 지출항목을 단순화시킬 수 있도록 조언한다.

우선 고객이 자신이 작성한 지출내역에서 불필요한 지출을 구분하고, 나머지 지출은 고정지출과 변동지출로 그룹을 나눈다. 다음 단계로 재무목표나 현재 지출내역에 대한 고객의 판단을 고려하여, 변동지출 항목을 일부 조정하는 등, 지출계획을 새로이 수립한다.

이때 고객이 현재의 상황만을 판단하여, 최대한 저축과 투자를 늘리고자 할 때

조차도, FP는 고객이 현금흐름상에서 놓칠 수 있는 유동성을 고려하여, 초기 단계에선 현금흐름의 여유를 가질 수 있도록 보수적인 접근을 할 필요가 있다.

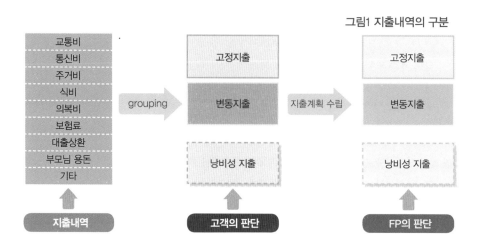

그림1 지출내역의 구분

또한 고정지출과 변동지출을 구분할 때, 부모님 용돈 등과 같이 애매한 항목은 고객의 가치관이 판단 기준이 된다. 즉 고정지출과 변동지출의 구분 기준은 고객에 따라 상대적인 적용이 필요하다.

금융상품이나 부동산 등의 자산내역

재무목표와 소득 및 지출에 대한 정리가 되었다면, 현재 보유 중인 금융상품에 대한 리스트나 부동산 등의 자산내역을 점검한다.

금융지식이 상대적으로 적은 고객들은, 가입한 상품내역을 분류하고 정리하는

데 많은 어려움을 느끼기 때문에, FP의 사전교육이나 가이드가 필요한 부분이다. 실무적으로는 재무설계 초회 상담 전에 이메일 등을 통해 필요서류 내역을 정리해 오도록 유도하는 게 효과적이다.

그림2 재무상담 필요서류

준비서류	내용	효과
1. 구체적인 재무목표안	· 단기/중기/장기 계획 및 목표자금	· 올바른 재무설계의 방향성 정립
2. 통장 사본 : 예금 적금 펀드	· 가입일/만기일/이자(수익률)/잔액	· 자산의 효율성 및 안정성 진단 · 유동성 점검
3. 증권 사본 : 보험 및 연금	· 보험 및 연금 가입내역 · 증권이 없을 시, 인터넷서 가입내역 출력	· 보장내용의 적정성 진단 · 은퇴자금 계산
4. 부채 현황	· 부채금액 / 이자율 / 상환방법	· 부채 크기의 적정성 진단 · 대출 상환계획 점검
5. 원천징수영수증 (배우자 포함)	· 전년도 소득내역 / 세금지출내역 · 원천징수영수증 없는 신입사원은 급여명세서	· 과다한 세금 납부 진단 · 소득과 소비의 효율성 진단
6. 부동산 보유현황	· 취득가 / 취득시기 / 평가액 / 명의	· 불필요한 세금진단 · 효율적 상속 / 증여 대책 수립
7. 기타 자료	· 임대료 등 기타 소득관련 자료 · 가계부	

재무설계학교에선 기본적인 금융상품 판별법을 사전에 알려줌으로써, 고객이 자산의 종류에 따라 스스로 분류할 수 있도록 가이드하고 있다.

생명보험 상품을 한 예로 들어보면 아래 그림과 같다.

생명보험 상품의 네이밍 룰

배당유무	회사명	브랜드명	기능	A	보험
유배당 무배당	가나생명 다라생명		변액 유니버셜	종신 연금	

모든 생명보험 상품의 이름은 "보험"이란 단어로 끝나며, "보험" 바로 앞에 위치한 단어(A)를 통해 해당 보험상품의 자산유형을 구분할 수 있다는 점을 알려준다.

예를 들어 위 그림에서 A 위치에 "종신"이란 말이 붙으면 보장성 보험으로 구분하면 되고, "연금"이란 말이 들어가면 은퇴자산 항목에 분류하며, A항목이 비어 있으면 장기목적의 저축성 혹은 투자성 보험으로 판단하는 식이다. 보험업계 종사자에겐 쉬운 내용이지만, 고객들은 이런 부분을 많이 헤깔려한다.

고객을 이해하는 것은 전형적으로 자료 수집 양식이나 그가 제출한 서류 사본을 통해 이루어진다. 그리고 이러한 자료를 정리하는 것은 FP의 몫이기도 하다.

그럼에도 필자가 지속적으로 기존에 FP의 영역으로 여겨왔던 부분에 고객의 참여가 필요하다고 주장하는 것은, 재무상담의 프로세스 안에서 고객의 참여가 없다면 단순히 포트폴리오를 판매하는 것과 다를 바 없다는 생각 때문이다. 즉 상품을 판매하는 것과 포트폴리오를 판매하는 것이 얼마나 큰 차이가 있겠는가?

고객의 참여를 이끌어내고, 고객이 스스로를 객관적으로 볼 수 있도록 하는 일, 이 부분이 FP가 재무설계를 통해서 다른 금융상품 판매인과 차별화될 수 있는 대목이 아닌가 생각한다.

마무리

금융상품 판매가 한 편의 영화를 보는 거라면, 재무상담은 일일 드라마를 보는 것과 같다고 생각한다. 드라마는 영화처럼 한 편에 기승전결이 다 나오는 것이 아니다. 또한 한 두 편 보지 못해도 전체적인 스토리를 '대강' 짐작할 수 있다. 하지만 어느 순간 주인공들간의 미묘한 감정선을 놓쳐버릴 수 있는 것이다.

마케팅은 심리다. 상대방이 원하는 방식으로 자신을 표현하는 기술이다. 고객의 미묘한 감정선을 놓쳐선 고객의 진정한 만족을 이끌어내기가 쉽지가 않다. 재무설계 상담을 하는 FP입장에선 영화처럼 스피디한 전개를 꿈꾸게 되지만, 절대 고객보다 반보 이상 앞서지 말고 고객의 속도에 맞춰나가야 한다.

고객이 생각하고 고객이 원하는 방식으로 고객을 이끌되, 고객이 생각하지 못하는 부분들을 적절한 시점에 점검해줌으로써, 커다란 방향을 짚어주는 것이 재무상담의 핵심이 아닐까 생각해본다.

▍Scenario Planning의 적용

Prologue

고객은 재무설계사에게 시장에 대한 정확한 예측 능력을 기대하는 데 반해, 재무설계사 는 그러한 예측이 쉽지 않음을 고객에게 이해시키고, 재무목표에 따른 자산 배분 및 위험관리의 의미와 투자원칙의 제시, 모니터링의 중요성을 이야기한다.

이렇게 고객과 재무설계사는 서로 다른 관점에서 이야기를 시작하는 경우가 많지만, 양자가 공통적으로 갖고 있는 고민 중 하나는 바로 이것이다.

"미래는 어떻게 될 것인가?"

투자환경이나 신변상의 변화를 포함한 고객을 둘러싼 주변 환경이 미래에는 어떻게 변화할 것인가?

미래를 어떻게 통찰하고, 미래에 대한 통제권을 어떻게 가질 것인가에 대한 고민의 결과물로 수많은 예측모델이 제시되어 왔으며, 그 논리 또한 다양한 방법으로 제시되어 왔는데, 이는 미래를 바라보는 시각에 따라 크게 두 가지 흐름으로 구분할 수 있다.

불확실한 미래를 하나의 숫자로 요약해 낼 수 있다고 믿는 이상주의자들과 미래의 예측은 불가능하기 때문에 예측능력을 키우는 대신 상황에 대한 순발력을 강조하는 현실주의자들의 시각이 그것이다.

이와 관련하여, 최근 시나리오 플래닝이라는 개념을 도입하는 기업들이 많아지고 있으며, 이는 개인 재무설계를 진행함에 있어서도 매우 유용하게 활용될 수 있으리라 여겨진다.

시나리오 플래닝의 의미

기존 예측 모델의 한계는 미래를 과거와 현재의 연장선상에서 보고 있다는 데 있다. 대표적인 것이 회귀분석(regression)이다. 회귀분석은 과거의 패턴을 수식화해서 결정한 다음 그 수식이 미래에도 계속 유효할 것이라는 기본 전제를 담고 있다.

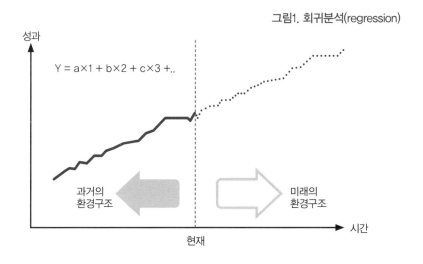

그림1. 회귀분석(regression)

시나리오 플래닝이란 미래의 불확실성을 인정하고, 그 불확실성 하에서 장래 일어날 가능성이 있는 환경요인을 분석해 복수의 설득력 있는 미래상들을 그려보고, 그러한 미래상에 따라 최적의 대응전략을 수립하는 일련의 과정을 말한다.

표1 예측과 시나리오의 차이

예측	시나리오
미래를 예측할 수 있다.	미래는 예측 불가능하다.
불확실성을 없앨 수 있다.	불확실성을 그대로 인정한다.
숫자로 미래를 압축한다.	이야기로 미래를 서술한다.
하나의 미래만을 규명한다.	복수의 미래 스토리를 그린다.
미래를 알기를 원한다.	미래를 대비하기를 원한다.
가까운 미래에 집중한다.	보다 먼 미래를 내다본다.

시나리오 플래닝의 종류

시나리오 플래닝은 시나리오의 대상에 따라 크게 두 가지로 나뉜다.

퓨처백워드 방식

특정한 미래사건을 발생하도록 만드는 경로와 조건들을 다양하게 시뮬레이션 해보는 방식으로, 미래의 다양한 방식을 그려보는 일은 근본적으로 불가능하다. 대신위급한 상황을 사전에 대비하고 사후 대응계획을 세우는 비상계획(contingency planning) 수립시 유용하다.

퓨처포워드 방식

현재의 조건과 상황들에서 시작하여 목표 시점에 어떤 결과들이 가능한지를 여러 변수의 대입을 통해 시뮬레이션 해보는 방식이다.

그림2. 시나리오 플래닝 2가지 유형

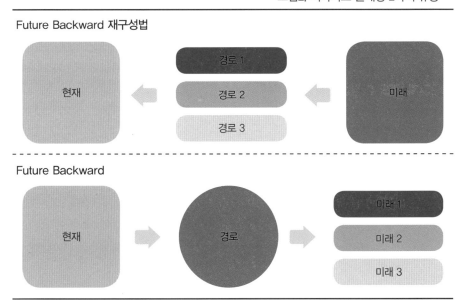

Future Backward 재구성법

Future Backward

은퇴설계의 경우 누구나 재무설계의 종착점은 은퇴로 귀결된다는 점에서 퓨처 백워드 방식이 적합한 반면, 위험설계는 예상하지 못한 위험을 대비한다는 측면에서 퓨처포워드 방식이 좀 더 효과적인 방식이다. 한편, 투자설계나 부동산설계는 정책의 변화나 경제 환경의 변화에 주목하여 시나리오를 수립하는 것이 효과적이다.

시나리오 플래닝 프로세스

시나리오 플래닝 프로세스는 총 6단계로 나눠지며, 재무상담 시 진행되는 내용을 이에 따라 정리해보면 다음 표와 같다.

1단계, 핵심지표 선정

재무목표 별 달성가능성과 변동가능성(재무목표의 내용, 필요금액, 필요시점)

2단계, 주요 환경변수의 분류

현금흐름, 자산구조, 심리적 변화요인 그리고 위험요인에 따라 분류한다.

2.1. 현금흐름상의 변화요인
　　 – 소득의 변화(휴직/이직/급여인상/보너스 규모/퇴직/연금수령 시작 등 소득유형의 변화)
　　 – 지출의 변화(대출 금리의 급등, 유동성 부족, 예상하지 못한 생활비의 증가 등)
2.2. 자산구조의 변화요인
　　 – 자산의 증감(상속 및 증여, 신규 대출 혹은 기존 대출의 상환)
　　 – 자산 유형의 변화(부동산 매각, 예적금 만기, 투자자산의 매도 등)
2.3. 심리적 변화요인
　　 – 재무목표 이행시점의 변화(결혼의 연기, 조기은퇴, 자녀의 재수 등)
　　 – 신규 재무목표의 추가(자녀 교육자금에 유학자금의 추가 등)
2.4. 위험 요인
　　 – 가장의 조기사망, 가족 구성원의 질병 및 상해
　　 – 투자 혹은 사업의 실패 등

3단계, 환경 변수의 평가 및 시나리오 구성요인 선정

불확실성과 영향력이 동시에 높은 변화요인을 시나리오 구성요인으로 선정한다. 영향력은 높으나 불확실성이 낮은 요인들은 공통적인 전제조건이 되며, 불확실성과 영향력이 낮은 요인은 시나리오 구성에서는 제외한다. 여기서 영향력은 특정 재무목표 혹은 복수의 재무목표 달성에 얼마나 영향을 미치는 지를 말한다.

4단계, 시나리오 도출 및 기술

예상 가능한 여러 시나리오를 Tree화 하여, 각각의 시나리오 별로 대응 가능한 자원 및 방법을 검토한다. 구성요인을 단순화하여 X축과 Y축으로 나눠서 분석할 수도 있다.

5단계, 시나리오 로드맵

대응전략 수립단계로, 통제가능하고 계획할 수 있는 전략을 수립한다.

6단계, 모니터링

시나리오의 현실화 가능성을 주시하며, 시나리오가 현실화되면 다음 단계의 시나리오를 구성하고, 비현실화된 시나리오는 폐기한다. 시나리오의 현실화 여부를 판단하기 위한 지표를 선정하는데, 측정이 가능하고 조기경보와 추적이 가능하며 임계치를 정할 수 있어야 한다. 또한 비용 효과성도 중요하다.

시나리오 플래닝 적용 시 기대효과

숫자로 표현되는 예측치 자체에 집착하지 않고, 미래의 서로 다른 스토리를 기술하는 데 초점을 맞추는 시나리오 플래닝의 개념은 재무설계 프로세스 중 6단계 모니터링을 효과적으로 진행하는 데 특히 도움이 된다.

그렇다면 재무설계를 진행하면서 모니터링은 구체적으로 어떤 방법을 통해 이뤄지는 지 먼저 살펴보도록 하자.

많은 경우에 있어서 모니터링은 정기적으로 1)포트폴리오의 수익률에 대한 평가 2)고객의 재무목표 및 현금흐름 상의 변수 점검 3)외부환경에 대한 점검 등을 진행하는 정기 모니터링과 고객의 요청에 따라 이뤄지는 수시 모니터링을 통해 진행된다. 재무설계사는 초기의 재무적인 플랜을 수립한 이후, 위와 같은 변수를 만났을 때 고객에게 재무적인 판단의 기준을 명확히 제시해주는 역할을 하며, 시나리오 플래닝은 여기서 한걸음 더 나아가 다음과 같은 효과를 기대할 수 있게 한다.

고객이 초기 상담 과정에서 자신의 미래를 구체적으로 그려보는데 도움이 된다.
새로운 의사결정이 필요한 분기점과 중대한 상황변화를 감지하기 위해 점검해야 할 항목을 구체화할 수 있다.
기존의 모니터링이 사후에 어떻게 대응할지 판단하는 데 초점이 맞춰있다면, 시나리오 플래닝의 경우, 사전에 시나리오 별로 대응원칙을 수립해둘 수 있다.
고객이 단순한 예측치를 확정된 미래로 인식하는 오류를 피하며, 예측이 맞지 않았을 때 함께 대응해나간다는 점에서 진정한 모니터링이 가능하다.

시나리오는 꽤 괜찮은 예측기법이 아니라, 가능한 시나리오를 모두 검토하여 최적의 전략을 선택했기 때문에, 시나리오를 통해 미래의 모습을 생생히 느끼도록 함으로써 고객 스스로의 변화 동기를 자연스럽게 이끌어내서 성공이 가능하다.

시나리오 플래닝 시 유의사항
시나리오 플래닝을 효과적으로 진행하기 위해서는 다음과 같은 사항을 유의한다.

시나리오 구조가 단순해야 한다. 즉 초기부터 여러 단계의 시나리오를 준비하는 것은 정확하지도 않고 그 수가 너무 많아 효율적인 관리나 실행이 힘들어진다. 따라서 하나의 시나리오가 결정되고 난 이후에 다음 단계 시나리오를 준비한다.

이미 예상되는 변수(known unknown)와 예측하지 못하는 변수(unknown unknown)를 구분한다. 예측 가능한 변수에 대한 시나리오가 준비되었다 해도 여전히 비상예비자금이나 보장성 보험을 통한 대비가 필요하다.

낮은 승률과 낮은 확률을 구분하라. 불확실의 개념은 달성가능성이 낮을 때가 아니라50 : 50일 때, 즉 성공과 실패 중 어느 쪽이 될지 논리적인 예측이 불가능할 때 가장 커진다.

최선 최악의 시나리오를 찾는 게 아니라, 가능성이 높은 시나리오에 주목해라.

고객들의 사고방식(선입견과 편견)을 점검하여 미래를 객관적으로 바라보는 데 장애요인은 없는지 확인하라.

시나리오 플래닝의 적용사례

▶ ▶ ▶ 사례1

3년 후 결혼자금 5000만원 마련이 목표였던 최수연(28, 가명, 대기업 대리) 고객의 경우, 부족한 결혼자금 2500만원의 절반은 3년간 연말 성과급을 통해 마련할 계획이었으나, 1년 모니터링 시점에 살펴보니 매년 500만원 정도 나오던 성과급이 2008년에는 경제위기의 영향으로 나오지 않게 되었다.

이는 최수연 고객과 도출했던 시나리오 중 하나로, 최수연 고객은 후 순위 재무 목표였던 내 집 마련 자금을 위해 펀드를 통해 준비하던 자금 중 일부를 단기목표인 결혼자금 마련을 위해 상호저축은행의 적금을 추가 가입하는 방향으로 포트폴리오를 변경하였다.

▶ ▶ ▶ 사례2

현재 거주 중인 본인의 아파트A 이외에 2년 전에 추가로 아파트B를 분양 받은 이원선 (48, 가명, 자영업) 고객의 경우, 분양 받은 아파트가 1년 전 입주를 시작한 후 전세를 주고 있으나 전세 자금으로 대출금의 일부를 조기 상환하였음에도, 2년 동안 이자로 4000만원 이상이 나간 상태이다. 애초에 시세차익을 목표로 무리하게 대출을 받았으나, 대출 이자가 예상보다 오르고 아파트 매매가 장기간 이뤄지지 않는 것이 원인이다.

이원선 고객과 상담 후, 현재 수입으로 대출금 상환에 무리는 없으나 1년 후에도 현재의 상황이 지속될 경우, 꾸준히 거래가 되고 있는 현재 거주 중인 아파트A를 처분 후 새로 분양 받은 아파트B에 직접 들어가는 방향으로 계획을 잡았다.

표2 아파트 매도 가능여부에 따른 시나리오 예시

시나리오	대출금 이자	아파트B 매도	전략
1	하락	가능	시세차익 가능할 때 아파트 B 매도
2	하락	불가능	현 상황 유지
3	상승	가능	아파트 B매도
4	상승	불가능	아파트 A매도 후 B에 직접 거주

▶ ▶ ▶ 사례3) Scenario Planning이 요구되는 주요 사례들

- 직장 근무 중 해외 MBA에 입학허가가 날 경우 휴직할 계획이 있는 경우
- 출산 후 회사를 지속적으로 다닐 수 있을지에 확신이 없는 경우
- 부동산 매각 등을 통해 재무목표를 달성하려는 경우

Closing

재무목표와 모든 가정치는 말 그대로 가정이므로 유동적이라는 사실에서 시나리오 플래닝은 유효한 개념이다. 모니터링 단계에서는 각 시나리오의 현실화 가능성을 주시하고 가능성 높은 시나리오에 중점을 두도록 전략을 계속 수정해야 한다.

또한 시나리오는 미래에 대한 스토리텔링이다. 많은 유능한 재무설계사가 고객과의 효과적인 상담을 위해 스토리텔링을 활용한다. 상담뿐만 아니라 모니터링에도 스토리텔링을 적용하는 것은 미래의 불확실성 및 모니터링의 필요성에 대한 고객의 이해를 높이고, 자신감을 갖고 실행해 가도록 하는데 있어서 큰 도움이 된다.

시나리오 플래닝이 재무설계 프로세스 안에서 제대로 기능하기 위해서는, 프로세스를 좀 더 단순화시킬 필요가 있다. 아울러 다음과 같은 자세가 함께 요구된다.

첫째, 미래를 열린 시각의 시나리오로 바라보라.

불확실한 미래에 자신감을 갖는 자세는 나쁘지 않다. 이는 건강한 사고방식이다. 그러나 불확실한 미래를 알고 있는 듯 확신하는 태도는 지양되어야 한다.

둘째, 행동하라. 그렇지 않으면 시나리오 플래닝은 반드시 실패한다.

모니터링은 변화에 대한 대응이다. 따라서 사전에 준비된 시나리오를 바탕으로 변화에 적극적으로 대응해 나갈 때 성공적인 모니터링이 가능할 수 있다.

참고문헌:
불확실한 미래의 성장전략, 시나리오 플래닝_유정식 著, 지형
프로젝트 매니지먼트_Jeff Davidson, ㈜ 러닝솔루션
재무설계학교 2009수업자료_김현용

▍재무상담, 고객의 목소리를 담아라

Prologue

필자는 그 동안 재무설계 학교의 사례를 통해, 고객과의 관계정립부터 모니터링 단계에 이르기까지 "재무설계 교육"이라는 일관된 컨셉을 통해 고객의 신뢰를 획득하는 과정을 소개했다. 이번 호에선 고객과의 구체적인 상담 사례를 통해, 효과적인 재무상담을 위한 방법론을 제시하고자 한다. 이는 재무설계 프로세스를 한국적 현실에 풀어내는 하나의 구체적인 사례를 제시함으로써 좀 더 효과적인 재무상담의 방법론에 대한 논의를 이끌어내고자 하는 것이 목적이다.

재무설계의 목적과 FP의 역할을 명확히 안내한다.

고객과 초회상담의 스케줄을 잡으면서, 가장 먼저 물어보는 것은 "재무설계를 통해 무엇을 기대하고 계십니까"란 질문이다. 재무설계라는 추상적인 단어를 통해 고객들은 자신의 니즈에 따라 다양한 분야를 떠올리게 된다. 따라서 이 질문에 대한 대답을 통해 고객의 재무상담을 어디서 출발해야 효과적인지를 알 수 있게 된다.

고객과의 상담을 마무리하면서, 가장 마지막으로 물어보는 것은 "재무설계를 무엇이라고 생각하십니까"란 질문이다. 이 질문은 고객의 생각을 명확히 정리해주는 효과를 주면서, FP는 상담 내용이 의도대로 전달되었는지를 확인할 수가 있다.

이런 질문과 더불어, 필자는 FP의 역할을 "재무적인 판단의 기준을 제시"하는 사람"으로 설명한다. 고객이 재무적인 판단을 내릴 때, 고객의 성향이나 현재 상황을 고려하여 최적의 솔루션을 선택할 수 있도록 그 기준을 제시하는 사람이며, 모니터링 또한 크게 다르지 않다고 설명한다.

부분 재무설계와 종합 재무설계

고객이 기대하는 상담의 범위에 따라, 종합 재무설계를 진행할 지 여부를 결정하게 된다. 이 때 재무설계 교육에 대한 내용은 보험, 은퇴, 투자, 세금, 부동산 등 어떤 쪽에서 시작되더라도 마무리는 현금흐름과 재무상태, 그리고 재무목표를 판단의 기준으로 한다는 점에서 동일하다.

고객이 종합 재무설계를 부담스러워 하는 경우, 고객이 필요성을 느끼는 한정된 분야에 대한 상담부터 시작하되 향후 모니터링을 통해 단계적으로 종합재무설계로 진행될 수 있음을 언급한다. 이 때 〈자료1〉과 같이 다양한 소득원의 확보, 합리적인 지출관리, 저축과 투자의 효율성이라는 재무설계의 3가지 측면을 설명하고, 전체 서비스 중 어떤 부분에 집중할 지를 안내하여 재무설계의 일부 영역을 재무설계의 전부로 오해하는 일이 없도록 한다.

그림1

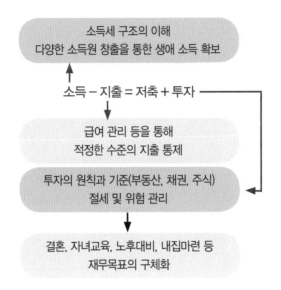

소득세 구조의 이해
다양한 소득원 창출을 통한 생애 소득 확보

소득 − 지출 = 저축 + 투자

급여 관리 등을 통해
적정한 수준의 지출 통제

투자의 원칙과 기준(부동산, 채권, 주식)
절세 및 위험 관리

결혼, 자녀교육, 노후대비, 내집마련 등
재무목표의 구체화

백지 상담과 Fact Find양식의 효과적인 결합

초회면담 시 FF를 받기 위해 사전에 정해진 양식을 활용하는 경우가 대부분이다. 이 경우 필요한 정보를 체계적으로 받아낼 수 있다는 장점이 있어서 필자도 많이 활용하는 편이다. 그러나 정해진 양식을 벗어난 정성적 부분을 담아내는 데에는 한계가 있으며, 민감한 고객의 경우 거부감을 느낄 수도 있다. 특히 고객의 생각이 정리되어 있지 않거나 사전에 준비가 부족할 때는 백지상담이 효과적인 경우가 많다.

이런 고민의 결과 필자는 Fact Find양식과 백지상담을 결합한 프로세스를 상담에 적용해보았는데, 그 구체적인 사례를 살펴보면 다음과 같다.

인천에 거주 중인 신입경찰 공무원 이병헌(가명, 28세) 고객은 재무설계학교 수업을 마치고 유료 상담을 요청하였다. 이병헌 고객은 치과치료를 위해 2000만원의 마이너스 대출(상환 기간 1년, 고정금리 9.5%)을 받은 상태였으며, 대출상환이 완료되면 본격적으로 결혼자금을 마련해나갈 생각을 갖고 있었다. 인천 지역의 국민임대아파트를 고려 중인 상태에서 전반적인 점검을 받고자 했다.

사전준비

적극적인 상담의지가 있는 고객의 경우, 이메일을 적극적으로 활용하여 상담에 필요한 몇 가지를 다음과 같이 정리해보도록 요청하였다.

재무목표 3가지: 목표 / 필요시기 / 필요금액(현재가치) / 달성 전략
가입해둔 금융상품 정리: 증권사본, 원천징수영수증 포함
은퇴를 위한 구체적인 전략을 은퇴시점부터 현재까지 역순으로 정리해보기

백지상담을 활용한 초회면담

필자는 기본적인 FF(Fact Find)양식을 고객이 1차적으로 작성하여 이메일로 보내도록 사전에 요청한 뒤, 받은 자료를 검토하며 추가적인 확인이 필요한 부분에 FP의 의견이나 요청사항을 코멘트 형식으로 추가한다. 이렇게 준비된 자료를 바탕으로 실제 초회 면담이 진행되면, 백지 상담을 통해 고객의 정성적인 부분 즉, FF(Feeling Find)에 집중하는 프로세스를 따른다.

재무설계 보고서 작성

보고서 작성 시 주석이나 의견란을 통해서, 상담 시 고객의 표현을 그대로 인용하여 정리해주면 고객이 만족도가 높아진다. 보고서에 초회 면담 때 상담했던 내용이 담긴 상담지를 복사하여 첨부하면 더욱 효과적이다. 다시 말해 보고서에는 고객의 스토리가 고객의 표현방식 그대로 담겨 있어야 한다.

재무설계 보고서 제시

이 단계에서는 고객과의 상담 과정에서 나온 고민과 해결책을 명확하게 정리할 수 있느냐가 관건이다. 그런 측면에서 때로는 그래프나 그림이 표현되지 않아도 좋으며 오히려 핵심 사항을 몇 개의 문장으로 요약된 부분이 포함되어 고객의 복잡한 머리를 정리해주어야 한다. 또한 최종 보고서는 고객용과 FP용 2개를 함께 준비하여, 모니터링에 대한 의지를 보여준다.

이병헌 고객의 경우, 위와 같은 프로세스를 거쳐 단기적인 대출상환에 집중하되 최소한의 연금자산을 확보하며, 펀드와 적금을 통해 결혼자금 마련에 대한 포트폴리오를 준비하였으며, 임대아파트에 대한 부분은 대출상환이 완료된 시점에서 모니터링을 통해 재논의를 하기로 했다. 상담 과정에서 한 가지 결론을 내릴 때마다 고객의 이해와 동의를 거치는 과정이 매우 중요하며, 이 과정에서 추가적인 재무교육이 필요했는데 이는 보고서에 그대로 반영했다. 상담 후 이병헌 고객에게 설문을 통해 "재무설계는 무엇이라고 생각하십니까"란 질문을 주관식으로 주었는데, 그 답변은 다음과 같았다.

> 돈에 대한 목표에 대해 정리되지 않았던 생각들이 깔끔하게 정리된 것,
> 또 어떤 기준으로 판단해야 될지를 알게 된 것, 이것이 재무설계라고 생각합니다.

Closing

재무상담의 실질적인 사례가 부족하다는 생각에, 미흡하지만 필자의 상담 내용을 일부 공개하였다. 이는 절대로 Best Practice의 제시가 아니며, 재무설계 현장에서 이뤄지는 다양한 사례가 공유되고 축적되길 바라는 필자의 바램이 섞인 첫 시도이다.

고객의 실행여부는 FP의 Closing능력도 중요하지만, 고객이 받아들일 만한 적절한 제안인지 여부에 좌우되는 경우가 더 크다. 이를 위해 보고서엔 초회 상담 때 고객이 고민했던 부분들에 대한 고려가 반드시 담겨있어야 한다. 고객을 설득하는 것보단 고객을 이해하는 것이 고객의 신뢰를 얻어가는 가장 빠른 길이라 믿는다.

▌고객 주변의 잘못된 조언을 극복하는 법

Prologue

재무설계는 고객의 재무적 문제에 대하여 적합한 솔루션을 제안하는 컨설팅이자 동시에 개인 영업이라는 속성을 가진다. 낯선 사람들과의 기분 좋은 만남, 지인

들의 새로운 모습을 보는 일, 신뢰를 기반으로 한 소개의 소중함, 성공적인 사업을 위해 자발적으로 '을'의 마인드를 유지하는 일.. 개인 영업의 매력은 위와 같은 것이 아닐까 생각해본다.

이번 호에서는 재무설계학교 상담 사례 중, 고객 주변 사람들의 조언 특히 진정성은 있지만 잘못된 방향의 조언을 극복하는 방법에 대해 살펴볼까 한다.

재무상담에서 신뢰의 중요성

재무상담을 진행하다 보면, 고객이 소위 금융전문가라는 FP의 조언보다는 주변 사람들의 조언에 더 귀 기울이는 경우를 많이 경험하게 된다. 물론 FP의 상담력이 부족하거나 고객의 신뢰를 아직 얻지 못한 게 이유일 수도 있지만, 고객이 주변 사람의 특정한 성공 경험 혹은 실패 경험에 대해서 과도한 확신을 가지는 경우도 있다.

이런 경우는 고객이 해당 지인에 대해 갖고 있는 개인적인 친밀감까지 더해져 쉽게 그 생각이 바뀌지 않는 경우가 많다. 따라서 그러한 주변의 조언이 혹시 잘못된 방향이라 하더라도 FP가 무조건 이를 반박하는 것은 효과적인 상담법이 아니다.

FP는 고객이 스스로 판단을 내리기 힘든 상태에서 주변 지인들과 재무설계사의 조언이 서로 상반된 경우에, 재무설계사 보다 친밀감을 느끼는 지인들의 조언에 더 귀 기울이는 경향이 있다는 사실을 인정해야 한다. 이 때 FP는 고객을 주변으로부터 독립시켜 판단의 주체가 되어 스스로 옳고 그름을 판단할 수 있도록, 판단 기준을 제시하는 것이 효과적이다.

어떻게 극복할 것인가?

투자 경험이 부족한 사람일수록 자신의 투자성향이나 주어진 상황보다는 주변 사람의 조언이나 경험에 따라 좌지우지 되는 경우가 많다. 그래서 FP는 마주하고 있는 고객뿐만 아니라 고객의 뒤에 있는 조언자 그룹까지 상대해야 되는 상황에 처하는 경우가 많다.

자신이 그러한 상황에 처해 있음을 FP 스스로가 인지하고 있는 경우는 그나마 다행이다. 정확하고 합리적인 조언을 함으로써 고객의 만족도가 컸던 상담이 '이유를 알 수 없는 고객의 변심'에 의해 틀어지면서 무방비 상태가 되는 것은 많은 FP등의 공통된 경험일 것이다. 이러한 상황을 사전에 예방하기 위해 필자는 다음 두 가지 방식을 따른다.

첫째, 포트폴리오나 솔루션을 제시할 때 그러한 결론에까지 이르는 '논리적인' 과정을 명확히 고객에게 보여준다. 마치 투명한 유리창을 통해 주방 안의 조리 과정을 보여줌으로써 고객에게 음식의 위생 상태에 대한 믿음을 주는 일부 레스토랑처럼 말이다.

둘째, FP의 상담사례 중 해당 고객이 참고할 만한 실 사례를 다양하게 소개하면서, 고객이 솔루션에 대해 확신을 가질 수 있도록 '정서적인' 근거를 제공해준다. 마치 온라인 쇼핑몰에서 상품 구매를 하기 전에 다른 고객들의 상담 후기 등을 필수적으로 살펴보는 것처럼, 고객들은 다른 사람들도 자신과 같은 솔루션을 제안 받고 어떻게 결정했는지, 그 결과는 어떠한지 등에 대해 알고 싶어한다.

고객 주변인의 잘못된 조언을 극복하는 방법들

고객과 논쟁하거나 고객 지인의 조언을 단정적으로 평가하지 않는다.

조언이 나오게 된 배경이나 전제조건을 파악하여 이들이 달라질 경우를 따져본다.

고객에게 판단기준을 제시하고 질문으로 고객을 이끌어라.

고객의 지인과 대척점에 서는 대신, 지인의 경험과 의견까지 FP견해의 일부로 만들어라.

경험에서 나온 조언은, 논리적인 접근보다 반대의 '사례'를 보여준다.

상담사례

분당에 거주하는 한 통신관련 공기업 직원인 김경세(가명, 35세) 고객은 재무설계학교 수업을 마치고 상담을 요청하였다. 김경세 고객은 2세의 자녀를 둔 3년 차 맞벌이 부부로 현재 빌라에 9000만원 전세로 거주 중이며, 신혼부부 전세자금 대출로 빌린 돈 3000만원(계약기간 2년, 4.5%, 월 이자 11만원 대)을 동료의 조언으로 수수료가 저렴한 ETF를 통해 투자할 계획을 밝히며, 자신의 투자계획과 포트폴리오 점검을 요청했다. 또한 연금을 끝까지 유지하지 못해 손해를 본 친구의 사례를 접하며 연금을 통한 은퇴자금 마련에 부정적이었다.

1) 대출을 통한 투자에 대하여

김경세 고객의 경우, 재무상담을 통해 재무목표와 현금흐름을 구체적으로 점검하고, 더 나아가 포트폴리오를 일부 조정하는 부분에도 공감하고 만족감을 표시했다.

그러나 대출을 통한 투자계획과 관련해서는, '동일한 방법을 통해 투자 성과를 올렸던 동료의 사례'를 들며, 투자실패에 대한 위험성에 대해서 과소평가하고 있었다. 더구나 동료의 경우 주식의 상승시점에 맞춰 투자한 결과 8개월간 40%에 가까운 수익을 올렸기 때문에 고객의 기대수익률도 투자 기간에 비해 터무니없이 높은 편이었다.

필자는 우선 고객이 동료의 조언대로 선뜻 대출자금으로 투자를 진행하지 못하고 재무상담을 요청한 배경이, 고객 스스로 느낀 투자에 대한 불안감을 재무설계사인 필자의 동의를 구함으로써 잠재우고 싶어하는 데 있다고 판단했다. 고객의 판단 뒤에 직장 동료의 성공 경험이 깔려 있다는 것을 확인했기 때문에, 레버리지를 활용한 투자를 기회와 위험이라는 두 가지 측면으로 설명하여 고객의 판단을 도왔다.

투자는 특정 이득을 위해 시간이나 자본을 제공하는 행위이며, 투기는 둘 중 어느 것도 제공하지 않으면서 고수익만을 바란다는 점에서 투자와 차이가 존재하는데, 대출금을 활용하여 불과 2년 남짓한 시간에 ETF 등의 원금보장이 되지 않는 상품으로 수익을 올리려는 행위는 충분한 시간이나 자기자본 없이 진행되는 것이므로 전형적인 투기에 해당됨을 설명하여, 투자와 투기에 대한 판단 기준을 제시했다.

2) 과거 해지 경험으로 인한 장기상품에 대한 거부감

연금상품을 통한 은퇴 준비에 대한 부정적인 견해는 대학 동창의 사례에서 기인한 것이었는데, 그 친구는 소득 대비 과도한 금액의 연금 상품을 가입했다가 해지하여 손실을 본 경험을 갖고 있었다.

상대방의 부정적인 경험을 긍정적인 기대감으로 바꾸기 위한 노력이 필요한 시점이다.

필자는 고객의 친구 사례를 오히려 반면교사로 삼아, 은퇴는 현금흐름이나 미래의 소득과 지출을 고려해서 진행하는 재무설계를 통한 준비가 좀 더 확실하고 지속 가능한 대안임을 설명했다. 즉 친구가 시행착오를 겪은 것은 연금이란 상품 때문이 아니라 현금흐름을 무시한 과도한 상품 설계에 있다는 것을 설명하였다.

Closing

고객 중에는 자신이 받은 솔루션에 대한 근거자료를 끊임없이 요구하면서도 정작 보관만 할 뿐 제대로 보지도 않는 유형이 있다. 이들은 FP에 대한 신뢰가 부족하다기 보다는 '근거가 있다는 사실 자체'로 인해 안심을 하는 유형이다. 마찬가지로 FP와 상담을 진행하면서 주변의 지인 등을 통해 끊임없이 자신의 상담 내용에 대해 검증 받아 보고 싶어하는 고객들이 존재하며, 그들이 접하는 조언 중에는 전체적인 균형감각을 상실한 채, 장점과 단점 중 보고 싶은 방향만 바라보는 외눈박이 식 조언이나 성급한 일반화의 오류에 빠져 특수한 케이스를 절대적인 것으로 바라보는 경우가 분명 존재한다.

이 때 FP가 고객의 지인을 극복하는 방법은 고객이 올바른 방식으로 자립할 수 있도록 도와주는 것이다. 요컨대, 고객으로 하여금 재무적인 판단의 근거를 조언자 그룹에 대한 친밀감이 아니라, 타당한 기준과 객관적인 사실 속에서 찾도록 도와주는 것은 FP의 중요한 역할 중 하나라고 필자는 생각한다.

인터넷을 활용한 마케팅 전략

Prolog

비자카드, 소더비, 이베이, 구글, 결혼정보회사.. 이 기업들의 공통점은 뭘까? 정답은 '제품을 직접 만들지도 않으면서 중간에서 엄청난 돈을 번다'는 것이다. 이들은 서로가 서로를 필요로 하지만 직접 일일이 만나기 힘든 2개의 다른 집단을 발견한 뒤 둘을 효과적으로 연결시켜 주는 일이다. 예를 들어 구글의 경우 정보를 필요로 하는 사람(네티즌)과 그들에게 홍보나 광고를 해야 할 사람(기업)들을 서로 연결시켜 준다. 슈말렌지 교수는 이러한 '촉매 기업'의 유형은 크게 세 가지로 나뉜다고 소개했다. ①**중개자**(matchmakers) ②**관중 동원자** (audience builders) ③**비용 절감자** (cost minimizers)가 그것이다.

– 조선일보 위클리 비즈 기사 中

'인터넷'과 '모바일' 환경에서 재무설계는 어떤 모습으로 변화할 것인가? 위 기사는 이 질문에 대해 중요한 시사점을 던지고 있다.

네트워크의 힘

재무설계사는 고객의 성향과 재무목표에 걸맞는 금융상품을 추천해 주거나, 금융 거래에 수반되는 비용을 절감해 준다는 측면에서 앞서 언급한 '촉매 기업' 의 속성을 지니고 있다. 이러한 속성은 금융환경이 복잡해지고 금융상품이 다양해질수록 더욱 강해질 것이다.

이를 감안할 때, 재무상담 수수료, 상품 판매 커미션, 은행이나 증권사의 피고용자로서 받는 급여 중에서 재무설계의 본질에 가장 가끼운 수익모델은 어떤 것일까? 또한 재무설계사가 자신이 제공하는 서비스에 합당한 보상을 받고 생존이 가능한 수익모델은 어떤 것일까?

해답은 결국 시장이 쥐고 있겠지만, 필자는 수수료 기반의 재무설계 시장과 커미션 기반의 상품 세일즈 시장으로 양분될 것이라 생각한다. 또한 두 시장의 미래 역시 전혀 다른 형태로 전개될 것이라 조심스레 전망한다.

수수료의 점진적인 공개와 판매 채널의 다양화로 인해 금융상품 판매를 통한 커미션은 점점 인하될 가능성이 크다. 따라서 상당수의 재무설계사들이 수수료 기반의 재무설계 시장에 진출하고자 하는 강한 욕구를 갖고 있으며, 이는 종국엔 1인 기업의 형태를 지향할 가능성이 크다.

이를 위해 재무설계사에게 꼭 필요한 것이 전문가 네트워크와 소비자 네트워크의 형성이다. 재무설계사는 본질적으로 세금, 법률, 보험, 투자, 부동산, 은퇴 등 각 분야의 전문가들과 협업 체계를 갖췄을 때 더욱 빛을 발할 수 있다. 이러한 전문가 네트워크를 형성하는 과정에서 각 분야의 전문가들은 소비자 네트워크를 확보하고 있는 재무설계사를 선호할 수 밖에 없다. 금융소비자 입장에서도 전문가 그룹의 충분한 지원을 받고 있으며, 다수의 소비자들을 통해 검증을 받은 재무설계사를 선호하게 된다.

요컨대, 마케팅 전략을 논하기 위해선 재무설계사의 궁극적인 수익모델에 대한 고민이 전제되어야 하며, 최근에 성공적인 기능을 하고 있는 비즈니스 모델(촉매 기업)을 감안하면, 고객과 전문가 그룹 사이에서 일정한 네트워크를 만들어내는 것에 집중하는 것이 소비자와 전문가 그룹, 재무설계사 모두에게 큰 도움이 된다.

커뮤니케이션 툴을 효과적으로 결합하라

필자는 지난 호에서 다양한 온라인 마케팅 도구를 소개한 바 있는데, '커뮤니티와 블로그 중에 어떤 매체가 훨씬 효과적인가'라는 식의 논쟁은 실효성이 없다. 마케터의 입장에선 오히려 매채별 장점을 극대화하여 어떻게 효과적으로 결합할 지를 고민하는 것이 중요하다. 트위터나 메신저, 이메일이나 단체쪽지 등도 동시에 활용하되 중요한 것은 브랜드와 메시지의 일관성을 유지하는 일이다.

예를 들어, 필자는 이런 계획을 갖고 있다.

우선 재무설계학교를 주제로 한 블로그를 제작하려 한다. 이 블로그에 재무설계 관련 키워드를 포함한 양질의 컨텐츠를 정기적으로 올리려고 한다. '재무설계학교 신문'을 온라인에 정기적으로 띄우는 작업도 좋은 방안이 될 수 있다.

커뮤니티는 가입자를 대상으로 폐쇄적인 구조를 갖고 있지만, 블로그는 검색을 통한 접근으로 개방형 구조를 갖고 있다. 블로그를 통해 양질의 컨텐츠를 지속적으로 생성해 낸다면, 결국엔 재무설계 학교란 브랜드를 더욱 넓은 범위에서 홍보하고, 커뮤니티로 유입시키는 데 큰 역할을 할 것이다.

커뮤니티와 블로그가 컨텐츠를 활용한 인바운드 마케팅의 속성을 지니고 있다면, 좀 더 적극적으로 아웃바운드 마케팅을 펼치기 위해 메신저와 트위터를 활용할 예정이다.

메신저를 활용하면 커뮤니티 구성원들이 개별적인 재무상담 요청이나 커뮤니티 내의 이슈를 운영자와 소통하려 할 때 실시간 대응이 가능하다. 반면에 트위터는 커뮤니티 밖의 사람들과 소통하는 데 효과적이다. 다만 트위터의 경우 지나친 홍보 위주의 활동은 역효과가 날 수 있으니 주의할 필요가 있다.

최근의 트렌드인 SNS(Social Network Service)를 구축하기 위해, 재무설계학교 수업을 수료한 기수 별 모임과 독서 모임, 지역별 모임 등을 오프라인에서 강화해 나갈 계획이다.

다른 한편으로 한국투자자보호재단, 한국납세자연맹, 보험소비자연맹, 한국FP 협회 등 재무설계학교 자체적인 기준을 갖고 금융 소비자에게 도움이 되는 사이트 및 컨텐츠를 알리는 작업을 통해, 재무설계 학교의 공공성과 긍정적 이미지 또한 극대화 시키고자 한다.

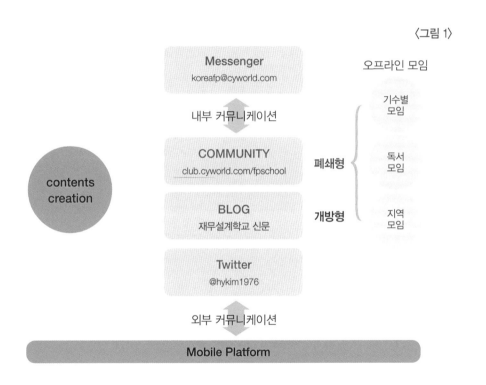

〈그림 1〉

위와 같은 다양한 시도는 "재무설계학교를 통해 현명한 금융소비자를 길러낸다" 라는 일관된 메시지가 담겨 있어야 하며, 이는 결국 퍼스널 브랜드의 효과적인 구축으로까지 이어질 것이다.

Closing

지금까지 두 번의 연재를 통해 인터넷을 활용한 재무설계 마케팅에 대해 살펴보았다. 필자의 경험과 표현력 부족으로 좀 더 많은 부분을 공유하지 못한 것이 아쉽지만, 다양한 컨셉과 철학을 가지고 인터넷 속에서 성공적으로 자신만의 시장을 구축해가는 분들의 사례를 접하게 될 때면, 같은 꿈을 꾸는 사람들을 보는 것 같아 정말 흐뭇한 기분이 든다.

필자는 재무설계 서비스가 매우 어려운 일이라 생각한다. 자동차나 다른 소비재의 경우 탐욕이라는 고객의 본성을 자극하여 세일즈를 하지만, 재무설계는 고객의 본성을 억제해야 되는 과제를 안고 있기 때문이다. 이는 재무설계사로 일하는 필자에게도 큰 과제이다.

금융상품을 판매함에 있어, 고객의 불안 심리나 고수익에 대한 욕심을 자극하는 행위는 매우 위험하며 무책임한 부분이다. 재무설계사는 고객이 스스로의 상황을 객관적으로 바라볼 수 있도록 도와줌으로써, 이와 같은 본성을 극복하고 자신의 미래를 현명하게 준비할 수 있도록 해준다. 그런 면에서 단순한 금융상품 판매를 넘어서 고객의 삶을 가치 있게 바꿔주는 것이 재무설계라는 자부심을 가져도 좋겠다는 생각을 해본다.

재무교육은 고객과의 커뮤니케이션이다.

Prolog

재무교육을 통해 금융소비자에게 다가서는 움직임이 최근 몇 년간 업계의 큰 화두이다.

독립계 재무설계 회사와 금융기관의 고객 대상 세미나 뿐만 아니라, 보건복지부의 부채 클리닉, 서울시의 저소득가구 무료재무컨설팅 사업, 국민연금관리공단이 제공하는 재무교육, 조선일보의 1만 명 무료 재무설계 캠페인 등에서 보듯이 정부 부처, 지방 자치단체, 언론사 등이 한국FP협회와 협력하여 일반인들을 대상으로 재무설계의 필요성에 대한 공감대를 키워나가려는 움직임이 곳곳에서 벌어지고 있다.

위와 같은 움직임이 금융서비스의 공급자 측면이라면, 기업체 CEO와 노조, 인사 및 교육 담당자들 사이에서도 임직원 재무교육의 필요성에 대한 공감대가 커지고 있다. 특히 대기업의 경우 과거 교육 프로그램의 일환으로 접근하던 관점에서 최근 들어 사내 복지 프로그램의 주요한 테마로 상정하는 경우가 많아졌다.

시장에 재무교육에 대한 수요가 존재한다면, 이에 대한 적절한 솔루션을 갖고 있는 재무설계사는 강한 경쟁력을 확보할 수 있지 않을까?

재무교육의 등장 배경

한국의 재무설계 시장이 본격적으로 형성되던 10년 전으로 되돌아가보자. 이 시기에 재무설계 세미나는 새무설계를 일반인에게 알리는 중요한 수단이었고, 소비자들의 반응도 폭발적이었다. 그러나 시간이 흐르면서 재무설계 세미나는 그 참신함을 잃어갔고, 시장의 반응도 과거처럼 우호적이기만 한 것은 아니다. 이는 세미나가 금융상품 판매나 홍보의 한 수단으로 시장에 인식되기 시작했기 때문이다.

최근엔 재무설계가 특정 금융기관이나 상품판매에서 독립하여 본연의 객관적인 컨설팅을 진행하기 위해 컨설팅 수수료 혹은 모니터링 수수료 구조의 도입에 대해 본격적인 논의가 진행되고 있으며, 일부 재무설계사는 발 빠르게 자산가 시장 혹은 고소득 전문직종을 대상으로 컨설팅 수수료를 받기 시작했다. 다른 한편으로 기업체와 재무설계 회사가 B2B협약을 통해 임직원의 재무교육 및 재무상담을 진행하는 사례도 점점 많아지고 있다. 이렇게 <u>수수료 기반의 재무설계 시장에서 재무설계사가 고객에게 제공할 수 있는 핵심서비스는 '재무교육'과 '모니터링' 두 가지로 압축</u>할 수 있다. 여기서 재무 교육은 '마케팅'이 아니라 '교육'의 측면이 실제로 강조된다는 점에서, 앞서 언급한 세미나 마케팅과는 본질적인 차이가 있다.

성공적인 재무교육의 조건

그렇다면, 재무교육이 성공하기 위한 조건은 무엇인가?

<u>첫째, 재무교육의 대상이 명확해야 한다.</u> 대체로 사회 초년생과 미혼여성의 경우

재무교육에 적극적이며 종합적인 재무교육과 상담까지를 원하는 경우가 많다. 반면에 50대 이상의 경우 재무설계의 필요성은 느끼나 이미 늦었다고 생각하는 등 수동적인 경우가 많은 편이다. 또한 내집마련, 은퇴, 세금관련 교육 등 특정분야에 관심을 갖는 계층이 재무교육의 대상이 될 수도 있다.

둘째, 단발성 교육보다는 지속적인 교육으로 진행되는 것이 성공 가능성이 높다. 보통 B2B협약 등을 통해 진행되는 임직원 재무교육이 단발성 교육, 즉 세미나로 끝나는 경우가 많은데, 오히려 소수라도 자발적 교육참여자를 대상으로 여건에 따라 2–4회 정도로 교육과정을 나눠서 진행하는 것이 훨씬 효과적이다. 이는 피교육자와의 신뢰 및 친밀감 형성엔 시간이 필요하기 때문이다.

셋째, 피교육자를 최대한 교육에 참여시키는 방안을 강구해야 한다. 개인들이 자신의 재무적 성공 혹은 실패 경험이나 교육에 참여한 이유 등을 서로 공유할 수 있는 시간을 가지는 것이 대표적이다. 특정주제에 대한 설문과 그 결과치를 공개함으로써 다른 사람은 어떻게 생각하는지를 먼저 보여준 뒤, 수업에 참여한 개인들의 의견을 물어보는 것도 효과적이다.

넷째, 커리큘럼, 즉 재무교육 컨텐츠가 중요하다. 재무교육 커리큘럼은 체계적이고, 차별화되어야 하며, 피교육자의 눈높이에서 준비되어야 한다. 가능하면 교재도 준비하는 것이 좋다. 재무교육 전 과정을 커뮤니케이션의 한 흐름으로 인식하고 그 연장선 상에서 교재나 커리큘럼을 구성해야 한다.

재무교육 컨텐츠

효과적인 커리큘럼 구성은 크게 두 가지 방식으로 준비가 가능하다.

우선 컨텐츠를 독자적인 테마 단위로 쪼개서 일종의 컴포넌트[1]화 시키는 방식이다. 필자는 컨텐츠를 50여 개의 컴포넌트로 구분해놨는데, 강의 구성 때마다 원하는 컨텐츠들을 조합해서 최적의 커리큘럼을 구성할 수 있다.

두 번째로 주제별로 독립적인 컨텐츠를 구성한 뒤, 고객들이 관심사에 따라 선택하게 하는 것이다. 때로는 몇 가지의 강의를 결합하여 패키지로 진행하기도 한다. 이를 통해 고객의 주된 관심분야를 사전에 파악할 수 있으며, 고객의 참여도를 높일수 있다. 각 교육과정마다 재무설계의 기본적인 개념을 포함하길 권한다. 또한 교육과정에 따라 경쟁력이 부족한 부분은 별도의 강사를 섭외하거나 교육과정에서 배제하는 것이 좋다.

Closing

전문가는 어떠한 집단인가? 상품 기반의 산업보단 서비스 기반의 산업에서 전문가란 용어를 쓴다. 또한 세무사, 변리사, 회계사, 변호사처럼 특정 라이센스를 획득한 사람에게만 독점적인 서비스 제공권한을 부여했을 때, 전문가라 호칭한다.

---

1   컴포넌트 Component: 컴퓨터 소프트웨어에 있어서, 다시 사용할 수 있는 범용성과 독자적인 기능을 구현하는 소프트웨어 부품)

아직 각종 금융자격증이 상품 판매의 권한을 부여하는 데 그치거나, 혹은 그 사람의 역량이 일정 수준 이상임을 보여주는 지표 이상의 의미를 갖지 못하는 상태에서, 재무설계사가 진정한 금융서비스의 전문가로 시장에서 자리매김하려면, 1차적으로는 상품 자체에서 독립해야 하고 동시에 고객이 기꺼이 비용을 지불하고 싶은 서비스를 제공해야 한다.

재무교육이란 서비스를 고객의 눈높이에서 제공해줌으로써 재무적인 의사결정의 시행 착오를 줄여주는 것이 재무교육 전문가의 역할이라 생각한다.

▎고객이 요청하는 모니터링

Prolog

'재무상담을 무료로 할 것인가 아닌가의 문제는 마케팅 전략의 차원을 훨씬 뛰어넘는 아주 근본적인 주제다. 고객들은 '무료상담=숨겨진 의도=상품 판매'라는 도식을 잘 알고 있다. 역으로 '유료상담=고객의 부담=진입장벽'이 가지는 한계 또한 존재한다'[2]

이번 호에선 '재무상담의 유료화(Fee-Based Financial Consulting)'의 근거가

---

2   문진수, 재무상담사란 무엇인가 199P 발췌

될 수 있는 체계적인 모니터링의 확립을 위해, 기존 고객들과의 관계를 어떻게 재구성해갈 지에 대해 살펴본다.

재무상담 유료화의 걸림돌

많은 재무설계 전문가들이 재무상담 유료화의 필요성과 장점에 대해 주장해왔고, 필자 역시 이에 공감한다. 그럼에도 필자가 진행하는 재무상담의 50% 이상은 여전히 무료로 이뤄지고 있다. 이에 대한 이유는 크게 3가지다.

첫째는 프로스펙팅 실패에 대한 두려움이다. 필자에게 우호적임에도 유료라는 부담감에 다른 FP에게 이탈한 고객들도 있고, 필자에게 유료상담을 진행하고 크게 만족한 고객조차도 비용 때문에 소개에선 부담을 느끼는 경우가 많다.

둘째는 필자의 고객층이 자산가나 CEO, 의사 등이 아니라 샐러리맨을 기반으로 하고 있다는 점이다. 재무상담 유료화의 시작은 아무래도 VVIP집단에서 먼저 시작될 수 밖에 없기 때문이다.

셋째는 준비가 부족하기 때문이다. 유료상담은 상담을 마친 후 매년 모니터링 비용을 고객이 기꺼이 지불할 때, 비로소 FP서비스에 대해 고객에게 인정받은 걸로 볼 수 있다. 그런데 많은 유료상담이 2차년도의 재계약 시점에 흐지부지 되는 경우가 많은 것이 현실이다.

앞의 두 가지는 **'시장의 문제'**이기 때문에 유료 재무설계 시장이 확산됨에 따라 해결될 수 있거나 시장 전환을 통해 풀어야 할 부분이지만, 마지막 부분은 재무설계 프로세스, 특히 '모니터링의 보완'을 통해서 풀어야 할 부분이다. 그럼에도 필자는 모니터링 서비스 역시 시장 즉 고객들로부터 출발해보려 한다.

모니터링의 의미

모니터링은 적극적인 의미에서 고객이 설정한 재무목표를 예정대로 이뤄가고 있는지에 대한 성취도 측정이고, 소극적인 의미에선 고객에게 발생한 재무적 이슈에 대한 대응이다. 구체적으로 정리해보면 다음과 같다.

재무목표 별 성취도 점검

최초 설정한 재무목표를 예상대로 달성해나가고 있는지 점검하며, 예상 치보다 미달 시 그 원인에 대해 수익률, 소득감소, 저축 및 소비패턴의 변화 3가지 관점에서 파악한다.

재무 계획의 중간 점검

고객관련 기록을 최신의 내용으로 갱신하며, 계획 내용이 여전히 고객의 니즈에 부응하는 지 체크한다. (이직 등 고객 상황의 변화 파악)

포트폴리오 재조정

기존 금융상품의 만기(환매) 및 잉여 현금흐름의 발생 시에 기존 포트폴리오를 재조정 한다.

금융상품에 대한 AS

투자상품 수익률 현황 및 이에 대한 전문가의 해석을 고객과 공유하고, 보장성 보험의 보험금 청구 등을 지원한다.

재무교육 서비스

재무교육이나 세미나, 혹은 소식지를 통해 금융환경이나 제도의 변화 및 신상품이나 투사의 기회 능을 안내한다. 연말정산 등의 이슈가 있을 때 관련 교육을 제공하는 것도 포함한다.

체계적인 모니터링의 시작

기존 고객들이 어느 정도 확보된 시점에서, 본격적으로 모니터링 프로세스를 보완하고 체계적으로 제공하기 위해 가장 우선해야 할 것은 <u>기존 고객의 니즈에 대한 분석</u>이다.

필자는 고객을 몇 개의 그룹으로 나누어 순차적으로 아래와 같은 내용을 담은 메일을 발송한 후 전화로 취지를 설명하는 방식을 택했다.

자료1 모니터링 안내

본 메일은 저와 만난 지 2년이 지난 고객 한 분 한 분께 보내는 설문지입니다. 재무설계가 첫 상담에서 끝나지 않고 고객님이 재무목표를 이뤄가는 과정에 함께 하기 위한 노력이 모니터링입니다. 고객님과의 약속을 지키기 위해, 다음과 같이 재무설계사로서 제공해드리고자 하는 모니터링의 구체적인 내용을 안내 드립니다. 아래 내용을 살펴보시고, 고객님이 가장 필요하다고 생각되는 항목을 선택해주시면 표준화된 모니터링 서비스를 제공하는 데 중요한 기준으로 활용하겠습니다. 아울러 지난 재무상담에서 제게 제공해주셨던 내역을 보고서와 함께 보내드리니, 변경된 부분이 있으면 함께 알려주시면 다음 모니터링에 반영하도록 하겠습니다.

자료2는 2011년 1월까지 취합된 고객의 회신을 바탕으로 고객이 요청하는 모니터링을 분석한 자료다. 이런 과정을 통해 FP 스스로가 자신의 고객에 대해 이해할 수 있는 기회를 갖게 되고, 고객과의 커뮤니케이션이 가능하게 된다. 설문의 항목은 FP가 처한 상황이나 성향에 따라 달라질 수 있고 그 결과도 다를 것이다. 하지만 모니터링의 시작이 고객의 목소리에서 시작되는 것은 분명 유효한 전략이다.

자료2 모니터링 관련 설문 분석(일부 발췌)

고객님이 기존 상담에서 가장 만족했던 부분은 무엇입니까?

금융일반에 대한 재무교육 (34%)

나의 재무상황에 대한 객관적인 점검 (42%)

구체적인 재무목표의 설정 (12%)

금융상품에 대한 정확한 안내 (12%)

고객님이 재무설계 모니터링을 통해 점검 받고 싶은 항목은 무엇입니까?

금융일반에 대한 재무교육 (10%)

나의 재무적 비재무적 상황에 대한 주기적인 점검 (18%)

재무목표의 달성현황에 대한 점검 (42%)

새로운 금융상품 및 투자기회의 제공 (30%)

고객님은 재무설계 모니터링을 다음 중 어떤 수단을 통해 지원받고 싶습니까?

1) 방문(20%)   2) 전화(54%)   3) 이메일(22%)   4) 메신저(4%)

고객님의 연령대는 어떻게 되십니까?

1) 20-25세(6%) 2) 26-30세(38%) 3) 31-35세(40%) 4) 36-40세(16%) 5) 40세 이상(0%)

고객님의 성별은 어떻게 되십니까?

남(14%)   2) 여(62%)   3) 부부(24%)

1차 설문대상: 기존 고객의 20%(70명), 회신율 70%, 2011년 1월 25일 발송

Closing

FP들이 받는 Fee는 크게 3가지다. 첫째, 고객과의 관계 정립 비용이다. Fee를 받음으로써 FP는 재무상담 서비스에 대해 좀 더 구속력 있고 의무감을 가진 상태에서 좀 더 객관적이고 신속한 서비스를 고객에게 제공하며, 고객 역시 상담에 좀 더 적극적이 된다. 이 경우, Fee는 저렴한 편이며 재무컨설팅 계약서를 작성하지 않는 경우도 있다.

둘째, 주로 자산가를 대상으로 투자자산을 운용한 대가로 성공보수의 성격을 지니는 경우다. 흔한 경우는 아니며, Fee의 규모가 상대적으로 크다. 합법적이냐 여부를 떠나서 재무설계에서 말하는 Fee의 개념과는 거리가 멀다.

셋째, 재무설계 서비스 자체에 대한 대가로 Fee를 책정하는 경우인데, 이는 고객과 사전에 합의가 되어야 하며, 비용에 대한 기준도 사전에 마련되어 있어야 한다.

필자는 대부분의 재무설계 유료상담 케이스가 첫 번째 유형에서 세 번째로 넘어가는 과정에 있다고 판단한다. 그리고 그 지점에서 모니터링이 큰 가교 역할을 할 수 있다고 본다. 다음 호에선 고객을 모니터링 프로세스에 주도적으로 참여시키는 방식에 대해 함께 고민해보려 한다. (고객 주도의 모니터링 or 고객과 함께하는 모니터링)

고객과 함께하는 모니터링

Prolog

모니터링은 고객의 변화된 삶과 생각을 과거 재무상담의 기록과 포트폴리오에 다시 녹여 내는 작업이다. 따라서 고객 스스로가 모니터링의 포인트가 되는 지점을 가장 잘 알 수 있다. 이는 모니터링의 성공 여부가 고객의 참여를 얼마나 잘 이끌어 내느냐에 달려 있음을 의미한다. 이런 취지에서 몇 가지 사례와 함께, 고객을 모니터링에 주도적으로 참여시키는 방법과 툴(tool)을 제시하려 한다.

고객은 원한다. 단지 어떻게 시작할지 모를 뿐이다.

재무설계사는 모니터링을 재무설계 서비스의 중요한 장점으로 제시한다. 실제로 재무목표를 달성해가는 과정에서 적절한 모니터링이 뒷받침된다면, 고객의 재무목표가 성공할 가능성은 현저히 높아질 것이다. 고객은 어떠할까? 모니터링을 통해 어떤 부분을 기대하고 있는 것일까?

고객에 따라 그 답은 조금씩 달라지겠지만, 필자는 크게 두 가지라고 생각한다. 하나는 고객 스스로가 자신의 재무적 상황을 제대로 통제하고 있다는 확신이다. 다른 하나는 만약 예기치 못한 상황이 발생해도 전문가의 도움을 통해 충분히 해결할 수 있다는 심리적 안정감이다.

재무설계사의 균형 잡힌 조언은 이러한 고객의 니즈를 충족시킬 가능성이 크고, 고객 또한 이를 원한다. 고객은 단지 어떻게 시작해야 할지를 모를 뿐이다. 다시 말해 고객은 언제 재무설계사의 조언이 필요한지 혹은 어떤 식으로 재무설계사에게 도움을 요청해야 할지 어려워하는 경우가 생각보다 많다. 그래서 재무설계사가 모니터링을 주기적으로 실행에 옮기는 그 자체만으로도 고객에겐 큰 의미가 있다.

재무설계사는 무엇을 해줄 수 있는가?

재무설계사는 모니터링을 하면서 기존의 플랜을 다시 평가하고, 성과도를 측정하며, 변수를 통제하는 일을 한다. 특히 다음의 2가지는 매우 중요하다.

1) 재무설계안의 지속성 유지

각 분야에 종사하는 전문가의 조언이 재무설계안을 지속해가는데 오히려 방해요인이 되는 경우가 종종 발생한다. 재무설계는 고객의 재무적 플랜을 둘러싼 여러가지 요소를 종합적으로 고려하며 진행되기 때문에, 고객이 동일한 사안에 대해 다른 전문가로부터 또 다른 조언을 구하려고 하는 것은 자연스런 모습일 것이다. 그런데 이러한 조언들이 재무설계사와 상반된 견해를 보일 경우, 고객들은 다시 혼란에 빠지거나 재무설계안 자체에 대해 의심하거나 회의적이 되기도 한다.

따라서 모니터링 과정에서 재무설계사는 고객들이 다른 전문가들에게서 어떤 조언을 얻고 있는지 잘 알아둘 필요가 있다. 재무설계사는 한 분야에서 최선이라 생각되는 솔루션이 종합적인 관점에선 최선이 아닐 수 있다는 사실을 고객에게 짚어줄 수 있어야 하고, 고객이 재무설계를 통해 종합적인 균형점을 찾아가도록 안내해야 한다. 물론 자신의 조언이 뭔가를 놓치고 있는 부분은 없는지도 다시 점검해야 한다. 아울러 고객이 애초에 합의한 재무설계안이 어떠한 원칙을 근거로 이뤄졌는지 다시 상기시켜주는 것은 매우 효과적이다.

2) 평가의 프레임 제시

자료1 모니터링 방식 중 성취도 점검

재무목표별 성취도 점검			
목적	여행자금	모니터링 시점	25개월차
기간	48개월	목표자금	542만원
목표자금	1148만원(현가1000만원)	목표달성률	472.%
물가상승률	3.5%	실제준비금액	602만원
목표수익률	8.0%	목표대비	60만원 미달 / 초과
월 적립액	20만	원인	1 / 2 / 3 / 4 / 6

목표
100% 1148만 / 48개월
47.2% 542만 / 25개월

성과
52.4% 602만

〈원인〉 1. 수익률 오차 2. 저축 및 투자패턴의 변화(납입중지, 추가납입, 증액, 감액 등)
3. 소득규모 및 지출규모의 예측 실패 4. 재무상담 후 실행지연 5. 기타

고객은 재무목표에 대해 잘 가고 있는지 평가하고 싶어하고, 자신이 잘 하고 있는지 평가 받고 싶어한다. 이 때 재무설계사는 평가의 기준과 프레임을 고객에게 제

시해 주는 것이 필요하다. 〈자료1〉과 같이 현재 어느 정도 목표의 달성이 되었는지, 결과가 성공적 혹은 미흡한 측면이 있다면 그 이유는 어떠한 것들인지를 구체적으로 고객이 판단할 수 있도록 도와준다.

고객을 참여시킨 구체적인 모니터링 사례

모니터링 때 고객이 목표에 얼마나 가까이 다가섰는지를 확인시켜주는 것은, 고객에게 성취감과 함께, 재무설계안에 대한 만족감을 느낄 수 있게 해준다. 또한 재무설계사의 목소리가 아니라, 이전 상담에서 고객이 갖고 있었던 견해로부터 시작되는 모니터링은 고객 스스로 자신의 스토리라는 생각을 강하게 갖게 하여 적극적인 참여를 가능케 한다.

▶▶▶사례1

> 광고회사의 사내 커플인 맞벌이 부부를 상담한 적이 있는데, 자녀의 출산과 함께 부인의 퇴직을 심각하게 고민하고 있었고, 실제로 이들 부부는 재무상담을 마치고 몇 개월 뒤 외벌이로 전환하였다. 그 과정에서 두 사람이 스트레스를 많이 받았을 텐데 필자는 오히려 이들 부부가 진지하게 상대방과 자녀 등의 미래를 고민해주는 모습을 보며 그 동안 상담했던 어떤 부부보다도 따뜻한 느낌을 받을 수 있었다.

그러한 느낌을 상담 후기로 담아 첫 번째 모니터링을 시작하기 전에 두 사람에게 메일로 그 내용을 함께 보내주었더니, 이들 부부는 재무상담 초기의 다짐과 각오 등이 되살아나 모니터링에 매우 적극적이 되었다. 필자의 입장에서도 모니터링에 앞서 상담 시점에 가졌던 구체적인 느낌 등을 되살릴 수 있어 큰 도움이 되었다.

일반적으로 고객에게 재무상담에 대한 후기를 요청하는 경우가 많은데, 위와 같이 역발상으로 재무설계사의 관점에서 상담 후기를 남기고 이를 고객과 공유해보는 것은 고객과 재무설계사 자신에게 큰 의미가 있는 것 같다.

▶ ▶ ▶ 사례2

필자가 S그룹에 근무하는 맞벌이 부부를 상담했을 때, 두 사람은 여행을 좋아하고 자녀 계획을 별도로 갖고 있지 않은 상태였다. 또한 급여관리도 각자 따로 할 만큼 서로의 삶을 존중해주는 스타일이었다. 문제는 지출통제가 전혀 되지 않아, 3년 가까이 적지 않은 급여를 받음에도 저축이 거의 없다는 부분이었는데, 이들 부부는 재무상담을 통해서 자신들의 지출규모를 적절히 관리하고자 하는 의지가 강했다.

이 상담을 마치고 재무설계안을 제시하면서 '타임 캡슐'의 개념을 도입하였다. 다시 말해, 고객 스스로가 자신에게 쓰는 다짐과 계획 등을 작성하게 하여 필자가 보관하고 있다가 100일이 지난 후에 다시 고객에게 발송하였다. 이러한 시도는 고객의 적극적인 의지가 작심삼일로 끝나지 않게 하기 위한 의도였는데, 지출관리 부분에서 고객의 협력을 얻어내는 데 매우 효과적이었다.

위 두 사례는 필자의 독창적인 아이디어는 아니며, 다른 재무설계사의 사례를 필자가 일부 벤치마킹해 본 것인데 아직 그 적용사례가 많은 것은 아니다. 하지만 고객들이 모니터링에서 자신의 스토리가 등장할 때 적극적이 되는 것은 분명한 사실로 보인다.

Closing

<u>인생은 '흘러가는 것'이</u> 아니라 차곡차곡 '쌓여가는 것'이라고 한다. 고객이 자신의 삶을 효과적으로 통제하고 수도적으로 살아가기 위해서, 재무설계사와 함께 하는 모니터링은 훌륭한 계기가 될 수 있다. 고객과의 모니터링 횟수가 늘어갈수록 고객은 재무설계사를 진정한 삶의 동반자로 인식하고 더욱 많은 부분을 함께 하고자 할 것이다.

모니터링을 효과적으로 수행하기 위해, 필자는 고객의 주도적인 참여를 강조했는데 실제로는 많은 고객들이 수동적인 모습을 보이는 경우가 많다. 재무설계사는 이러한 고객들이 조금씩 자신들의 삶 속에서 주인공이 될 수 있도록, 격려하고 자극하는 부분이 필요하다고 믿는다.

▌모니터링을 염두에 둔 초회 상담(AP)

Prolog

〈상식 밖의 경제학〉의 저자인 듀크대의 댄 애리얼리 교수는 '경제주체인 인간은 합리적이다'는 정통 경제학의 기본 가정을 부정한다. 그는 인간이 '예측 가능하게 비합리적'이라고 주장한다. 그의 연구 결과에 따르면 인간은 미래, 특히 먼 미래를 떠올릴 경우 뇌의 전원이 꺼지도록 진화 과정을 거쳤고 대신 현재의 즉각적인 일을 떠올리면 뇌가 커진다고 한다. 따라서 정부가 나서서 개인들이 제대로 판단을 내리지 못하는 미래의 일에 대해서는 강제로, 혹은 단기적인 인센티브로 지혜로운 판단을 하도록 이끌어내자는 제안을 한다. 이러한 그의 제안 속에서 재무설계사의 역할과 사명을 떠올리는 것이 비단 필자만은 아닐 것이라 생각한다.

모니터링은 망각과의 싸움이다.

모니터링 시점에, 상당수의 고객은 초회 상담 때 갖고 있던 초심 그리고 포트폴리오의 근거가 된 내용들에 대해 더 이상 생각하지 않고 있다. 특히 인간의 본능을 거스르며 진행했던 장기 상품이나 투자상품에 대한 만족도는 시간이 흐르면서 떨어지는 경우가 많고, 이를 모니터링에서 잡아주지 못하면 해당 재무목표 달성에 큰 지장을 초래하기도 한다.

이러한 상황이 전개되었을 때, 고객을 보호하고 재무목표에 맞는 저축과 투자를 지속하도록 하기 위해 필자는 재무교육이나 상담, 그리고 보고서 작성 등 전 과정에 걸쳐 다양한 심리적 장치를 심어둔다. 대개는 쉽고 간단한 키워드로 모니터링 시점에 고객이 쉽게 기억해 낼 수 있도록 구성한다.

사례1 - 투자와 관련된 질문

투자 경험이 부족한 고객이 재무목표 달성을 위해 적립식 펀드를 가입하는 경우를 예로 들어보자.

투자 기간이 충분히 확보 되었다면, 투자기간 동안 주식 시장의 변동성이 크더라도 투자를 지속하는 것이 유리하다. 그럼에도 투자 경험이 부족하거나 보수적인 고객은 손실 구간에서 공포의 감정에 휘둘려 손실을 입고 환매를 하거나 신규 적립을 중지하고 기존 불입액이 원금에 도달하기만을 기다리는 경우가 많다. 이런 상황은 FP가 상담 시점에 충분히 투자 교육을 하더라도 자주 발생한다. 필자는 투자에 대한 교육을 마치면서 〈자료1〉과 같은 대화로 상담을 마무리한다.

자료1

> FP: ○○○고객님, 적립식 펀드를 이번 달부터 시작할 텐데 1달 후에 손실이 10%나 나 있다면 기분이 어떠실 거 같아요?
>
> 고객: 당연히 나쁘죠.
>
> FP: 아 그러시군요. 그럼 하나만 더 여쭤볼게요. 다음달은 고객님이 주식을 사는 시점인가요, 아니면 파는 시점인가요?
>
> 고객: 사는 시점이죠.
>
> FP: 고객님은 뭔가를 살 때, (동일한 가치라면) 싼 게 좋나요, 아니면 비싼 게 좋나요?
>
> 고객: 싼 게 좋죠.
>
> FP: 적립식 펀드는 초반에 수익이 나던 안 나던 그 때는 사는 시기니까 이왕이면 싸게 사는 게 좋겠네요. 결국 내가 팔 때 적정한 가격을 받고 팔면 되겠죠?
>
> 고객: 지금 생각해보니 그렇네요.
>
> FP: 투자를 할 때 고객님의 구매가는 중요하지만, 투자 기간 동안 변하는 평가 액은 주식시장이 계속 등락을 거듭하기 때문에 큰 의미가 없습니다. 오히려 마이너스 구간을 거칠 때는 손실구간이 아니라 매수의 기회라고 생각하는 것이 좋습니다. 다만, 일정시점이 지나면, 적립식 펀드 안에 '자산'이 만들어집니다. 이 때는 자산에 대한 리스크 관리가 필요하답니다. (이하 생략)

고객의 입장에서, 자산배분과 포트폴리오의 중요성, 변동성과 위험의 의미, 재무목표 등 많은 것이 이야기되지만 고객은 모든 것을 기억하지 못한다. 따라서 필자는 적립식 투자에서 손실 구간은 기회라는 점 그리고 적립식 투자도 일정 기간이 흐르면 그 안에 자산이 형성되면서 이에 대한 관리가 필요한 시점이 온다는 점 이렇게 두 가지만을 각인시키려 노력한다. 필자의 경험에 비추어보면, 모니터링 때 위의 내용을 고객에게 상기시켜 주면 시장의 부침과 무관하게 고객은 편안한 투자를 지속해나갔다.

사례2 – 보험 상품에 대한 구분

모니터링 시점에 '내가 이 보험 상품을 왜 가입했었죠?'라고 묻는 고객이 존재한다. 이런 고객은 자신이 실행한 상품이 재무목표와 관련하여 적절했는지를 다시 확인하려는 경우가 많다.

이 때는 세세한 상품 설명보다 재무목표에 부합한 포트폴리오 인지를 큰 틀에서 재확인해주는 것이 효과적이다. 이를 위해 필자는 초회 상담 때부터 고객들이 자신이 가입한 보험의 목적을 쉽게 확인할 수 있도록 〈자료2〉와 같은 교육을 진행한다.

자료2: 생명보험 상품의 네이밍 룰

배당유무	회사명	브랜드명	기능	A	보험
유배당 무배당	가나생명 다라생명		변액 유니버셜	종신 연금	

모든 생명보험 상품의 이름은 "보험"이란 단어로 끝나며, "보험" 바로 앞에 위치
한 단어(A)를 통해 해당 보험상품의 자산유형을 구분할 수 있다는 점을 알려준다.

예를 들어 위 그림에서 A 위치에 "종신"이란 말이 붙으면 보장성 보험으로 구분
하면 되고, "연금"이란 말이 들어가면 은퇴자산 항목에 분류하며, A항목이 비어 있
으면 장기목적의 저축성 혹은 투자성 보험으로 판단하는 식이다. 보험업계 종사자
에겐 쉬운 내용이지만, 고객은 이런 부분을 많이 헤깔려한다.

모니터링 고객에게 포트폴리오의 근거에 대한 재확인을 통해 플랜에 대한 확신
을 주는 것은 매우 중요하며, 이런 과정을 거친 후에야 고객은 상황의 변화에 대해
이야기할 준비가 된다.

사례3 – 시나리오 플래닝

몇 개월 후의 이사 계획 때문에 전세자금 증액과 부채를 낀 주택구입 중 어떤 결
정을 할지 확정되지 않은 고객의 경우를 예로 살펴보자. 몇 가지 변수에 대해 FP와
고객이 합의를 했더라도 실제 실행을 하는 시점은 일정 시간이 흐른 후이므로 이에
대한 변화의 가능성은 계속 열려 있고, 따라서 시나리오 플래닝이 필요하다

시나리오 플래닝의 핵심은 예측 가능한 변수를 '사전'에 관리하고, 예측 불가능한
변수에 대해선 충당금과 보험 등의 대비책을 충분히 쌓아두는 데 있다. 그렇다면 사
전에 전세자금 증액과 주택구입의 각 사례에 따라 현재 제안한 포트폴리오가 어떤 식

으로 바뀌게 될지에 대한 고객의 생각을 정리해두고 이를 자료로 남겨두는 것이 좋다. 이는 해당 시점에 가서 고객이 심리적 안정감을 느낄 수 있다는 장점도 가진다.

Closing: 모니터링은 초회 상담 중에 이미 준비되어야 한다.

서두에서 언급한 댄 애리얼리 교수는 "매우 좋지만 뇌가 잘 느끼지 못하는 미래의 일을, 뇌가 느낄 수 있는 현재의 약간 좋은 일로만 치환해도, 사람들에게 극적인 동기부여가 된다'고 한다. 필자는 이를 모니터링과 관련 지어 다음과 같이 생각해 본다.

고객이 재무적 플랜을 진행하며 부딪힐 수 있는 특정 상황들을 제대로 해석할 수 있도록, FP가 사전에 그 해답을 고객의 머리 속에 각인시켜 주되, 이는 고객이 직관적으로 받아들일 수 있도록 매우 쉽고 간결한 하나의 문장으로 압축되어야 한다는 것이다.

모니터링은 고객이 확신과 만족감을 갖고 기존 플랜을 지속적으로 유지하게 하는 목적과 FP의 적절한 조언을 통해 상황의 변화에 대응하기 위한 목적을 가진다. 이러한 목적에 충실하기 위한 모니터링의 성공 여부는 초회 상담에서 어떻게 고객을 교육하느냐에 상당부분 달려 있다.

참조 및 인용: FP저널 Vol. 52-53, 상식 밖의 경제학, 재무설계를 위한 행동재무학

소개를 부르는 모니터링

Prolog

개인 영업을 함에 있어서 고객층을 분류하는 용어 중에 'X – Y – Z시장'이라는 익숙한 구분 방식이 있다. 영업 조직에 따라 X시장(지인 고객)에서 시작하여 Y시장 (소개를 통한 고객 확보)으로 넘어가는 것을 강조하기도 하고, 반대로 처음부터 Z 시장(개척을 통한 고객 확보)을 강조하기도 한다. 필자가 보기에 재무설계를 진행함 에 있어서 고객과의 관계 정립에 가장 유리한 경우는 자발적 신청자를 제외한다면, X시장이나 Z시장이 아닌 Y시장, 즉 소개 고객을 만날 때이다. 다시 말해 재무설계 서비스에 대해 만족한 기존 고객의 소개야 말로 최고의 관계 정립이 될 수 있다.

FP의 소개 요청에는 간절함과 진심이 담겨야 한다. 동시에 고객의 만족감이 담 긴 소개만이 진짜 소개이다. 기계적인 소개 요청이나 강요된 소개 요청은 더 이상 통하지 않는다. 현명한 세일즈맨은 기존 고객을 바탕으로 새로운 거래 가능성을 계 속 모색하는 법이다. 현명한 재무설계사라면 그 해답을 충실한 모니터링에서 찾을 것이다.

정기 모니터링 속에서 효과적인 소개 요청법

고객이 소개를 해준다는 것은 모니터링의 최종 목표 중 하나이다. 동시에 재무설 계사의 모니터링 서비스에 대해 고객이 만족하고 있다는 뜻이기도 하다. 어떻게 모 니터링을 진행할 때 고객이 소개를 해주는 걸까?

모니터링을 개인 재무상황에 대한 점검 부분과 교육 부분으로 나눠, 교육 모니터 링 때 주변인을 참여시킬 수 있는 프로그램을 도입하는 것도 좋은 방법이다. 주부들 에겐 '사랑방 세미나'의 형태 등을 제안하는 것은 어떤가?

자료1. 필자의 교육 자료에 활용 중인 QR코드

교육 자료는 PDF로 작성하여 고객에게 파일로 제공한다. 이 때 자료 안에는 재 무상담이 가능한 장치를 심어둔다. 스마트폰의 도입에 따라 최근에 많이 활용되는 'QR코드' 등을 활용하는 것도 추천할 만 한다. 다시 말해 자료를 최대한 '유통이 가 능한 형태'로 제공하는 것이다.

많은 재무설계사들이 소개 요청을 부담스러워 한다. 잠재 고객을 소개해달라는 부탁이 압력으로 느껴질까봐 두려워하거나 어떻게 소개를 요청해야 할지 그 방법을 모르는 것이다. 사실 소개 요청은 자연스럽게 진행되어야 고객이 부담을 느끼지 않 는다.

모니터링을 진행하면서 고객 주변의 사례를 많이 물어라. 그러면서 재무상담이 필요한 상황에 있는 잠재 고객이 발견 되었을 때 자연스럽게 소개 요청을 하면 된다. 이 때 소개 요청을 위한 자신만의 프로필이 담긴 자료를 건네면서 고객에게 재무설계사를 소개하는 방식을 교육시키면 효과적이다. 해당 내용을 명함 등에 담는 것도 방법이다.

비정기 모니터링은 타이밍이 중요하다.

8월 들어서 미국의 채무한도 상향조정과 신용등급 하락 등의 영향으로 국내외 주가가 예상 외의 폭락을 경험하고 있다. 고객에게 투자 자산을 권유한 재무설계사의 경우, 비정기 모니터링이 매우 필요한 시점이다.

비정기 모니터링은 크게 고객이 요청하는 경우와 재무설계사가 요청하는 경우로 나뉜다. 후자의 경우 적절한 타이밍은 효과를 배가시키고 이는 고객의 만족도를 높여 소개로 이어질 수 있다.

그렇다면 비정기 모니터링의 타이밍은 언제로 잡는 것이 효과적인가?

재무목표의 달성 시점: 고객의 만족도가 최고조인 시점이다.

금융시장의 변동성이 커진 시점: 주가가 급등하거나 급락하는 경우 고객은 투자자산을 인출해야 할지, 혹은 추가납입을 해야할 지 궁금하다.

고객의 개인 신변의 변화: 결혼, 자녀의 출산, 이직 및 주택 구입 등

연말정산 준비시점: 직장인들에게 연말정산은 매년 이목이 집중되는 핵심이슈가 되며, 원천 징수영수증 등을 제대로 보는 법을 교육해주는 직장은 거의 없다.

재무설계사의 경력에 중요한 내용이 추가될 때: 재무설계사의 글이 언론에 실린다던 지, 방송에 출연하거나 책을 출간할 때 혹은 중요한 시상을 하게 될 때 이러한 내용을 고객과 공유하는 것은 자연스런 홍보 활동이 된다.

고객의 사무실이나 집 근처에 다른 상담이 있을 때: 예상치 못한 방문이나 간단한 연락은 그 자체로도 훌륭한 모니터링이 된다. 고객은 재무설계사에게 관리를 받고 있다는 긍정적인 느낌을 받게 된다.

제도적인 변화: 경험생명표의 변경, 적용세율의 변화, 비과세 제도의 변화

신규 금융상품의 출시: 많은 고객들이 신규 금융상품에 대한 정보 제공을 중요한 모니터링의 하나로 간주한다.

고객이 가입한 금융상품의 만기: 새로운 의사결정이 필요할 때가 고객에게 재무설계사가 가장 필요한 시점이다.

보험금 청구 시점: 고객에게 보험금 청구는 재무설계사의 성실성을 점검하는 중요한 계기가 된다.

고객의 컴플레인이 접수될 때: 고객이 뭔가 불만을 얘기한다는 것은 재무설계사에게 기대하는 바가 있다는 뜻이다. 많은 경우 불만을 품은 고객은 아무런 통보 없이 재무설계사를 떠나거나 다른 담당자를 찾게 된다.

소개 이후의 중요한 절차

잠재 고객을 소개 받은 후에는 몇 가지 사후관리가 필요하다.

첫째, 소개받은 고객과 언제 만났고, 만족도가 어떤지 등 구체적인 진행 상황을 소개해준 고객과 공유해라. 첫 번째 소개에서 일말의 불안감이 있었던 고객이라도 두 번째 소개부터는 편한 마음으로 소개가 가능할 것이다.

둘째, 보상을 해준다면 소개를 해준 고객에게 집중적으로 해라. 책을 선물한다던지 기타 다양한 보상을 진행하는 경우에는 신규 고객보단 소개를 해준 고객에게 더욱 많은 혜택을 부여한다.

셋째, 소개받은 고객과 소개해 준 고객이 동료나 친구 사이라면, 모니터링을 함께 진행해주는 것도 방법이다. 모니터링을 함께 받는 고객이 3명(사람들은 셋 이상을 집단으로 인식한다)을 넘어서는 순간 그 집단에서 추가적인 소개를 받는 것은 매우 쉽다. 혼자서 누군가를 소개해주는 것에 부담을 느끼는 고객 조차도 동료들과 함께 그 부담을 나눈다면 쉽게 소개를 해줄 수 있다. 이런 방식의 모니터링은 재무설계사의 노력과 부담을 줄여주기도 한다.

필자는 이를 X - Y - Z 시장과 구분하여 G시장(Grouping이 된 고객군)이라 지칭하며 별도의 집중 관리를 한다. 향후 고객간의 네트워킹을 진행해주는 수준도 가능할 것으로 보며, 이는 고객에게도 큰 도움이 된다.

Closing

고객에게 소개를 받는 경우, 두 가지 장점이 있다.

첫째, 소개해 준 사람이 중요한 매개체가 된다. 재무설계사의 입장에서는 잠재 고객에 대한 사전 정보가 주어진 상태이고, 잠재 고객의 입장에서는 재무설계사에 대한 신뢰도가 높은 편이다. 무작위 접근보다는 분명 관계정립에 유리하다.

두 번째 장점은 더욱 중요한데, 소개를 해줬다는 것 자체가 재무설계 서비스에 대해 명시적 혹은 묵시적 인정을 의미한다는 점이다. 이는 즉각적인 신뢰 형성으로 이어진다.

장기적인 관점에서 재무설계사라는 직업이 성공하기 위해선, 시간이 흘러도 다람쥐 쳇바퀴 도는 영업방식을 반복하면 안 된다. 상담 경험이 쌓여갈 수록 고객이 쉽게 확보되는 시스템이 있다면 그러한 재무설계사의 미래는 밝다. 바로 모니터링 시스템이 해답이 될 수 있다.

DIY재무설계, 고객 스스로 설득하게 하라

필자가 한 대형 웨딩 박람회에서 재무상담을 진행할 때의 일이다. 와인을 판매하는 업체 관계자와 이야기를 나눌 기회가 있었는데, 이 업체는 단순히 와인을 판매하는 데 그치지 않고, 신혼부부를 직접 와인 제작 과정에 참여시키는 게 색다르게 느껴졌다. 부부가 직접 만든 와인을 지인들에게 감사의 선물로 보내도록 하는데, 선물을 하는 부부나 받는 사람들 모두 만족도가 굉장히 높다고 한다. 게다가 부부가 와인을 만드는 모습을 앨범으로 만들어주기까지 한다.

이른바 와인 DIY(Do It Yourself)라 불리는 체험 마케팅의 일환이다. '당신 스스로 해보라'는 의미를 가진 DIY는 가구, 인테리어, 천연화장품 등 이미 다양한 영역에 성공적으로 접목되고 있는 개념이다. 이는 상품의 구매 과정에서 마케팅의 대상으로 남기를 거부하고, 제작 과정에까지 주체적으로 참여하려는 고객들의 욕구가 반영된 결과라 볼 수 있다.

그렇다면 DIY란 개념을 재무상담에 접목해 보는 것은 어떨까? 재무설계는 기본적으로 고객의 계획을 구체화시키고, 이를 합리적으로 준비하고 달성해가는 일련의 과정이다. 재무설계의 중심에 FP가 아닌 고객이 있어야 하는 이유다.

DIY 재무설계를 진행하기 위해서는 고객과 FP의 관계설정이 과거와는 달라질수 밖에 없다. 지금까지는 상품을 판매하는 프로세스에 재무설계를 담아냈다면, 앞으로는 재무설계를 통한 문제해결 과정에서 금융상품을 활용하게 되는 것이다. 다시 말해 고객에게 있어 FP는 상품 가입을 부탁하는 영업사원이 아니라, 고객과 함께 고민하는 파트너로 자리매김해야 한다.

구체적으로 고객의 파트너인 FP는 "코칭"을 효과적으로 사용할 수 있어야 한다. 코칭이란 "상대방의 자발적인 행동을 촉구하는 커뮤니케이션 방법"을 일컫는다.

그렇다면 DIY 재무설계는 어떤 과정을 통해 이뤄져야 하는 걸까?

첫째, 고객이 자신의 현 상황을 정확히 진단하고 냉철한 자기평가를 할 수 있어야 한다. 상당수의 고객들이 명확한 재무목표를 갖고 있지 않거나, 현실성이 떨어지는 재무목표를 단지 희망사항으로 갖고 있다. 이를 현실성 있는 계획으로 끌어내기 위해 재무상태표와 현금흐름표 작성을 작성해 보는 것이 필요하다.

이 때, FP는 재무상태표와 현금흐름표를 작성하는 기준을 제시하고, 필요하다면 일반적인 사례나 구체적인 통계치 등을 통해 고객의 판단을 도와주는 역할을 해준다.

둘째, 고객의 기존 포트폴리오를 함께 분석하며, 재무목표 달성에 부합하는 지 살펴본다. FP는 보장자산, 투자자산, 은퇴자산에 따라 적정한 상품 군과 설계 원칙을 안내해주고, 고객은 현금흐름을 스스로 정리해봄으로써, 재무목표 달성을 위해 소비를 어떻게 통제하고 저축과 투자를 어떻게 진행할 지에 대해 살펴본다.

셋째, 고객 스스로 포트폴리오를 작성하고, 예상 가능한 결과를 점검해 보는 과정이다. FP는 고객이 제시한 포트폴리오를 진단해보면서, 자산배분이 적정한지, 현금흐름에 무리는 없는지를 조언하고, 포드폴리오 항목별로 고객의 니스에 맞는 구체적인 판매사나 상품 등을 찾아준다.

선택은 어디까지나 고객 스스로가 한다. 따라서 일반적인 상품 판매에서 보이는 막연한 거절은 당연히 나올 리가 없다. 고객은 스스로 한 판단에 대해서 커다란 신뢰를 보내게 된다. 다만 의사결정 과정에 시간이 소요되거나 판단에 어려움을 겪을 수 있는데, 이 때 결정 과정을 단순화시킬 수 있도록 FP는 적절한 시점에 적절한 조언을 해주면 된다.

이와 같은 과정을 통해, 고객은 단순히 질문과 대답을 통해 FP가 고객의 재무정보를 수집할 때 보다 더 구체적인 정보를 자신의 포트폴리오에 담게 되고, 스스로가 주인공이 되어 자신의 이야기를 만들어가게 된다.

그렇다면 FP가 이를 통해 얻을 수 있는 것은 무엇일까?

첫째로 고객의 관점에서 재무설계가 진행됨으로써 고객의 신뢰를 얻기가 쉬워진다. 적절한 현금흐름의 진단이나 재무목표의 설정 등은 누구에게나 도움이 되는 경험이므로 소개 역시 쉽게 받을 수 있다.

둘째로 상품을 팔기 위해 고객을 설득하는 구조를 탈피하여, 문제 해결의 한 과정으로 금융상품을 활용하는 것임을 고객 스스로 인식하게 된다는 점이다. 이는 필요한 사람에게 필요한 만큼 제안하는 것이기에 가능하다.

셋째로 일반적인 상담에선 FP가 고객에게 정성을 다해 재무목표나 현금흐름, 포트폴리오의 개념 등을 이야기해도, 시간이 흐름에 따라 고객의 머리 속에는 자신이 가입한 상품만 남게 되는데 반해, DIY를 통해 스스로 포트폴리오를 구성한 고객은 전체 포트폴리오와 재무목표 속에서 해당 금융상품이 어떤 기능을 하는지를 기억한다.

이 때 FP는 고객이 만든 재무상태표와 현금흐름표 및 포트폴리오 실행안을 기본으로 하여 고객의 생각을 한 장 정도의 보고서로 간결히 정리해두면, 향후 모니터링할 때 큰 도움이 된다. 상담 시 고객이 사용한 표현을 그대로 인용하는 것도 좋은 방법이다.

DIY재무설계를 진행함에 있어서 주의할 점은 다음과 같다.

우선 DIY재무설계가 적합하지 않은 고객 유형이 분명히 존재한다는 것이다. 예를 들어 복잡한 계산을 싫어하고, FP가 결론을 내려주길 바라는 고객에겐 DIY방식은 적합하지 않다.

또한 고객이 내리는 결정을 존중하되, 항상 옳은 결정은 아니라는 점을 기억한다. 즉 고객은 일반적으로 기존의 자신이 해오던 익숙한 방식을 선호하는 경향이 있다. FP가 볼 때, 고객의 판단이 적합하지 않다고 생각되면, 대안을 제시하며 두 포트폴리오가 재무목표를 달성하는 데 있어서 어떻게 다른 결과를 가져오는 지 함께 살펴보도록 한다.

마지막으로 고객이 쉽게 재무설계를 진행해 볼 수 있도록 필요한 툴(tool)의 확보이다. 엑셀파일이나 워드양식을 활용해도 좋고, 최근에는 온라인을 통해 DIY재무설계를 지원하는 경우도 있다.

DIY 재무설계를 통해 FP의 역할이 위축될 거란 기우도 있을 수 있다. 하지만 DIY재무설계의 위력은 영업의 최종 단계인 "클로징"에서 발휘된다. 즉 "고객이 스스로 상품구매를 통한 문제해결이란 결단을 내릴 수 있도록" 지원하며 FP와 고객의 관계는 긴밀해진다. 고객이 "자발적으로" 상품구입을 결심하지 않고 조금이라도 "어쩔 수 없이"라는 부분이 포함된다면 영업하는 측이 불리한 입장에 서게 된다. 고객과 공동작업을 통해 영업 이후의 관계도 신뢰를 통한 파트너로 갈 수 있을 때, 재무설계사로서 큰 보람을 느낄 수 있을 것이라 확신한다.

스스로 하는 재무설계를 꿈꾸며

펀드나 변액보험 같은 투자 상품을 가입할 때, 별 생각 없이 서명하는 문구 중에 "투자의 모든 책임은 투자자 본인에게 있다"는 취지의 규정들이 항상 포함되어 있다. 결국 금융소비자가 스스로 잘 알지 못하면, 금융기관을 상대로 항상 불리한 입장에 놓일 수 있음을 의미한다.

재무설계는 금융 서비스의 주도권을 소비자에게 돌려주기 위한 것이다. 나의 인생이나 재무목표를 설계하는 것은 금융기관이나 재무설계사가 아니라 나 자신이 중심이 되어야 한다. 금융기관과 금융상품은 이를 실현하기 위한 도구일 뿐이다.

그런 관점에서 이 책을 끝까지 읽은 독자들이라면, 반드시 재무상담 이전에 재무교육을 받고 스스로 금융에 대한 관점을 세우기를 바란다. 또한 이 책을 읽은 독자가 기업의 인사, 복지, 교육 담당자라면 최근 많은 기업들이 재무교육에 관심을 기울이고, 직원 복지나 교육 프로그램의 일환으로 재무설계 서비스를 도입하는 흐름에 주목하길 바란다.

회사를 통해 재무교육을 접하기 어려운 일반인들은 주변의 훌륭한 재무설계사들이 많으니 상담 신청을 하면서 사전에 재무교육을 진행해달라고 요청해라.

당부하고 싶은 것은, 포트폴리오를 구성하는 과정에서 신중을 기하되, 한번 정확한 플랜을 정하게 되면 꼭 실행을 하고, 실행을 했으면 끝까지 유지를 하기 바란다. 어떤 플랜도 실행을 하지 못하면 무의미한 시간의 낭비고, 어떤 좋은 실행도 원래의 의도대로 가지 못한다면 간 만큼 손해일 수 있기 때문이다. 플래닝은 단지 시작일 뿐이다.

이 부족한 한 권의 책에 담기엔 너무 다양한 상담 사례가 있고, 유형별로 구분하기엔 개별 상담의 특수성들이 존재해서 한계가 많았다. 상담에 인용된 사례는 전부 가명을 사용했고, 고객 정보와 관련된 부분은 대부분 수정을 거쳤다. 하지만 상담의 내용만큼은 최대한 원래 상담의 분위기를 유지하고자 노력했다.

독자 한분 한분이 스스로 재무설계를 통해 재무목표를 가능한 구체적으로 세워보고, 현재의 상황을 가능한 객관적으로 바라볼 수 있게 된다면 반드시 좋은 금융소비자가 될 수 있을 거라 믿어 의심치 않는다.

이 책의 내용과 관련하여 보완이나 반론의 의견이 있거나, 부록으로 수록된 재무설계 기초자료 양식이 필요하면 언제든지 메일을 주시기 바란다.

모두들 행복한 부자가 되길 기원하며, 저 역시 누군가의 좋은 재무설계사로 남기 위한 노력을 계속하려 한다.

부록 I

금융감독원 초중고
금융교육 표준안

– 5개의 대영역과 13개의 중영역으로 구성된 금융교육 내용체계와 이에 따른 각 영역별, 학교급별 성취기준은 다음과 같다.

대영역	중영역		성취기준
I. 금융과 의사결정	1. 합리적 금융생활	초	1. 상품 거래에 돈이 필요함을 이해한다.
			2. 돈을 사용할 때 우선순위를 고려하여 의사결정을 한다.
			3. 돈과 관련된 의사결정 사례를 말할 수 있다.
		중	4. 금융의사결정이 필요한 이유에 대해 설명할 수 있다.
			5. 금융의사결정에 따른 책임은 자기 자신에게 있음을 인식한다.
			6. 개인정보의 중요성을 이해하고 이를 관리할 수 있는 방법을 안다.
		고	7. 다양한 경로를 통해 금융정보를 탐색하고 이를 평가할 수 있다.
			8. 통화, 경기, 물가, 금리, 환율, 세금이 금융의사결정에 미치는 영향을 이해한다.
			9. 개인과 가계의 재무적, 비재무적 특성이 금융의사결정에 미치는 영향을 이해한다.
			10. 금융거래약관의 중요성을 인식한다.
	2. 개인 재무관리	초	1. 삶을 살아가는데 있어 돈 관리가 중요함을 인식한다.
		중	2. 삶의 목표를 달성하기 위해 소득을 획득, 소비하고 자산을 보존, 증대하는 일련의 과정이 필요함을 이해한다.
			3. 생애주기에 따라 재무자원, 재무과업이 변화하고, 재무목표가 달라짐을 이해한다.
		고	4. 재무목표를 장기와 단기로 나누어 이해하고, 재무목표의 우선순위를 정할 수 있다.
			5. 자신의 현재 재무상태를 스스로 점검하고 평가할 수 있다.
			6. 재무설계과정을 이해한다.
	3. 금융 서비스와 보호	초	1. 대표적 금융회사들이 하는 일을 이해한다.
		중	2. 다양한 금융회사의 종류를 열거하고, 그 특징을 이해한다.
			3. 금융회사가 제공하는 여러 가지 서비스를 파악한다.
		고	4. 금융거래 보호와 금융사고 예방을 위해 만들어진 법과 제도에 대해 설명할 수 있다.

대영역	중영역		성취기준
Ⅱ. 수입과 지출관리	1. 예산	초	1. 계획을 세워 돈을 사용해야 하는 이유를 알고, 실제로 계획을 세워본다.
			2. 용돈기입장 쓰기의 의의를 알고 이를 실제로 작성한다.
		중	3. 수입과 지출의 관계를 파악한다.
			4. 예산관리 도구를 비교·평가하고, 한 가지 도구를 이용하여 관리할 수 있다.
			5. 예산 계획을 지키지 않을 경우 발생할 수 있는 개인적, 사회적 결과에 대해 설명할 수 있다.
		고	6. 예산수립과정에서 기대 수입을 추정하고 항목별 지출계획을 세울 수 있다.
			7. 개인과 가계의 예산을 수립, 점검, 평가할 수 있다.
	2. 수입	초	1. 소득의 종류를 구분하여 이해한다.
		중	2. 소득이 수입의 주요 원천임을 이해한다.
			3. 직업 선택, 교육, 기술, 보유 자산이 소득에 미치는 영향을 파악한다.
			4. 교육, 자격수준, 예상 소득을 포함한 진로 계획을 세울 수 있다.
		고	5. 소득과 소득에 영향을 미치는 요인들 간의 관계를 설명할 수 있다.
			6. 취업과 비교하여 자영업의 위험과 보상을 파악한다.
			7. 총소득과 가처분소득을 구분하고, 가처분소득에 영향을 미치는 요인을 설명할 수 있다.
	3. 지출	초	1. 구매 의사결정에서 물건에 대한 정보를 파악하는 것이 중요함을 이해한다.
			2. 다양한 지불 수단이 가진 장점과 단점을 비교할 수 있다.
		중	3. 합리적 구매의사결정과정을 이해하고 실행한다.
			4. 구매의사결정에 영향을 미치는 다양한 외부요인을 설명할 수 있다.
			5. 지불방법의 차이에 따른 효과를 비교할 수 있다.
		고	6. 소비가 지출의 주요 부분임을 이해한다.
			7. 지출에 영향을 미치는 요인을 설명할 수 있다.

대영역	중영역		성취기준
Ⅲ. 저축과 투자	1. 저축	초	1. 저축을 하는 이유를 설명할 수 있다.
			2. 다양한 형태의 저축방법이 있음을 이해한다.
			3. 은행을 방문하여 저축 계좌를 만들고, 저축하는 습관이 중요함을 인식한다.
		중	4. 저축의 개념과 경제적 의의에 대해 설명할 수 있다.
			5. 저축상품의 종류를 구분하고, 그 특성을 설명할 수 있다.
			6. 단리와 복리의 차이와 효과를 설명할 수 있다.
		고	7. 저축상품과 관련된 세금제도에 대해 이해한다.
			8. 예금자를 보호하기 위해 만들어진 법과 제도에 대해 이해한다.
	2. 투자	초	1. 돈의 가치를 시간과 관련하여 설명할 수 있다.
			2. 투자의 개념과 필요성을 이해한다.
		중	3. 투자와 저축의 공통점과 차이점을 설명할 수 있다.
			4. 투자에서 안전성, 수익성, 유동성을 고려할 필요가 있음을 이해한다.
			5. 직접투자와 간접투자를 구분할 수 있다.
			6. 투자 수단의 종류에 대해 이해한다.
		고	7. 투자 정보의 다양한 원천을 파악할 수 있다.
			8. 금리변동, 인플레이션, 환율변동 등에 따라 투자의사결정이 어떻게 달라지는지 이해한다.
			9. 자산관리에서 분산투자, 포트폴리오의 필요성을 이해한다.
			10. 투자에 따르는 위험부담과 그에 대한 책임은 자기 자신에게 있음을 인지한다.
			11. 투자자를 보호하기 위해 만들어진 법과 제도에 대해 이해한다.

대영역	중영역		성취기준
Ⅳ. 신용과 부채관리	1. 신용 관리와 대출	초	1. 신용의 의미를 파악하고 신용사용의 장단점을 이해한다.
		중	2. 대출의 의미와 필요성을 설명할 수 있다.
			3. 대출의 종류와 그에 따른 장단점을 이해한다.
			4. 신용 사용의 결과와 책임을 설명할 수 있다.
		고	5. 신용 사용과 관련된 비용을 계산하고 비교할 수 있다.
			6. 신용등급, 신용 비용, 신용에 영향을 주는 요인간의 관계를 설명할 수 있다.
			7. 우수한 신용등급을 획득하고 유지하는 방법들을 파악한다.
	2. 부채 관리	초	1. 부채의 개념을 이해한다.
		중	2. 부채의 유형을 구분하고, 부채관리의 필요성을 설명할 수 있다.
			3. 과도한 부채로 인해 발생하는 문제를 이해한다.
		고	4. 부채규모의 적정성을 파악할 수 있다.
			5. 대출상환 방법과 기간에 따라 월부금과 총 소요비용을 계산할 수 있다.
			6. 채무자의 권리와 신용회복지원제도를 이해한다.

대영역	중영역		성취기준
V. 위험관리와 보험보험	1. 위험 관리	초	1. 생활 속에서 겪을 수 있는 위험의 사례를 제시하고, 이에 대한 대비의 필요성을 이해한다.
		중	2. 위험의 유형을 구분할 수 있다.
			3. 위험 관리의 필요성을 설명할 수 있다.
		고	4. 위험을 관리하는 방법에 대해 이해한다.
			5. 손실의 빈도와 강도에 따라 적절한 위험관리 방법을 선택할 수 있다.
	2. 보험	초	1. 보험 가입을 통해 얻을 수 있는 효과를 이해한다.
		중	2. 위험관리 전략으로서 보험의 기능을 설명할 수 있다.
			3. 생명보험과 손해보험의 개념을 이해하고, 종류를 열거할 수 있다.
		고	4. 보험의 기본원리를 이해한다.
			5. 다양한 보험의 형태를 이해한다.
			6. 사회보험의 개념과 사회적 역할을 설명할 수 있다.
	3. 은퇴 설계	중	1. 은퇴설계의 필요성을 이해한다.
			2. 은퇴설계에서 개인의 책임과 역할을 평가할 수 있다.
			3. 은퇴설계를 일찍 시작하는 것이 중요함을 이해한다.
		고	4. 은퇴 후 생활에 필요한 소득원과 자산규모를 설명할 수 있다.
			5. 은퇴설계의 방법을 이해한다.
			6. 상속과 증여 및 기부의 의의를 이해하고 계획을 세울 수 있다.

부록 II

Financial Planning Review
제4권 3호(2011년8월) 수록 논문
"B2B 제휴를 통한 기업체 임직원의
재무상담 사례연구 논문"

◀◀ B2B제휴를 통한 기업체 임직원의 재무상담 사례연구[1] ▶▶

김현용[2]

본 연구는 재무설계 회사와 기업체가 임직원을 위한 재무설계 서비스를 제공하는 B2B(Business to Business)협약을 체결한 뒤, 해당 재무설계 회사의 소속 재무설계사가 재무설계 신청자를 대상으로 재무설계 서비스를 진행하는 프로세스(이하 '기업 재무설계'로 칭함)를 다뤘다.

기업 재무설계는 재무설계사와 상담고객의 사이에 기업체가 개입함으로써 전통적인 의미의 개인 재무상담에 비해 관계정립을 비롯한 6단계 프로세스 전 과정에 거쳐 고려해야 할 변수들이 생긴다. 본 사례를 통해 이런 변수들에 어떻게 대응하고, 재무설계 6단계 프로세스를 효과적으로 적용할 수 있는지 살펴본다.

기업 재무설계를 통해 고객은 재무적 안정성의 강화로 본인의 직무에 좀 더 충실할 수 있고 소속회사에 대한 만족감이 커지는 효과가 있으며, 이는 기업체의 입장에서 WLB (Work-Life-Balance) Program에 재무설계가 중요한 역할을 할 수 있음을 의미한다. 아울러 재무설계사는 자발적 신청자를 대상으로 고객과의 관계정립이 용이하고, 동일직장 동일직군에 대한 상담 경험이 누적되면서 특정 고객층에 대한 전문성이 강화되는 효과를 가진다. 기업의 사회적 영향력을 감안할 때 기존 금융상품 판매과정에서 비롯된 재무설계에 대한 오해를 불식하고, 정확한 프로세스에 입각한 유료 재무설계 서비스를 대중화시키는 데 큰 효과를 볼 수 있다.

본격적인 기업 재무설계 시장이 열리고 있는 지금, 재무설계사의 시행착오를 줄이고, 현실적인 상담 사례의 공유를 통해 재무설계 시장의 새로운 지평을 열어나가는 데 큰 시사점을 줄 수 있으리라 생각한다.

※ 핵심단어: B2B제휴, 기업 재무설계, WLB Program, 교사–간호사 맞벌이 부부

---

[1] 본 사례는 한국FP협회의 2011 Best Financial Planning Contest의 자격자부문 출품안(우수상)을 수정한 것임

[2] 한국재무설계(주) 팀장(FP Leader), E-mail: khy1976@gmail.com

Ⅰ. 재무설계상담배경

본 재무상담 사례에 대한 연구를 통해 최근 2-3년 사이에 많은 기업체에서 화두가 되기 시작한 임직원 복리후생 제도로 도입된 재무상담의 한 과정을 살펴보려 한다. 필자는 B2B를 통한 재무설계를 3개의 기업(IT회사, 광고회사, 종합병원, 재무상담 50건)에서 진행해보면서 여러 시행착오와 아울러 조그만 성과들을 경험하고 있는 중이다. 2011년은 독립계 재무설계 회사들을 중심으로 B2B 형태의 재무설계 서비스가 제공되기 시작한 2-3년간의 초기 단계를 지나, 다양한 기업체에 효과적인 임직원 복지의 일환으로 확산되느냐의 기로에 서 있는 시점이라고 필자는 판단한다. 본 사례를 통해, 고객과 재무설계사의 1대 1 상담에서 기업이라는 주체가 개입되었을 때, 재무설계 프로세스의 적용이 어떻게 달라져야 하는지에 대해 살펴보는 계기가 될 수 있으리라 사료된다.

Ⅱ. 재무설계 과정

B2B재무설계에서는 전통적인 재무설계의 6단계 프로세스와 함께 2가지의 프로세스가 추가된다. 하나는 재무설계 서비스 도입 및 확산의 역할을 담당하는 기업체 담당자(주로 인사/노무/복지 담당 혹은 노조 책임자)와의 관계정립 프로세스이고, 다른 하나는 재무설계 서비스 도입이 확정된 이후 실제 임직원들에게 재무설계의

본질과 효과를 홍보하고, 회사를 통해 도입됨으로써 발생할 수 있는 여러가지 오해 (예를 들어, 상담을 통한 개인 정보가 사측에 제공될지 모른다는 우려 등)를 불식시 키는 사내 홍보 프로세스가 그것이다. 본 논문에서는 위 3가지 프로세스 중 재무설 계 6단계 프로세스의 적용 부분으로 주제를 한정하여 다루려 한다.

2.1. 초회 상담 및 고객과의 관계 정립

2.1.1. 고객의 재무상담 신청 과정

OO서울병원과 한국재무설계 간에 제휴되어 있는 B2B서비스를 통해 필자에게 재무상담을 받은 고객이 2010년 8월 동료 김연아(가명) 간호사를 소개해 주었다. 이 병원의 직장 내 재무상담은 사내 직원만족센터를 통해 게시된 공지를 보고 임직 원이 이메일로 신청하는 방식을 따르고 있으며, 상담 고객을 통해 직장 내 소개가 이루어진 경우는 앞 단계는 생략하고 바로 초회 상담 일정을 잡는다.

이때 고객과 전화로 첫 미팅 전 상담 준비에 대해 안내하고, 근무 스케줄을 고려 하여 상담 일정을 정한 뒤, 이메일을 통해 구체적인 준비서류 및 상담실 약도를 안 내하였다. 많은 경우 재무상담에 대한 기본적인 자료 수집은 대면 상담이 이뤄지기 전부터 시작되며, 초회 상담 때 이에 대한 보완과 기본적인 교육이 이뤄지게 된다.

홍명보(가명, 배우자)-김연아 부부는 결혼 8년차 맞벌이 부부로 보수적인 투자 관을 지니고 있으며, 직장생활 시작과 함께 결혼을 하면서 남편의 대학 근처에 신혼 집을 전세로 마련하고 현재까지 살아왔다. 간호사로 교대근무를 하며 2살 된 아이까지 챙겨야 하는 아내 김연아씨를 위해 남편 홍명보 씨는 아내의 직장 근처인 일원동 소재의 동일 평형대 아파트로 이사(전세)를 고려하고 있다. 또한 교사인 본인의 경험에 비추어, 자녀에 대한 교육자금은 사전에 준비하려는 강한 니즈를 표명했다.

〈표 1〉 고객 정보 요약(2010년 8월 기준)

구 분	성 명	나이	직 장	직 위	비 고
본 인	홍명보	37세	OO고등학교	교사	아현동 소재
배우자	김연아	33세	***종합병원	간호사	일원동 소재, 상담신청자
자 녀	홍지우	02세		미취학아동	
휴대폰	010-0000-0000		이메일	abc@daum.net	결혼 8년차 부부
주 소	서울특별시 관악구 봉천11동 AA아파트 O동OOO호 (25평형)				

2.1.2. 초회 상담 및 관계 정립

저녁 8시, 정확히 약속된 시간에 두 손을 꼭 잡고 상담실에 온 부부의 모습은 매우 피곤해보였다. 구체적인 상담에 앞서 부부의 관심사를 파악하기 위해 몇 가지 질문을 던졌고, 자녀를 지방에 있는 부모님께 맡기면서 자녀와 부모님 모두에게 미안하다는 대답을 통해 맞벌이 부부의 육아는 쉽지 않은 과제라는 점을 새삼 확인할 수 있었다.

1) CFP 제도 및 재무설계사 소개

고객과 자녀에 대한 이야기를 잠시 나눈 후, 재무설계사로서의 관계 정립을 위해 CFP 및 AFPK자격에 대한 안내와 함께, FPSB 윤리규정의 준수를 다짐하였다. 재무설계사는 금융전반을 다루는 Generalist의 특성과 그 중 한 분야 이상에서 전문성을 가지는 Specialist의 특성을 갖고 있으며, 그 중 필자는 재무교육 및 보험, 은퇴와 투자의 실행을 전문 분야로 하고 있으며 이는 CFP인증자의 감수 하에 이루어짐을 안내하였다. 그리고 필자의 능력을 넘어선 분야에 대해서는 제휴관계(상속, 세금, 법률, 부동산 컨설팅)를 통해 보다 나은 서비스를 제공해드릴 수 있음도 함께 안내하였다.

아울러 재무설계사의 자기소개와 관련하여 4년째 운영하는 인터넷 재무설계 동호회의 교육 내용, 재무교육 및 재무상담을 진행하는 기업 및 단체, 한국FP협회와 조선일보가 주관하는 '1만명 무료 재무설계'에 참여하여 재무설계의 대중화를 위해 노력하는 부분을 간략히 언급하여 재무설계 업에 대한 확신과 진정성을 고객께 전달하였고, 부부는 자신의 분야에 신념을 갖고 열정적으로 일하는 모습이 매우 부럽다는 반응을 보였다.

2) 재무설계사의 수익 구조 안내

고객이 가장 궁금해 한 재무설계사의 수익 구조에 대하여 '상담수수료(fee) 및 판매수수료(commission)'를 기반으로 한다는 사실을 설명 드렸다. 아울러 B2B 제휴를 통해 병원 임직원에 대한 상담수수료(Fee)는 매달 고정 급여(Salary) 형식으로 필자에게 지급이 된다는 점과 상담 과정에서 금융 자산(은행 예적금 제외)을 준비하게 되는 경우 판매수수료가 발생함을 안내드렸다. 다음으로 고객의 동의를 구한 뒤, 재무컨설팅 계약서와 B2B고객을 위한 상담수수료 기준 미적용 사유서를 작성하였다. 수수료 미적용 사유는 '회사의 수수료 지원'으로 표기하였다.

3) 회사에 대한 소개

독립계 재무설계회사인 소속회사에 대한 소개는 다음과 같이 3가지 측면에서 장점을 어필했다.

⑴ 제휴상품의 측면: 다양한 제휴 상품을 통해 판매 대리인이 아닌 구매대리인의 역할을 수행할 수 있다고 하였고, 이러한 장점을 "금융의 이마트"로 비유하며 고객의 이해를 도왔다.

⑵ 구성원(FP) 측면: 고객의 재무목표 달성을 위해 표준화된 재무설계 프로세스를 통해 고객에게 정확한 솔루션과 만족감을 제공하는 재무설계 분야의 전문가가 CFP와 AFPK란 점을 소개하고, 필자의 회사가 보험/증권/은행/부동산/세무사 출신의 각 분야 경력을 갖고 있는 CFP와 AFPK로 이루어져 있는 재무설계 전문가 집단(Think Tank) 이므로, 필자의 능력을 벗어난 부분은 각 분야의 전문가 네트워크를 통해 정확한 솔루션을 제공해드릴 수 있음을 강조하였다.

⑶ 시스템 측면: 표준화된 프로세스와 엄격한 윤리규정, 모니터링 시스템이 적절히 갖춰져 있다는 점을 안내하였고, 재무설계 프로세스 자체가 중요한 서비스이자 가치로 유료 재무설계를 기반으로 하고 있음을 강조하였다.

2.2. 재무목표 설정을 위한 자료의 수집

처음 스케줄을 잡으며 보내드린 이메일을 통해, 엑셀로 작성된 재무정보기초자료(Fact & Feeling Finding)를 고객에게 보내 상담 전에 작성하여 발송하게 하였다. 부부의 경우 꼼꼼하게 작성해서 상담 전에 필자에게 보내줬지만 재무목표를 작성하는 칸은 비워둔 상태였다. 홍명보 고객은 '재무목표가 없는 건 아닌데, 그걸 구체화시켜 적으려고 하니 너무 막연'했다고 하며, 재무목표 설정에 대한 어려움을 토로했다.

구체적인 재무목표 설정에 어려움을 겪는 고객의 경우, 체크리스트의 활용은 큰 도움이 된다. '맞벌이 부부를 위한 체크리스트'를 통해, 홍명보 고객이 단기적인 재무목표에 대해 상당한 부담감을 갖고 있는 걸 확인한 필자는 재무설계에 대한 기본적인 교육을 진행하였다. 이후 홍명보 고객은 재무적인 상황이 개선될 수 있다는 확신을 갖게 되었고, 재무설계 컨설팅 계약서 작성을 통해 자신이 받게 되는 구체적인 서비스에 대해 이해하게 되었다.

사전에 고객에게 정량적인 재무정보를 확보했지만, 초회 면담을 통해 정성적인 부분을 점검하다 보면, 보완해야 될 부분들이 발생한다. 일부 부족한 정보는 FAX와 이메일을 통해 초회 면담 후 고객으로부터 받아 보완했다. 투자성향은 부부 각각에게 설문을 통해 파악했고, 그 결과 두 분 모두 보수적인 성향을 보였다.

이런 과정을 통해 파악한 홍명보-김연아 부부의 재무목표 및 재무현황은 다음과 같다.

2.2.1. 재무목표

재무목표는 막연히 어느 시점에 얼마가 필요하다는 내용을 넘어서, 고객에게 해당시점에 어떤 변수가 있고, 지금과 어떤 감정적 변화가 있을 수 있는지를 고민하게 유도하여 조금 더 구체적인 목표를 수립하는 데 주력했다. 또한 전세자금과 내집마련 자금은 큰 흐름에서 연결이 되어 있음을 안내하고, 자녀의 대학자금 지원은 고객마다 지원의사나 지원규모에 대한 생각은 다르지만, 필요한 시점은 거의 확정되어 있음을 상기시켰다. 마지막으로 부모의 은퇴와 자녀의 교육자금이 가지는 상관관계, 또한 부모의 은퇴 준비 유무가 자녀의 사회생활 초년기 자산형성에 미치는 영향 등을 안내하여, 재무목표의 우선순위를 선정하는 데 참고를 하도록 했다.

〈표 2〉 고객의 재무목표 요약(2010년 8월 기준)

우선 순위	재무목표	주요내용	시기
1	전세자금	목표지역(일원동) 동일평형으로 옮기면서 추가로 필요한 전세자금으로 1.5–2억 예상	1년 후, 현재의 전세기간이 만료되는 2011년 10월
2	대학자금 (지우)	19세부터 4년간 필요한 대학 학자금용도, 연 1000만 원 정도 준비 원함	17년 후부터 4년간
3	은퇴준비	홍명보 고객이 사학연금 대상자임을 감안하여 부인의 은퇴자금 위주로 보완	23년 후 예상, 주소득원인 홍명보 고객의 퇴직을 60세로 예상 (부인 56세)
4	내집마련	현재 전세자금 1.7억원과 추가로 모을 전세자금 1.5억원 외에 추가로 3억원 정도를 확보하려 함(추후 부족자금은 대출을 활용함)	10년 후

2.2.2. 재무상태표

고객의 재무상태를 파악하는 데 있어, 고객에게 사전에 필요한 자료의 내용과 이유를 충분히 설명하지 않은 경우에는 중요한 자료를 누락하는 경우가 상당히 많고, 정확한 내용을 파악하지 못하는 경우도 있다는 점을 주의해야 한다.

기업 재무설계를 진행함에 있어, 사전에 인사담당자 혹은 다른 고객을 통해 파악된 회사의 복리후생 정보는 큰 도움이 된다. 대부분의 직원들이 회사의 복리후생에 대한 지식이 부족하기 때문에 재무설계사가 이를 적절히 안내해주는 것은 회사에 대한 충성도를 높이는 효과와 함께 가정의 재무적인 상황을 개선하는 데에 좋은 해결책이 되는 경우도 생긴다. 이와 관련된 정보는 주로 정년, 퇴직금 및 퇴직연금 제도, 단체보험, 개인연금 지원유무, 학자금 및 주택자금 대출 지원 등이 있다.

〈표 3〉 고객의 재무상태표 요약(2010년 8월 기준)

자 산		부 채	
계 정 과 목	금 액(만원)	계 정 과 목	금 액(만원)
1. 유동성자산	0	1. 단기부채	0
2. 투자자산	14,563	1)마이너스통장	0
1)채권형자산	13,063	2. 중장기부채	0
2)주식형자산	1,500	1)신용대출	0
3)부동산자산	–	2)보험담보대출	0
4)기타	–	3)APT담보대출	0
5)연금자산	0	3. 기타부채	0
3. 사용자산	17,000	총 부채 합계	0
1)주거용부동산	17,000		
2)보장자산	0		
3)기타자산	–		
총 자산 합계	31,563	순자산 합계	31,563

▶ 보험증권에 대해 누락된 부분이 많고 고객도 전부 확인이 힘들다는 의사를 표명하여, 위험관리자산의 경우 재무상태표의 보장자산에는 반영하지 않고, 현금흐름표에만 반영하였다. 대신 보장내역에 대한 분석을 별도로 진행하였다.

▶ 주택 1.7억은 전세자금이며 공적연금, 퇴직연금 및 교원공제 납입액은 정확한

정보를 확인 못해 반영하지 않았으나 이후 은퇴자금 계산 및 현금흐름표엔 반영하였다.

▸ 주거래은행(남편 ○○은행/부인 XX은행)을 통해 대부분의 예적금을 갖고 있었으며 청약저축과 장기주택마련저축을 포함해 총 8개로 재무목표에 따라 정리가 필요했다.

▸ 고객은 본인이 가진 상품의 적용금리에 대해서도 정확히 파악하는 등 적극적인 관리를 하고 있었으며, 주식(코스닥 게임주)과 맞춤채권(신탁)을 직접 투자하고 있었다.

2.2.3. 현금흐름표

재무설계와 관련하여 중요한 4가지의 표가 있다고 고객에게 설명하며, 이는 재무목표 리스트, 재무상태표, 현금흐름표, 포트폴리오 구성표를 말한다. 재무상태표는 고객이 그동안 살아온 재무적인 성적표이고, 현금흐름표는 현재의 삶의 수준 및 미래에 대한 지표라고 설명하며 그 중요성을 강조한다. 근로소득자의 경우, 소득은 실수령액을 기준으로 현금흐름표에 반영하는 것이 고객이 느끼는 현실적인 수치에 가깝다. 매년 성과급의 변동폭이 큰 사업장일 경우, 이를 월 평균소득으로 환산하여 반영하는 것은 현실에 부합하기 힘들고, 현금흐름의 유동성 문제가 발생할 우려가 있기 때문에 직전년도 성과급의 7~80% 선을 가정하되 단기목표를 위한 재원으로 활용하는 것이 효과적이다.

유 출(월간/세후)		유 입(월간/세후)	
계 정 과 목	금 액(만원)	계 정 과 목	금 액(만원)
1. 저축과 투자	393	1. 근로소득[1]	700
1)유동성투자	–	1)본인소득	350
2)채권형투자	343	2)배우자소득	350
3)주식형투자	–	3)기타소득	0
4)주식형연금	–		
5)채권형연금	50		
2. 고정지출	32	2. 투자소득	0
1)부채상환금	0	1)금융소득	–
2)각종보험료	32	2)부동산임대소득	–
3)기타고정지출	–	3)연금소득	–
3. 변동지출	296	3. 기타소득	0
1)생활비 · 교육비	266		
2)기부금	10		
3)기타변동지출	20		
4)미파악지출[2]	−21		
유 출 합 계	700	유 입 합 계	700

※ 1. 본인소득: 상여금, 성과급 제외
※ 2. 유입 · 유출: 합계의 불일치로 현금흐름 매월21만원 적자 진행 중

▶ 부부의 소득은 세금 및 기타 공제액을 제하고 난 실수령액 기준이며, 저축액과 지출액의 합이 소득을 다소 넘어서지만, 성과급을 반영하면 적자는 아닌 상태이다.

▶ 부인인 김연아씨의 경우 회사에서 지원해주는 연금저축액과 본인이 별도로 가입한 연금저축을 합치면 연간 소득공제 한도(당시 연 300만원)를 넘어서게 되어 추가적인 소득공제를 받을 수 없는 상황이었다.

▶ 홍명보 고객이 대학 학부생을 대상으로 강의를 하며 발생하는 추가소득이 있

는데, 불규칙적이고 금액이 크지 않아 고객의 요청으로 현금흐름표엔 적용하지 않았다.

▶ 교육비는 지우를 대신 돌봐주시는 대전의 시어머님께 드리는 용돈이며, 기타 변동지출은 친정어머님께 드리는 용돈이다.

▶ 굿 네이버스에 기부금을 꾸준히 내고 있다.

2.3. 재무상태 분석 및 평가

2.3.1. 자산배분 현황분석

〈표 5〉 고객의 자산배분 현황 분석표(2010년 8월 기준)

구분	금액	비율	세부구분	금액	비율
금융자산	14,563만원	46.1%	유동성	0만원	0.0%
			채권형	13,063만원	89.7%
			주식형	1,500만원	10.3%
부동산자산	17,000만원	53.9%			
기타자산	0만원	0.0%			
합계	31563만원	100.0%			

▶ 전반적으로 금융자산과 부동산 자산(전세자금)의 비중이 46대 54 정도의 비율을 유지하고 있으며, 별도의 대출이 없다는 것은 향후 선택의 폭을 넓힐 수 있는 장점이다.

▶ 1년 후 전세자금 추가액을 충당하기 위한 자산은 기존의 단기성 금융자산으로 대부분 마련되어 있으며, 이를 위해 대부분이 예적금 형태로 보유하고 있었다.

▶ 비상예비자금은 예기치 못한 비용의 지출로 기존의 저축 및 투자 패턴이 무너지는 것을 막기 위함이다. 따라서 일정부분을 유동성 자산으로 확보해둘 필요가 있다. 물론 과도하게 많은 자산을 CMA 등에 방치해두는 것 역시 매우 비효율적인 투자가 될 우려가 있다.

2.3.2. 소득 및 지출 분석

〈표 6〉 고객의 지출 분석표(2010년 8월 기준)

구분	금액	비율	세부구분	금액	비율
저축과 투자	393만원	56.1%	채권형	393만원	100%
	393만원	56.1%	주식형	0만원	0%
	393만원	56.1%	기타	0만원	0%
소비성지출	328만원	46.9%	변동지출	296만원	90.2%
	328만원	46.9%	고정지출	32만원	9.8%
미파악지출	-21만원	-3.0%			
합계	700만원				

▶ 총 소득(월 700만) 대비 56.1%의 저축율을 보이고 있으며, 이는 변동폭이 큰 배우자의 성과급을 감안하지 않은 비율이다. 동일연령대에 비해 상대적으로 저축의 비율이 높은 편이며, 대출이자나 월세로 나가는 돈도 없어 저축 및 투자를 위해 유리한 환경이다.

▶ 일부 보유 중인 주식을 제외하고, 대부분이 금리형 상품에 투입되고 있으며,

이는 1년 뒤의 전세자금 부족분을 마련하기 위해 적절한 선택으로 보이지만, 향후 주식 시장이 상승국면으로 들어설 때, 고객의 자산은 소외될 우려도 있다. 따라서 전세자금에 대한 준비를 제외하고 중장기적인 목적자산 형성을 위한 부분은 투자를 병행하시는 것을 권하였다.

2.3.3. 보험 및 기타 위험분석

〈표 7〉 고객의 보장자산 분석(2010년 8월 기준)

고객명	상품유형	납입기간	보장기간	보험료	주요보장		가입연도
홍명보	**종신보험	10년납	80세	7만	사망	5000만	2002년
	**건강보험	20년납	50세	6만	입원	3만	2004년
	**실비보험	20년납	80세	6.6만	수술	300만	2007년
					암	1500만	
					2대	2000만	
김연아	**종신보험	10년납	55세	3.4만	사망	3000만	1997년
	**실비보험	20년납	80세	4.0만	입원	2만	확인 안됨
					수술	100만	
					암	2000만	
					2대	1000만	
홍지우	어린이보험	20년납	100세	4.8만	표준보장		2009년

▶ 홍명보, 김연아 고객의 실비보험은 건강보장특약이 포함되어 있다.

▶ 홍지우 님에 대한 보험증권을 보관하고 있지 않아 증권분석은 진행하지 못하였다.

▶ 기본 실손보장(입통원의료비)은 가족 모두 준비되어 있으며, 주요 보장 란엔 생략한다.

- 김연아님의 경우, 가입한 지 오래된 다수의 보험을 가지고 있으며 보장의 내역은 상대적으로 좋으나 보장기간이 짧은 상품이 많다.
- 홍명부님은 질병이나 상해에 대한 보장내역 및 보징기간도 충분히 좋으나 사망보험금이 일반 가장에 비해 준비가 되어 있지 않은 편이다.
- 자녀인 홍지우님의 보장내역은 증권 등이 없어서 별도의 확인은 못했다.
- 보험과 별개로 부부가 고려하듯이 배우자 직장 쪽으로 이사를 계획하는 부분은 현재의 전세자금 상승추이를 보면 다소 불안한 면이 있다. 일단 일원동 일대는 서울의 다른 지역과 비슷하게 전세가 귀한 편이며, 전세자금의 변동 폭이 커질 가능성도 염두에 두어야 한다.

2.3.4. 필요자금 분석

1) 은퇴자금 분석

은퇴자금 설계의 기본 조건은 다음 표와 같이 가정한다.

〈표 8〉 고객의 은퇴 필요자금 분석(2010년 8월 기준)

물가상승률	은퇴 전 예상 기대수익률	은퇴 후 예상 기대수익률
연 4.0%	연 8.0%	연 4.0%

고객명	현재 나이	은퇴예상시점	은퇴까지 남은 기간	기대수명
홍명보	37세	60세	23년	100세
김연아	33세	56세	23년	100세

부부가 같이 은퇴생활을 하는 기간	40년
배우자 김연아가 혼자 생활하는 기간	4년
희망 월 은퇴생활비(부부 기준)	200만원
혼자 생활할 때의 은퇴 생활비	160만원
은퇴생활비 중 공적연금으로 준비할 비율	40%

▶ 기대수명은 현재의 평균수명보다는 보수적으로 가정하되, 고객의 의견이 반영
된 수치이다.

▶ 공적연금반영비율은 은퇴 후 희망하는 월 생활비 중 공적연금으로 해결하고자
하는 비율이다.

〈표 9〉 은퇴자금의 계산

월 생활비 미래가치	493만원
공적연금 고려시 부족자금	295만원
부부 함께 생활시의 은퇴일시금	14억1600만원
홀로 생활할 때의 은퇴일시금	1억1357만원
은퇴시점에 필요한 총자금	15억2957만원
정액저축시 추가로 필요한 월 적립액	209만원
증액저축시 추가로 필요한 월 적립액	83만원

▶ 추가로 필요한 월 적립액은 주소득원인 홍명보 고객의 은퇴시점인 60세까지
계속 적립하는 것을 가정할 때의 금액이다.

▶ 증액저축시 매년 10%씩 증액하는 것을 가정하였다.

▶ 간병비는 별도로 고려하지 않았다.

2) 전세자금 분석

(1) 필요자산

홍명보 고객은 현재의 전세보증금 1.7억원에 추가로 전세만료 시점에 2.0억원이 필요하다고 예상하며, 그 필요시점은 2011년 10월로 상담시점부터 14개월 후였다.

(2) 준비자산

〈표 9〉 전세자금을 위해 준비된 자산 목록(2010년 8월 기준)

자산명	평가액	월적립액	발생시점의 가치
신한 김대리적금	1,221만원	100만원	2,482만원
비과세주택마련	1,410만원	100만원	2,681만원
신한 월복리적금	33만원	33만원	431만원
민트 정기예금	1,000만원	-	1,050만원
민트 정기예금	3,219만원	-	3,380만원
주식	1,500만원	-	1,650만원
비과세주택마련2	100만원	100만원	1,305만원
맞춤채권	4,052만원	-	4,255만원
서민섬김 예금	828만원	-	869만원
현재 전세금	17,000만원	-	18,190만원
합계	30,363만원	333만원	36,292만원

3) 필요자금

<표 10> 전세자금 마련을 위해 필요한 월 추가적립액(2010년 8월 기준)

항목	부족자금	달성율	현재 필요자산	월 추가적립액
추가 전세자금	108만원	99.7%	100만원	9만원
합계			100만원	9만원

4) 자녀 대학자금 분석

(1) 필요자산

자녀의 대학자금을 매년 현재가치 1000만원으로 가정하되, 기대 수익률을 연 10%, 교육비 상승률을 연 6%로 가정해보니 다음 표와 같이 필요자금이 계산되었다.

<표 11> 자녀 대학자금을 위해 매년 필요한 자금 계산

2세		19세	20세	21세	22세
1000만원	준비기간	2692만	2854만	3025만	3207만
월 필요저축		5.1만	4.8만	4.5만	4.2만

(2) 준비자산

홍명보–김연아 부부는 현재 자녀의 교육자금을 위해 별도로 준비해둔 자산은 없는 상태였다.

▶ 자녀의 교육자금에 대한 기대치는 고객의 경험과 성향에 따라 다르지만, 자녀의 출생과 함께 자금이 필요한 시점은 어느 정도 결정된다는 점을 감안한 설계

가 필요하다. 위 표는 매년 해당시점에 필요한 교육자금과 해당금액을 모으기 위해 그때까지 매월 적립해야 할 투자금액이다.

4) 주택 구입자금 분석

▶ 주택구입자금은 기본적으로 전세자금과 별도의 목표가 아니라 그 연장선상에 있는 부분으로 파악하고, 전세자금 충원이 무리 없이 된 1년차 모니터링 시점에 정확한 목표를 다시 정하기로 했다.

2.4. 재무설계안의 작성 및 제시

위에서 확인한 재무목표에 대한 점검을 기본으로 하여 아래와 같은 조정 내용을 담은 재무설계안을 작성하여 보고서 형태로 제시하였다. FPSB 윤리규정에 따라, 프로세스 전반(설계/실행/모니터링)에 걸쳐 김상배CFP의 감수와 조언을 따랐으며 이는 객관적인 재무상담을 진행하는 데 큰 도움이 되었다.

우선 고객이 걱정하던 전세자금 증액분은 대부분 마련이 된 상태이므로, 현금흐름의 일부를 교육자금과 은퇴자금으로 준비를 하였으며, 만기가 된 저금리의 예금상품 위주로 상호저축은행의 고금리 상품으로 전환을 하였다.(지면 관계상, 변경이 없는 항목은 생략함)

〈표 12〉 포트폴리오 변경에 따른 현금흐름 및 자산배분 변경사항(2010년 8월 기준)

변경 전			변경 후				
상품	월 적립	평가액	상품	월 적립	거치	목표	
적금1	100		펀드A	30	0	교육자금	
			펀드B	20	0	교육자금	
			적금A	50	0	전세자금	
		1221	예금A	0	1200	전세자금	
예금1		4219	예금B	0	4200	전세자금	
적금2	200	1510	적금2	150	1510	전세자금	감액
			변액연금	30	0	은퇴자금	
			교육보험	20	0	교육자금	
			CMA	0	240	비상예비자금	

▶ 펀드A: 가치주식형 펀드, 펀드B: 성장주식형 펀드

▶ 적금A 및 예금A,B : 제2금융권(상호저축은행) 활용

▶ 기존 예적금의 만기가 끝나는 시점에 맞춰 자산배분 조정

▶ 은퇴자금과 교육자금은 증액저축으로 해결하며, 은퇴자금의 경우 변액연금을 교육자금의 경우 변액교육보험과 펀드를 통해 준비(추가납입의 적극적 활용)

▶ 보장성 보험의 경우, 일부 개선이 필요하나 지금 현재의 보장에 문제가 있는 것은 아니므로 1차년도 모니터링 시점에 현금흐름을 재검토하여 일부 보완한다.

2.5. 재무설계안에 대한 실행 및 상담후기

3.5.1. 실행

고객은 100% 제안내용 대로 진행을 하였으며, 향후 보유중인 코스닥주에 대해서도 적립식 투자로 전환하려는 의사를 밝혔다. 특히 연금의 추가납입 및 그로 인한 사업비 절감에 대한 설명에 큰 만족도와 신뢰를 보였으며 지속적인 소개를 약속하였다.

3.5.2. 후기작성

후기작성은 다음과 같은 효과와 의미가 있다. 우선 재무상담을 받은 고객의 만족도와 보완해야 할 부분에 대한 데이터를 얻을 수 있으며, 고객 스스로 재무설계를 통한 솔루션에 대한 실천의지를 강화하는 효과도 있다.

다른 한편으로, 고객의 동의를 얻어 기업재무설계 활성화를 위한 좋은 수단으로 활용할 수 있는데, 후기의 내용을 사내 게시판 등에 게재하여 재무상담에 대한 참여율을 높이는 홍보의 효과를 볼 수 있고, 축적된 후기 내용을 통계로 작성해 기업 담당자에게 재무설계에 대한 만족도 조사로 제시할 수 있다.

이 때 고객 뿐만 아니라 상담에 임한 재무설계사가 함께 후기를 작성하는 것은 고객과의 신뢰관계를 증진할 뿐만 아니라, 고객에게 향후 모니터링 시 재무설계사가 제시한 솔루션의 의도를 재확인시켜 주는 용도로 활용할 수도 있다.

다음 내용은 위 상담과 관련하여 실제로 작성된 후기의 내용이다.

1) 고객의 상담 후기

"현재 나의 상황을 정확하게 판단해보는 기회를 가진 점이 가장 좋았다. 준비를 정확하게 하지 못한 점이 매우 아쉽고, 하지만 재무설계사님과 지속적인 모니터링을 하면서 조금씩 개선해나가고 싶다. 어차피 한 번에 모든 상황이 개선되는 것은 쉽지 않기 때문에 단계별로 무엇인가를 준비해간다는 느낌이 새로웠고, 좀 더 일찍 상담을 했었더라면 하는 생각도 든다. 많은 질문에 모두 성실하게 대답해주셔서 신뢰하며 제안해주신 대로 믿고 저축과 투자를 해보려고 한다. '든든함'이것이 재무상담을 통해 얻은 가장 큰 수확이 아닌가 싶다."

2) 재무설계사의 상담 후기

"재무상담을 진행하면서, 정확한 재무목표와 상담니즈를 갖고 필요한 정보를 정확하게 확보해오는 고객을 만나는 것은 드문 일이다. 더구나 원하는 목표에 맞춰 충분한 예산을 확보하고 있는 경우는 더욱 드물다. 본 상담 사례도 고객이 적극적으로 준비를 해왔음에도 불구하고 일부 자료의 보완이 쉽지 않았고, 단기목표에 필요한 자금으로 인해 중장기 목표에 충분한 자원을 배분하기엔 한계가 있었다. 필자 또한 맞벌이의 전형적인 모습을 보여주고 있는 고객의 애환을 접하면서 공감이 되는 바가 많았던 사례이다.

그럼에도 성실히 살아가는 두 분께 재무목표를 구체화하고 점검하면서 자신의 상황을 객관적으로 바라볼 수 있게 하고, 이를 통해 막연한 두려움을 해소한 점, 비효율적인 저축 방식을 일부 조정해드린 점 그리고 자녀의 교육자금과 은퇴자금의 준비를 한정된 현금흐름에서나마 시작할 수 있게 도와드린 점이 가장 보람된 부분이었다.

한편 보장분석을 통해 확인한 배우자의 보장내용이 과거에 다수의 보험을 통해 충분한 보장을 준비했음에도 당시에 판매되었던 보험의 한계상 보장기간들이 너무 짧았던 점은 재무설계사로서 많은 고민이 되었던 부분이다. 추가적인 보험 가입 여력이 없는 상태에서 보장 기간이 길어진 최근의 보험 상품들은 보장범위가 현저히 감소되어 있었기 때문이다. 이는 다음 모니터링 시점에 다시 검토하는 것으로 마무리 지었으나, FP의 위상과 발언권이 좀 더 올라가서 각 제휴사에 고객이 원하는 상품을 제안할 수 있는 시기가 어서 왔으면 하는 기대를 가져본다. "

2.6. 모니터링

고객과 약속한 다음 모니터링 시기는 2011년 9월(이사를 앞두고) 전후로 잡혀 있었다. 그런데 부부 중 한 분의 실제 이름에서 "림"자가 "임"자로 변경되는 문제로 기존 금융상품에 대한 몇 가지 변경 신청이 필요해서 김연아 고객을 만나게 되었다. 여전히 아이와는 주말에만 만나고 있지만, 아이의 미래를 위해 조금씩 준비를 시작했다는 생각에 예전보다는 마음의 짐이 조금 줄어든 느낌이라는 이야기를 해주셨다.

지속적인 모니터링은 고객과의 꾸준한 접촉을 통해 이뤄지며, 기업 재무설계를 통해 고객 상담을 진행한 경우는 동일 지역에 동일 직군의 고객들이 형성될 가능성이 높기 때문에 재무설계사가 모니터링을 진행하는 데 유리한 환경이 조성될 수 있다.

III. 맺는 말

기업 재무설계를 진행하며 기업의 규모나 기업 문화에 따라 재무설계 서비스에 대한 시각차가 크다는 것을 느낀다. 공기업과 병원, IT기업과 제약회사 등의 기업 재무설계 사례를 직간접적으로 참여하거나 지켜보면서 다음과 같은 몇 가지 시사점을 얻을 수 있었다.

첫째, 기업체 전 직원을 대상으로 재무설계 서비스를 진행하는 경우, 개별적인 상담 이전에 재무교육이 선행되는 것이 바람직하다. 특히 개인적인 재무상담을 통해 부정적인 인식이나 편견을 갖고 있는 직원들도 재무교육에 대해선 관대하다.

둘째, 금융상품 실행을 포함한 개인 재무상담에 대한 임직원들의 니즈는 분명히 존재한다. 다만, 곧바로 재무상담에 대한 서비스를 개시할 경우에는 상담 신청자에 한해 진행하는 것이 효과적이다. 다만, 이 경우는 재무상담 서비스를 회사에서 제공해주고 있다는 사실에 대해 업무 담당자가 적극적인 홍보를 해주는 부분이 중요하다.

셋째, 특정기업에 대한 B2B제휴가 성사된 경우, 소수의 재무설계사가 해당 기업의 상황에 맞게 표준화된 프로세스를 갖고 전담하는 구조가 성공의 가능성을 높인다.

넷째, 기업체 내의 담당자가 재무설계에 대해 갖고 있는 인식은 그 직급과 상관없이 해당 기업에 재무설계 서비스를 도입하는 데 큰 영향을 미친다. 따라서 유관부서의 담당자를 대상으로 재무설계에 대한 공감대를 키워가기 위한 다양한 시도가 필요하다.

마지막으로 주로 기업의 이미지 개선이나 임직원의 복지에 신경을 쓰는 대기업의 경우 재무설계 서비스 도입의 필요성을 느끼는 편이나, 중소기업은 상대적으로 취약하다. 중소기업 직원 및 자영업자를 위한 재무설계 확산은 기존의 FP협회 등이 주체가 되어 언론이나 정부부처 등과 함께 진행하는 것이 필요하다.

재무설계의 핵심은 프로세스 6단계에 고객을 동참시키는 데 있다. 현재 재무설계 산업에 대한 고객의 인식이 기존의 보험업이나 자산관리업과 명확히 구별되지 않는 상황에서 재무설계 프로세스를 경험한 고객들이 늘어날수록, 우리 금융환경은 금융소비자 측면에서 개선될 수 있다고 본다. 본 사례를 통해, 기업 재무설계의 활성화가 금융소비자의 권리와 삶의 질을 개선하는 데 중요한 전환점이 될 수 있음을 강조하고자 한다.

▫ 투　고　일: 2011년 8월 4일
▫ 심　사　일: 2011년 8월 4일
▫ 게재확정일: 2011년 8월 15일

Financial Planning Case based on B2B Agreement

Hyun Yong Kim[3]

Abstract

This case deals with a financial planning example based on a B2B agreement between a financial planning company and a business (employer of a client). For B2B financial planning, the employer is involved in the financial planning process as a third-party entity apart from the planner and a client. Therefore, the traditional six-step financial planning process can be modified to meet the employer's needs. This case presents examples and possible solutions of such situations in B2B financial planning.

B2B financial planning can be beneficial for both the employer and employees. Employees can have higher levels of job-satisfaction and loyalty to the employer because their personal financial situation could be improved after receiving financial planning services from professionals. Employers can use B2B financial planning as a part of a Work-Life balance Program for their employees.

---

3 FP Leader, Korea Financial Plannig

Financial planners can also take advantages of B2B financial planning. Most of the clients voluntarily signed up to receive B2B financial planning and this voluntary participation contributed to the relationship building between the planner and the client. B2B financial planning can play a significant role in improving the professional image of financial planners and introducing fee-based financial planning to the general public. It is hoped that this case can provide useful information in the B2B financial planning field, especially on how to expand financial planning markets in a highly competitive financial environment.

Key words: B2B financial planning, B2B agreement, Work-Life Balance, dual income household

부록 Ⅲ

근로소득 원천징수
영수증 서식

관리 번호		[　]근로소득 원천징수영수증 [　]근로소득 지 급 명 세 서 ([　]소득자 보관용 [　]발행자 보관용 [　]발행자 보고용)		거주구분	거주자1/비거주자2
				거주지국	거주지국코드
				내·외국인	내국인1 /외국인9
				외국인단일세율적용	여 1 / 부 2
				국적	국적코드
				세대주여부	세대주1, 세대원2
				연말정산구분	계속근로1, 중도퇴사2

징 수 의무자	①법인명(상 호)		②대 표 자(성 명)	
	③사업자등록번호		④주 민 등 록 번 호	
	⑤소 재 지 (주소)			
소득자	⑥성　　　명		⑦주 민 등 록 번 호	
	⑧주　　　소			

		구 분	주(현)	종(전)	종(전)	⑯-1납세조합	합 계
Ⅰ 근 무 처 별 소 득 명 세	⑨근 무 처 명						
	⑩사업자등록번호						
	⑪근무기간		~	~	~	~	~
	⑫감면기간		~	~	~	~	~
	⑬급　　　　여						
	⑭상　　　　여						
	⑮인 정 상 여						
	⑮-1 주식매수선택권 행사이익						
	⑮-2 우리사주조합인출금						
	⑮-3						
	⑮-4						
	⑯　　　계						

Ⅱ 비 과 세 및 감 면 소 득 명 세	⑱국외근로	MOX					
	⑱-1 야간근로수당	OOX					
	⑱-2 출산·보육수당	QOX					
	⑱-4 연구보조비	HOX					
	⑱-5						
	⑱-6						
	~						
	⑱-21						
	⑲ 지정 비과세	Y22					
	⑳ 비과세소득 계						
	⑳-1 감면소득 계						

		구 분		⑱소 득 세	⑲지방소득세	⑪농어촌특별세
Ⅲ 세 액 명 세	⑱결 정 세 액					
	기납부 세 액	⑯종(전)근무지 (결정세액란의 세액 기재)	사업자 등록 번호			
		⑯주(현)근무지				
	⑰차 감 징 수 세 액					

위의 원천징수액(근로소득)을 정히 영수(지급)합니다.

년　　월　　일

징수(보고)의무자　　　　　　　　　　　　　　(서명 또는 인)

세 무 서 장　귀하

			㉑총급여(⑯, 다만 외국인단일세율 적용시에는 연간 근로소득)					㊸개인연금저축소득공제		
			㉒근로소득공제					㊹연금저축소득공제		
			㉓근로소득금액					㊹-1소기업·소상공인 공제부금 소득공제		
Ⅳ 정 산 명 세	종 합 소 득 공 제	기 본 공 제	㉔본 인		그 밖 의 소 득 공 제	㊹-2주택 마련저축 소득공제	㉮청약저축	
			㉕배 우 자				㉯주택청약종합저축	
			㉖부 양 가 족(명)				㉰장기주택마련저축	
		추 가 공 제	㉗경 로 우 대(명)				㉱근로자주택마련저축	
			㉘장 애 인(명)			㊺투자조합출자등소득공제		
			㉙부 녀 자			㊻신용카드등소득공제		
			㉚6세 이하(명)			㊼우리사주조합소득공제		
			㉚-1 출산·입양자(명)			㊽장기주식형저축소득공제		
			㉛다자녀추가공제(명)			㊽-1 고용유지중소기업근로자		
		연 금 보 험 료 공 제	㉜국민연금보험료공제						
			㉜-1 기타연금보험료공제	㉮공무원연금					
				㉯군인연금			㊾그 밖의 소득공제 계		
				㉰사립학교교직원연금					
				㉱별정우체국연금			㊿종합소득 과세표준		
			㉝퇴직연금 소득공제	㉮과학기술인공제			㉛산 출 세 액		
				㉯근로자퇴직급여 보장법에 따른 퇴직연금					
		특 별 공 제	㉞보험료	㉮건강보험료(노인장기요양보험료포함)		세 액 감 면	㉜「소득세법」	
				㉯고용보험료			㉝「조세특례제한법」	
				㉰보장성보험			㉞	
				㉱장애인전용				
			㉟의 료 비					
			㊱교 육 비			㉟세 액 감 면 계		
			㊲주택자금	㉮주택임차차입금원리금상환액	대출기관		㊱근 로 소 득	
					거주자		㊲납세조합공제	
				㉯월세액		세 액 공 제		
				㉰장기주택저당차입금이자상환액	15년미만			
					15년~29년		㊳주 택 차 입 금	
					30년이상		㊴기부 정치자금	
			㊳기 부 금			㊵외 국 납 부		
			㊴			㊶		
			㊵ 계			㊷		
			㊶표 준 공 제			㊳세 액 공 제 계		
		㊷차 감 소 득 금 액				결 정 세 액(㉛-㉟-㊳)		

⑱소득공제 명세(인적공제항목은 해당란에 "○" 표시를 하며, 각종 소득공제 항목은 공제를 위하여 실제 지출한 금액을 적습니다)

인적공제 항목					각종 소득공제 항목							
관계코드	성 명	기본공제	경로우대	출산입양	자료구분	보험료 (건강보험료 등 포함)	의료비	교육비	신용카드 등 사용액금액			기부금
내·외국인	주민등록번호	부녀자	장애인	6세이하					신용카드 등	직불카드 등	현금영수증	
인적공제 항목에 해당하는 인원수를 기재 (다자녀 명)					국세청							
					기타							
0			○		국세청							
(근로자 본인)					기타							
-					국세청							
					기타							
-					국세청							
					기타							
-					국세청							
					기타							

작 성 방 법

「소득세법」제149조제1호에 해당하는 납세조합이 「소득세법」제127조제1항제4호 각 목에 해당하는 근로소득을 연말정산하는 경우에도 사용하며, 이 경우 근무처명과 ⑩사업자등록번호에는 실제 근무처의 상호 및 사업자번호를 적습니다. 다만, 근무처의 사업자등록이 없는 경우 납세조합의 사업자등록번호를 적습니다.

1. 거주지국과 거주지국코드는 근로소득자가 비거주자에 해당하는 경우에만 적으며, 국제표준화기구(ISO)가 정한 ISO코드 중 국명약어 및 국가코드를 적습니다(※ ISO국가코드: 국세청홈페이지→국세정보→국제조세정보→국세조세자료실에서 조회할 수 있습니다). 예) 대한민국 : KR, 미국 : US
2. 근로소득자가 외국인에 해당하는 경우에는 내·외국인란에 "외국인 9"를 선택하고 국적 및 국적코드란에 국제표준화기구(ISO)가 정한 ISO코드 중 국명약어 및 국가코드를 적습니다. 해당 근로소득자가 외국인근로자 단일세율적용신청서를 제출한 경우 '외국인 단일세율 적용'란에 여1를 선택합니다.
3. 원천징수의무자는 지급일이 속하는 연도의 다음 연도 3월 10일(휴업 또는 폐업한 경우에는 휴업일 또는 폐업일이 속하는 달의 다음 다음 달 말일)까지 지급명세서를 제출하여야 합니다.
4. Ⅰ.근무처별소득명세란은 비과세소득을 제외한 금액을 적고 Ⅱ.비과세 및 감면소득 명세서란에는 지급명세서 작성대상 비과세소득 및 감면대상을 해당코드별로 구분하여 적습니다. (기재할 항목이 많은 경우 Ⅱ.비과세 및 감면소득 명세서란의 ⑳ 비과세소득 계란 및 ⑳-1 감면세액 계에 총액만 적고, Ⅱ.비과세 소득란을 별지로 작성 가능합니다.)
5. 「소득세법」제127조제1항제4호의 각 목에 해당하는 근로소득과 그 외 근로소득을 더하여 연말정산하는 때에는 ⑯-1납세조합란에 각각 근로소득납세조합과 「소득세법」제127조제1항제4호 각 목에 해당하는 근로소득을 적고, 「소득세법」제150조에 따른 납세조합공제금액란에 ㉗납세조합공제란을 근로처별소득명세 종(전)란에 별도로 적습니다. 합병, 기업형태 변경 등으로 해당 법인이 연말정산을 하는 경우에는 피합병법인과 기업형태변경전의 소득은 근로처별소득명세 종(전)란에 별도로 적습니다.
6. ㉑총급여란에는 "⑯계"란의 금액을 적되, 외국인근로자로서「조세특례제한법」제18조의2제2항에 따라 단일세율을 적용하는 경우에는 "⑯계"의 금액과 비과세소득금액을 더한 금액을 적고, 이 경우 소득세와 관련한 비과세·공제·감면 및 세액공제에 관한 규정은 적용하지 않습니다.
7. 종합소득 특별공제(㉔~㉖)란과 그 밖의 소득공제(㉝~㉚)란은 근로소득자공제신고서(별지 제37호서식)의 공제액을 적습니다(소득공제는 서식에서 정하는 바에 따라 순차적으로 소득공제를 적용하여 종합소득과세표준과 세액을 계산합니다).
8. 이 서식에 적는 금액 중 소수점 이하 값만 버리며, ㉗차감징수세액이 소액부징수(1천원 미만을 말합니다)에 해당하는 경우 세액을 "0"으로 적습니다.
9. ⑱소득공제 명세란은 다음과 같이 작성합니다.
   가. 관계코드란

구 분	관계코드	구 분	관계코드	구 분	관계코드
소득자 본인 (소법 §50 ① 1)	0	소득자의 직계존속 (소법 §50 ① 3 가)	1	배우자의 직계존속 (소법 §50 ① 3 가)	2
배우자 (소법 §50 ① 2)	3	직계비속(자녀·입양자) (소법 §50 ① 3 나)	4	직계비속(코드 4 제외) (소법 §50 ① 3 나)	5*
형제자매 (소법 §50 ① 다)	6	수급자(코드1~6제외) (소법 §50 ① 3 라)	7	위탁아동 (소법 §50 ① 3 마)	8

   * 직계비속과 그 배우자가 장애인인 경우 그 배우자 포함하되 코드 4 제외, 후 관계코드 4~6 는 소득자와 배우자의 각각의 관계를 포함합니다.
   나. 내·외국인란 : 내국인의 경우 "1"로, 외국인의 경우 "9"로 적습니다.
   다. 인적공제항목란 : 인적공제사항이 있는 경우 해당란에 "○" 표시를 합니다(해당 사항이 없을 경우 비워둡니다).
   라. 국세청 자료란 : 소득공제 증빙서류로 「소득세법」제165조에 따라 국세청 홈페이지에서 제공하는 자료를 이용하는 경우 각 소득공제 항목의 금액 중 소득공제대상이 되는 금액을 적습니다.
   마. 기타자료란 : 국세청에서 제공하는 증빙서류 외의 증빙서류를 이용하는 경우를 말합니다(예를 들면, 학원비 지로납부영수증은 "신용카드 등"란에, 시력교정용 안경구입비는 의료비란에 각각 적습니다).
   바. 각종 소득공제 항목란 : 소득공제항목에 해당하는 실제 지출금액을 적습니다(소득공제액이 아닌 실제 사용액을 공제항목별로 구분된 범위 안에 적습니다).
10. 해당 근로소득자가 퇴직연금, 연금저축, 주택마련저축, 장기주식형저축 등 소득공제를 한 경우에는 근로소득지급명세서를 원천징수 관할 세무서장에게 제출시 해당 명세서를 함께 제출하여야 합니다.
11. ㉝주택자금공제의 15년이상 29년미만, 30년 이상에는 소득세법 시행령 제112조 제9항 제5호가 해당되는 경우 포함하여 기재합니다.

비과세 및 감면 소득 코드

구분	법조문	코드	기재란	비과세항목	지급명세서 작성 여부
비과세	소법 §12 3 가	A01		복무중인 병이 받는 급여	×
	소법 §12 3 나	B01		법률에 따라 동원직장에서 받는 급여	×
	소법 §12 3 다	C01		「산업재해보상보험법」에 따라 지급받는 요양급여 등	×
	소법 §12 3 라	D01		「근로기준법」 등에 따라 지급받는 요양보상금 등	×
	소법 §12 3 마	E01		「고용보험법」에 따라 받는 육아휴직급여 등	×
		E02		「국가공무원법」 등에 따라 받는 육아휴직수당 등	×
	소법 §12 3 바	E10		「국민연금법」에 따라 받는 반환일시금(사망으로 받는 것에 한함) 및 사망일시금	×
	소법 §12 3 사	F01		「공무원연금법」 등에 따라 받는 요양비 등	×
	소법 §12 3 아	G01	⑱-5	비과세 학자금 (소령 § 11)	○
	소법 §12 3 자	H01	⑱-9	소령 §12 1(법령·조례에 의한 보수를 받지 아니하는 위원 등이 받는 수당)	○
		H02		소령 §12 2~3(일직료·숙직료 등)	×
		H03		소령 §12 3(자가운전보조금)	×
		H04		소령 §12 4~6(법령에 의해 착용하는 제복 등)	×
		H05	⑱-18	소령 §12 9~11(경호수당, 승선수당 등)	○
		H06	⑱-4	소령 §12 12 가(연구보조비)-유아교육법, 초중등교육법	○
		H07	⑱-4	소령 §12 12 가(연구보조비)-고등교육법	○
		H08	⑱-4	소령 §12 12 가(연구보조비)-특별법에 의한 교육기관	○
		H09	⑱-4	소령 §12 12 나(연구보조비)	○
		H10	⑱-4	소령 §12 12 다(연구보조비)	○
		H11	⑱-6	소령 §12 14 (취재수당)	○
		H12	⑱-7	소령 §12 15 (벽지수당)	○
		H13	⑱-8	소령 §12 16 (천재·지변 등 재해로 받는 급여)	○
	소법 §12 3 차	I01	⑱-19	외국정부 또는 국제기관에 근무하는 사람에 대한 비과세	○
	소법 §12 3 카	J01		「국가유공자 등 예우 및 지원에 관한 법률」에 따라 받는 보훈급여금 및 학습보조비	×
	소법 §12 3 타	J10		「전직대통령 예우에 관한 법률」에 따라 받는 연금	×
	소법 §12 3 파	K01	⑱-10	작전임무 수행을 위해 외국에 주둔하는 군인 등이 받는 급여	○
	소법 §12 3 하	L01		종군한 군인 등이 전사한 경우 해당 과세기간 비과세	○
	소법 §12 3 거	M01	⑱	소령 §16①1(국외근로) 100만원	○
		M02	⑱	소령 §16①1(국외근로) 150만원	○
		M03	⑱	소령 §16①2(국외근로)	○
	소법 §12 3 너	N01		「국민건강보험법」 등에 따라 사용자가 부담하는 부담금 등	×
	소법 §12 3 더	O01	⑱-1	생산직 등에 종사하는 근로자의 야간수당 등	○
	소법 §12 3 러	P01		비과세 식사대 (월 10만원 이하)	×
		P02		현물 급식	×
	소법 §12 3 머	Q01	⑱-2	출산·6세 이하의 자녀의 보육 관련 비과세(월 10만원 이내)	○
	소법 §12 3 버	R01		국군포로가 지급받는 보수 등	×
	소법 §12 3 서	R10	⑱-21	「교육기본법」 제28조제1항에 따라 받는 장학금	○
	구 조특법 §15	S01	⑱-11	주식매수선택권 비과세	○
	조특법 §18의2	X01	⑱-3	외국인근로자 30% 비과세 (폐지)	×
	조특법 §88의4⑥	Y02	⑱-14	우리사주조합 인출금 비과세(50%)	○
		Y03	⑱-15	우리사주조합 인출금 비과세(75%)	○
	조특법 §100	Y20	⑱-16	국민주택규모 이하 주택자금 취득·임차 보조금(폐지)	×
	조특법 §30	Y21	⑱-20	장기 미취업자 중소기업 취업 비과세	○
	지정 비과세	Y22	⑲	국립병원 등의 기피과목 전공의에게 지급하는 수련보조수당	○
감면	조특법 §18	T01	⑱-12	외국인 기술자 소득세 면제	○
	조특법 §140 ⑤	Z01	⑱-17	해저광물자원개발을 위한 과세특례	○

연금·저축 등 소득공제 명세서

1. 인적사항	①상 호		②사업자등록번호	
	③성 명		④주민등록번호	
	⑤주 소			
			(전화번호 :)	
	⑥사업장소재지			
			(전화번호 :)	

2. 퇴직연금 공제
* 퇴직연금 공제에 대한 명세를 작성합니다.

퇴직연금구분	금융회사 등	계좌번호 (또는 증권번호)	불입금액	공제금액

3. 연금저축 공제
* 연금저축 공제에 대한 명세를 작성합니다.

연금저축구분	금융회사 등	계좌번호 (또는 증권번호)	불입금액	공제금액

4. 주택마련저축 공제
* 주택마련저축 공제에 대한 명세를 작성합니다.

저축 구분	금융회사 등	계좌번호 (또는 증권번호)	불입금액	공제금액

5. 장기주식형저축 공제
* 장기주식형저축 공제에 대한 명세를 작성합니다.

금융회사 등	계좌번호 (또는 증권번호)	납입연차	불입금액	공제금액

작 성 방 법

1. 퇴직연금·연금저축·주택마련저축·장기주식형저축 공제를 받는 소득자에 대해서는 해당 소득공제에 대한 명세를 작성하여야 합니다. 해당 계좌별로 불입금액과 공제금액을 기재하며, 공제금액이 0인 경우에는 기재하지 아니합니다.
2. 퇴직연금 공제에서 퇴직연금구분란은 퇴직연금·과학기술인공제회로 구분하여 적습니다.
3. 연금저축 공제의 연금저축구분란은 개인연금저축과 연금저축으로 구분하여 적습니다.
4. 주택마련저축 공제의 저축구분란은 청약저축, 주택청약종합저축, 장기주택마련저축 및 근로자주택마련저축으로 구분하여 적습니다.
5. 장기주식형저축 공제의 경우 동일 계좌라 하더라도 해당 과세기간에 납입연차가 달라지는 경우 구분하여 적습니다.
6. 공제금액란은 근로소득자가 적지 아니할 수 있습니다.

관리 번호		**근로소득 원천징수영수증(매월분)** ([ ]소득자 보관용 [ ]발행자 보관용 [ ]발행자 보고용)		거주구분	거주자1/비거주자2
				거주국	거주지국코드
				내·외국인	내국인1/외국인9
				외국인단일세율적용	여 1 / 부 2
				국적	국적코드

징 수 의무자	①법인명(상 호)			②대 표 자(성 명)	
	③사업자등록번호			④주 민 등 록 번 호	
	⑤소 재 지 (주소)				
소득자	⑥성 명			⑦주 민 등 록 번 호	
	⑧주 소				

	구 분		국 내	국 외	합 계
I 근무처별소득명세	⑨근 무 처 명				
	⑩사업자등록번호				
	⑪근무기간		~	~	~
	⑫감면기간		~	~	~
	⑬급 여				
	⑭상 여				
	⑮인 정 상 여				
	⑮-1 주식매수선택권 행사이익				
	⑮-2 우리사주조합인출금				
	⑮-3				
	⑮-4				
	⑯ 계				
II 비과세및감면소득명세	⑱국외근로	M0X			
	⑱-1 야간근로수당	O0X			
	⑱-2 출산·보육수당	Q0X			
	⑱-4 연구보조비	H0X			
	⑱-5				
	⑱-6				
	⑱ ~				
	⑱-21				
	⑲ 지정 비과세	Y22			
	⑳ 비과세소득 계				
	⑳-1 감면소득 계				

III 세액계산	㉑ 근로소득			차 감 납 부 세 액	
	㉒			㉗ 소 득 세	
	㉓ 간이세액표에 의한 소득세				
	세액 공제	㉔ 외국납부		㉘ 지방소득세	
		㉕ 납세조합 [(㉓-㉔)×10/100]		㉙ 농어촌특별세	
		㉖			

위의 납부 세액을 영수합니다.

년 월 일

납세조합

(서명 또는 인)

세 무 서 장 귀하

작 성 방 법

※ 1. 「소득세법」 제149조제1호에 해당하는 납세조합이 「소득세법」 제127조제1항제4호 각 목에 해당하는 근로소득에 대해 매월분의 소득세를 원천징수하는 경우 사용합니다.
　2. 이 경우 ⑨ 근무처명 및 ⑩사업자등록번호에는 실제 근무처의 상호 및 사업자번호를 적습니다. 다만, 근무처의 사업자등록이 없는 경우 납세조합의 사업자등록번호를 적습니다.

부록 IV

재무상담 기초자료
작성 양식

1. 인적사항

구 분	성 명	주민번호	생일(양/음)	직장명	부서	직위
본 인						
배우자						
자녀1						
자녀2						
부						
모						
자택주소					결혼기념일	
휴대폰	본인		휴대폰	배우자		
e-mail	본인		e-mail	배우자		

2. 재무목표 및 계획 : 목표시점, 목표금액을 포함해서 작성해주세요.

단기(3년이내)
중기(10년이내)
장기(10년이후)

2-1. 은퇴 목표

구 분	현재 나이	은퇴예상 나이	기대수명	은퇴 후 희망 월 생활비	간병기간	간병자금	비 고
본 인	세	세	세	현재가치 월 만원	년	만원	
배우자	세	세	세		년	만원	

2-2. 자녀 교육 및 결혼 목표

자녀성명	초중고/유학	대학교	대학원	결혼비용	결혼시점	비고
	만원	만원	만원	만원	세	
	만원	만원	만원	만원	세	
	만원	만원	만원	만원	세	

2-3. 기타 이벤트 목표 : 주택마련, 확장 등

재무목표항목	예상시점	필요금액	재무목표항목	예상시점	필요금액
	년 후	만원			만원
	년 후	만원			만원
	년 후	만원			만원

3. 자산 현황

3-1. 금융자산 : 정기예적금, 펀드, 변액유니버셜 및 기타 투자자산(상품명은 정확하게, 평가액은 만원 단위)

상품명	평가액	소유자	가입일	만기일	금융기관	월 납입액	적용이율
	만원					만원	0.0%
	만원					만원	0.0%
	만원					만원	0.0%
	만원					만원	0.0%
	만원					만원	0.0%
	만원					만원	0.0%
	만원					만원	0.0%
	만원					만원	0.0%
	만원					만원	0.0%
	만원					만원	0.0%

3-2. 부동산 자산 : APT, 상가 등 실물자산 및 부동산 관련 펀드, 전세의 경우 전세금액, 월세는 보증금

상품명	평가액	소유자	가입일	만기일	취득액	월 납입액	비 고
	만원				만원	만원	
	만원				만원	만원	
	만원				만원	만원	
	만원				만원	만원	

3-3. 연금자산 : 소득공제 및 노후대비 개인연금, 공적연금이나 퇴직연금은 하단의 보기에 체크하세요.

상품명	소득공제 :1 비과세 :2	소유자	가입일	연금수령	금융기관	월 납입액	적용이율
				세		만원	0.0%
				세		만원	0.0%
				세		만원	0.0%
				세		만원	0.0%

공적연금 ① 국민연금 ② 공무원연금 ③ 사학연금 ④ 군인연금 ⑤ 공적연금 없음 ⑥ 기타(   )
퇴직금 ① 퇴직금   ② 퇴직연금(DB형, DC형, 유형모름)   ③ 퇴직금 매년 중간정산 ④ 기타(   )

3-4. 보험자산 : 종신보험, 실손보험 등 위험관리자산

상품명	금융기관	계약자	피보험자	가입일	월 납입액	납입기간	보장기간
					원	년	세
					원	년	세
					원	년	세
					원	년	세

3-5. 기타자산 : 자동차, 각종 회원권, 소장품 등

자산명	자산구분	소유자	취득액	평가액	구입일	만기일	비고
			만원	만원			
			만원	만원			
			만원	만원			

3-6. 부채내역 : 마이너스 통장, 담보대출, 신용대출 등

상품명	상환방법	소유자	대출일	만기일	부채원금	대출잔액	적용이율
					만원	만원	0.0%
					만원	만원	0.0%
					만원	만원	0.0%

상환방법 ① 원리금균등상환(CPM) ② 원금균등상환(CAM) ③ 만기일시상환(IOL) ④ 기타

3-7. 기타 자산관련 문의사항 및 상담내용

4. 현금흐름표 : 근로소득은 월 평균 실수령액 기준

현금 유입	금 액	현금 유출		금 액
본인 (근로/사업)소득	원	고정지출	각종보험료	원
배우자 (근로/사업)소득	원		연금납입금	원
부동산 임대 소득	원		부채상환금	원
이자 . 배당 소득	원			원
연금 , 기타 소득	원	변동지출	생활비	원
	원		교육비	원
	원		교통/통신	원
	원	저축과 투자	채권형	원
	원		주식형	원
순현금흐름 =소득-고정지출-변동지출	원			원

4-1. 기타소득 및 보너스(PI ,PS,성과급 ,야근수당 등 비정기 소득 유형)

5. 고객의 경제환경전망

물 가 상 승 율	3.5%	임 금 상 승 율	5.0%
정기 예금 금리	4.0%	장기 투자기대 수익률	10.0%
은퇴후 자산기대수익률	5.0%	장단기 투자구분 기간	3 년
향후 경제에 대한 전망	비 관 적 ( ) / 중 립 적 (o) / 낙 관 적 ( )		

6. 기타 현금흐름 관련 문의사항 및 상담 내용

재무상담 관심분야 (중요도에 따라 최대 2개 선택)   1)소득관리 (소득공제 ,세금) 2)지출관리 3)투자/자산관리 4)보장성 보험(실손 ,건강,종신) 5)은퇴(연금) 6)부동산 7)상속 증여 8)부채관리

부록 V

재무설계학교
교육 커리큘럼

기초 재무기초 교육	기초 세금교육	고급 금융상품 교육
기본개념	연말정산 쉽게 하기	금리상품 이해
금융환경의 변화	소득세 구조 이해	채권상품 이해
재무설계 기본원리	원천징수영수증 보는 법	보험상품 이해
금융회사 활용법	비과세와 소득공제	투자상품 이해
금융회사 직원의 심리	성공사례와 실패사례	연금상품 이해
재무설계 프로세스	금융상품과 세금	포트폴리오 수립하기
기초 투자교육	**기초 보험교육**	**고급 자산관리 교육**
주식과 채권의 개념	보험의 종류	자산배분전략
채권과 예적금의 개념	실손 보험 활용하기	부동산 상승론, 하락론
투자의 기본원칙	종신보험과 정기보험	투자자산과 안전자산
펀드의 구조	보험가입 피해사례	위험자산 헤지 전략
펀드 평가보고서 보는 법	(CI보험, 갱신형 구조)	보장자산 구축하기
자산 배분에 대한 이해	보험증권 분석하기	상속 및 증여 이슈
투자자금 인출전략	보장성보험 체크리스트	
기초 은퇴교육	**기초 급여관리**	**상담과정**
소득구조와 은퇴	급여시스템 이해	개인별 재무상담
국민연금과 공적 연금	비상예비자금	재무설계 보고서 제공
퇴직연금의 구조	재무상태표 활용법	
경험생명표 이해	현금흐름표 활용법	
비과세와 소득공제	고정지출과 변동지출	
연령대별 활용전략	사례로 보는 재무설계	

☞ 교육 내용에 따라 펀드 가입내역, 원천징수영수증, 보험증권, 가입명세서, 현재의 금융자산 포트폴리오 등을 사전에 준비하시는 것이 효과적입니다.

☞ 맛보기 강의(최소 인원 4인)는 별도의 교재 등이 제공되지 않습니다.

☞ 사무실 등 외부강의 진행 시, 빔 프로젝터 또는 칠판이 준비되어야 합니다.

☞ 담당자와 문의하시면 구체적인 비용 및 커리큘럼 구성에 대해 안내 드립니다.

☞ 직장인 과정의 경우, 커리큘럼 구성단계에서 급여 체계나 복지에 대한 내용을 사전에 주시면 직원들에게 맞춤형 교육이 가능합니다.

맞춤형 정규과정 코스

+ 직장인 과정I(신입 3년차까지), II(대리 과장), III(간부급), IV(미혼여성), V(기혼여성)
+ 자영업자를 위한 재무설계 과정(의사 / 일반자영업자 / 개인사업자)
+ 공무원/공사직원/교사 및 교직원 과정

무료교육 안내

본 책을 구입하신 독자 분께는 본인 포함 총 4인까지 사전 신청 후 교육장(강남구 삼성동 소재)에 방문하시는 분에 한하여, 저자가 직접 위 재무교육 중 선택하신 1과정을 무료로 진행해드립니다. 교육신청은 저자 프로필의 QR코드, 이메일, 핸드폰 등을 통해 연락처와 교육 혹은 상담 신청의사를 남겨주시면 됩니다.

사례로 쉽게 풀어보는

재무설계학교

초판 1쇄 인쇄   2011년 12월 30일
초판 1쇄 발행   2012년 1월 6일

지 은 이   김현용
발 행 인   방은순
펴 낸 곳   도서출판 프로방스
북디자인   Design Didot
마 케 팅   최관호

ADD   경기도 고양시 일산동구 백석2동 1330번지
         브라운스톤 102동 913호
TEL   031-925-5366, 5367
FAX   031-925-5368
E - mail Provence70@naver.com
등록번호   제313-제10-1975호
등   록   2009년 6월 9일
I S B N   978-89-89239-62-8 03320

값   18,000원
파본은 구입처나 본사에서 교환해드립니다.